21世紀歴史学の創造 5

研究会「戦後派第一世代の歴史研究者は21世紀に何をなすべきか」編集

人びとの社会主義

南塚信吾・古田元夫
加納　格・奥村　哲［著］

有志舎

シリーズ「21世紀歴史学の創造」

全巻の序

一九九〇年前後における東欧社会主義圏の解体とソヴィエト連邦の消滅は、アメリカによる単独覇権主義の横行に道を開いた。しかし、そのアメリカ単独覇権主義も、二〇〇一年九月一一日の世界貿易センタービル崩落をきっかけとして引き起こされたアフガニスタン、イラク侵攻とその行き詰まりの中で、破綻をきたした。そのことは二〇一一年一月にチュニジアから始ったアラブ・イスラム圏の動きによっても示されている。同年五月、パキスタンに潜伏していたオサーマ・ビン・ラーディンをアメリカの特殊部隊が強襲して殺害したことはアメリカ単独覇権主義の最後の足掻きとも言えるであろう。しかし、アメリカ単独覇権主義崩壊の後に、新たな世界の枠組みをどのように作ればよいのか、依然として視界は不透明である。

二〇世紀末から二一世紀初頭にかけてのこのような激動は、単に政治上の大変動であっただけではなく、世界史認識の根底をも揺り動かした。それは、人類の過去を全体として大きく捉え、その延長上に人類の未来を展望しようとする志向性を弱める方向に作用した。日本におけるその一つの現れとして、日本社会全体の「内向き志向」、いわゆる「ガラパゴス化」現象がある。それは裏面で偏狭なナショナリズムと結びつき、例えば学校教育の現場においては、戦前を思わせるような日の丸掲揚、君が代斉唱などの強制が一段と強化されている。にもかかわらず、このような右傾化した歴史観が国民の間で日常化しつつあるようにも見える。その中で、日本の女性の社会的地位やジェンダー構造のさまざまな問題点も改めて浮き彫りになってきている。

このような状況において、二〇一一年三月一一日に突発した東日本大震災と福島第一原子力発電所崩壊事故はナショナリズムとインターナショナリズムの間の入り組んだ関係を明るみに出した。それは国境を閉ざそうとする動きと国境を越えて連帯しようとする動きの間のせめぎ合いとも言うことができるであろう。

シリーズ「21世紀歴史学の創造」の執筆者であるわれわれは、純粋の戦後世代に属する者として、前述のような時代を生きてきた。われわれは、上から誰かに力で教え込まれたり、教育されたりということではなく、第二次世界大戦後の日本社会や世界全体の時代的雰囲気の中で、ごく自然に一定の「教養」を身につけてきた。それは、人類全体を意識しつつ、人間の平等と「市民的自由」を尊重し、国家権力のみならず社会的権力を含むあらゆる権力の横暴を拒否する姿勢となって現れている。

しかし、現在の日本社会の状況を見ていると、このようないわゆる「戦後」的な「教養」が力を失いつつあるように思われる。そのことが日本社会全体としての右傾化を許しているとしたならば、「戦後的教養」そのもののなかに、歴史の展開に対応できないようなある種のひ弱さが本質的に内在していたということではないであろうか。一九八〇年代以降に顕著となったポストモダン的な思潮の広がりはそのことと無関係ではあるまい。たとえ、ポストモダン的思潮が「外国産」で、日本におけるそれは「輸入品」だったとしても、「輸入」される必然性は存在したのであろう。

「戦後的教養」の根底をなしてきたのは科学、特に自然科学のような法則定立的な科学への信頼であった。しかし、今回の東日本大震災と福島原発事故はそれが過信だったのではないかという疑問を多くの人びとに抱かせた。一九世紀の西欧で生まれ、二〇世紀を通して生き続けて、日本の「戦後的教養」を形作った「科学主義」は今曲がり角に来ているように思われる。

「戦後的教養」の衰退を、より具体的に世界史認識の問題に即していえば、マルクス主義的な世界史認識のみならず、「市民主義」的な世界史認識の大枠すら崩れつつあると言うことができる。このような状況において、歴史学の存在意義そのものを否定するような風潮が密かに広がりつつあるようにも感じられる。しかし、人間の実存的土台が歴史にある限り、歴史学が意味を失うことはないであろうし、また失わせてはならない。そのために、われわれは、「戦後的教養」の中で身につけた歴史学をどのように発展させれば、新たな歴史の展望を切り拓くことができるのかということを、自らに問わねばならない。

＊＊＊

ここに記してきたことは、このシリーズの執筆者たちが共有している今日的世界史認識であり、このシリーズに込めた歴史研究者としての決意の一端である。しかし、このような世界史認識と決意を共有するに至るまでには、長期にわたる討議の過程が必要であった。二〇〇五年七月一日、研究会「戦後派第一世代の歴史研究者は21世紀に何をなすべきか」（略称「戦後派研究会」）を立ち上げたのがその第一歩であった。この研究会のメンバーは、結果として、必ずしも「戦後派第一世代」の者だけではなくなったが、新たな「21世紀歴史学」の創造を目指すことにおいては一致している。この研究会の目標は端的に言えば二つ、「われわれは何をしてきたのか」、そして「われわれは何をしなければならないのか」の追求である。研究会の開始以来七年に及ぶ討議を重ねながら、研究会メンバー全員が本シリーズの執筆に取り組んできた。

このようにして刊行開始に至った本シリーズ各巻の目指すところを簡単に述べれば次のようになるであろう。

第一巻と第二巻では、一九九〇年代以降盛行を極めてきた「国民国家」論を今日の問題状況の中で再検討し、「国民国家」論のあるべき視座と射程を提示する。第一巻では、「国民国家」論の原論的側面に重点を置きながら、市民社会とエスニシティの問題にまで射程を延ばす。第二巻では「日本型国民国家」の特質を追求する。第二巻に収録された座談会「世界史の中の国民国家」は研究会メンバーほぼ全員の参加による討議の記録である。

第三巻は、人間存在にとって根底的な条件である土地の問題を主題とする。今日、人は多く私的土地所有に囚われた社会に生きているが、私的土地所有から自由であった社会もあるし、私的土地所有からの自由を展望しようとした社会もあった。そのようなさまざまな社会の視点から「土地と人間」という普遍的な課題に迫る。

第四巻では、帝国と帝国主義のあいだの関係性、例えばその連続性と不連続性といった問題を追求する。具体的には、ハプスブルク家の統治するオーストリア＝ハンガリー二重帝国、ツァリーズムのロシア帝国、陽の沈まぬ帝国イギリス、をとりあげる。

第五巻は、「社会主義」を単に過去の現象としてではなく、二一世紀の問題として、さらには人類の未来の問題として再検討する。具体的には、ソヴィエト連邦、ハンガリー、中国、ベトナムを対象とする。

第六巻では、三人の執筆者が既存の歴史学や歴史叙述の枠にとらわれることなく、実験的な歴史叙述を試みる。本巻の座談会においては、これらの実験的歴史叙述について、執筆者と他の研究会メンバーとの間で議論が展開される。

第七巻では、「21世紀の課題」を歴史学の立場から追求するが、その際、「グローバリゼーションと周辺化」という視点から、特に「アメリカとパレスチナ」に視座を据える。さらに座談会を設定して、「グローバル化」時代といわれる状況を見据えて「われわれの未来」を展望する。

別巻Ⅰは研究会メンバー一六名全員の分担執筆で、第一部では、戦後の歴史学を彩ってきたさまざまな「言葉」を今日の観点から再検討し、第二部では、研究会メンバーが各自の研究の軌跡を「私の研究史」として略述する。第三部は本研究会そのものの記録である。さらに第四部として「戦後五〇年の歴史学　文献と解説」を収める。

前述のように、「3・11」が各方面に与えた衝撃の大きさは計り知れないものであった。それは、単に科学技術の危うさを露呈しただけではなく、歴史学にも深刻な課題を投げかけた。このことを歴史学に対する新たな挑戦として主体的に受け止めて、急遽用意されたのが別巻Ⅱである。

＊＊＊

「革命と戦争の世紀」としての二〇世紀を通り過ぎた人類と世界は、今、あてど無く漂流しているように見える。だからこそ、もう一度人類と世界の過去を全体として大きく捉え、長い歴史的射程で二一世紀以降の時代を展望することが求められているのであり、われわれの歴史学にはそれに応える責務がある。このシリーズがその責務の一端を担うことができれば幸いである。

二〇一二年五月

シリーズ「21世紀歴史学の創造」全九巻
執筆者一六名　一同

はしがき

社会主義とは何だったのか、また、何であるのか。これは一九八九〜九〇年にソ連・東欧の「社会主義体制」が崩壊した今や、歴史的に議論しやすくなったテーマである。一九八〇年代に進んだグローバリゼーションと新自由主義の広がりの中で、アジアの中国とベトナムは「市場型社会主義」の道をたどり、ソ連・東欧は「社会主義体制」崩壊の道をたどった。では、そこで共通して語られる社会主義とは、いかなる意味を持つ体制なのか。

本来、社会主義は自由主義と資本主義によって支配される社会のはらむ諸問題を、人間が意図して解決していこうとする営みであった。だが、それが思想から運動へ、そしてさらに権力を持つ体制となって、逆に新たな問題を生み出すことにもなった。この逆説的な展開を念頭に置きつつ、本巻では、ロシア、ハンガリー、ベトナム、中国における社会主義の体制と、そのもとで暮らす人びとの生活を歴史的に見直す。

二〇一三年三月

戦後派研究会

シリーズ「21世紀歴史学の創造」第5巻

人びとの社会主義

《目　次》

総論　世界史の中の社会主義

南塚信吾
古田元夫

第1部 ロシアの社会主義 加納 格 29

第3部　東欧における社会主義と農民――ハンガリー・オロシュハーザの歴史的経験

南塚信吾　221

総論　世界史の中の社会主義

南塚信吾
古田元夫

はじめに

一九八九年から一九九二年までの間に、ヨーロッパの社会主義体制とソ連の社会主義体制が崩壊して、地球上から社会主義が一掃された感がある。たしかにソ連という社会主義体制と、ヨーロッパにあったということで重要であった東欧の社会主義体制が崩壊したことは、決定的なことではあるが、世界にはこの他にも体制の内容こそ違え、まだ社会主義を称している体制は存在する。また社会主義の理念ということを考えるならば、その意義はなお否定されてはいないし、ある意味ではますます重要視されてきている。

このような状況の中にあって、われわれは、戦後派第一世代として一九五〇～八〇年代に見てきた社会主義体制（「現存社会主義」＝歴史的に現存した社会主義体制の意味）を、改めて歴史の中に位置付けてみて、その意義を考え直してみる必要があると考える。「現存社会主義」を、二〇世紀に権力をとった社会主義で、自らを一九一七年ロシア革命によって成立するソ連に連なると見做し、「マルクス・レーニン主義」を掲げた体制とした場合、こうした「現存社会主義」の歴史個性的特徴を明確にする必要がある。とくに「現存社会主義」が、種々の歴史的制約のもとに存在してきたとすれば、その制約性を確認しておく必要があるからである。

そして、この作業は、世界史における社会主義の理念そのものの見直しということにもなるはずである。つまり、これまでは、権力となっていた「現存社会主義」による社会主義理解から遡って諸理念が評価されていたために、それらの本来の意義が見過ごされている可能性があるからである。

総じて、「現存社会主義」という制約から歴史家も離れて、社会主義を「自由」に考え直すという作業が現在必要であり、また可能となっているということができる。

以下では、社会主義の歴史の全体像ではなく、社会主義の歴史の中で、「再考」を要すべき諸点を中心に、議論をしてみたい。

第1節　専ら思想と運動としての社会主義

(1)　個人主義批判の改革を指す社会主義

社会主義の理念を遠く古代に求める考えもあるが、やはり、社会主義は近代西ヨーロッパの産物と考えるべきであろう。一八世紀の啓蒙主義の社会思想、フランス革命の政治社会的遺産、産業革命による新たな社会状況の産物なのである。

社会主義という用語が初めて現れたのは、一八世紀後半のイタリアにおいてであって、一七六五年にルソーの社会契約の考えを支持する人びとを指して社会主義者という言葉が使われたという。また、一七八五年には、ソシアビリティが自然的な人間の状態であるという考えを指して、社会主義という語が用いられた。こうしたイタリアでの用法は、今日の意味とはかなりの距離があるとはいえ、社会主義についての今日の原初的な理解に通じるところがある。つまり、何らかの共同性という考えに通じるという意味においてである。

社会主義の思想の発展にとって、産業革命による工業化は決定的であった。工業化によって作り出された巨大な生産力が認識され、これがすべての人びとの物質的豊かさの基礎になると考えられた。そして、社会主義はこの生産力を共同で享受するためにレッセ・フェール（自由放任）の思想と自由主義を批判して結晶化することになる。

社会主義の概念が決定的な転換をするのは、一八二五年から一八四〇年にかけてのイギリスとフランスにおいてであった。まず一八二〇年代に、イギリスのロバート・オーウェンの支持者が、改革を掲げる人を社会主義者と呼んだ。ついでフランスでは一八三一年に、シャルル・フーリエのように個人主義を克服する立場を擁護するために、社会主義が初めて活字で現れた。ドイツでは一八四〇年には社会主義や社会主義者の用語が使われるようになった。

一八四〇年頃までに西ヨーロッパ諸国で社会主義は、生産力の高まりを前提に、個人主義と自由主義に基づく現存の所有関係を批判し、平等主義と共同性の方向で経済生活を変革することを唱える、さまざまな教義を指すものとして定着した（Rritter, 1986）。

(2) 二つの道——一八四八年

一八四八年前後から、社会主義についての二つの方向が分かれてきた。一つは、オーウェンやフーリエに見られる考えで、小さな協同組合的コミュニティを基礎として社会改革を進めていこうとするもの。今一つは、サン・シモンやカール・マルクスの考え方で、社会主義を歴史的発展の帰結であると考えるものであった。この違いは、人間の意図的な社会改革と、客観的な歴史過程重視の違いといってもよい。社会主義体制崩壊まではマルクス主義支配の中にあって、前者の評価は十分ではなかったが、今日において前者の意義を再検討することは、重要な意味を持っていると思われる。

この間に、共産主義という概念が登場してきた。これは、フランス語のコミューン(共同性、一般性)から来ていた。この言葉は、フランスの七月王制(一八三〇年七月~四八年二月)の時にできた秘密結社の中に現れていて、一八三〇年代末までには労働者階級の中に広がった。それが最初にフランス語の活字で現れるのは、一八四〇年のことであった。この語がドイツで使われるのは一八四二年であった。

この語が使われるようになって、社会主義は穏健な漸進主義という含意を持ち、共産主義は既存の秩序への戦闘的で労働者反対派的な意味合いを持つようになった。マルクスとエンゲルスは、一八四八年に、改革的な社会主義から距離を置くために、この共産主義を借用し、『共産党宣言』を書いたのである(一八四八年)。ただし、共産主義はすぐに広まった概念ではなかった(Ritter, 1986)。

この一八四八年から社会主義は新たな歴史的状況の中に置かれることになった。江口朴郎が言うように、マルクスらが『共産党宣言』において資本主義の矛盾を指摘して、社会主義という代替が経済的に必然だとし、歴史は階級闘争の歴史であるということを明示すると、歴史はそのようには動かなくなるのである(江口 1969)。人びとの主体的な活動の産物としてしか、社会主義はあり得ない時代となるのである。

(3) 資本主義批判としての社会主義概念の確立

一九世紀の中頃には資本主義は世界的に確立する。その中で、社会主義は資本主義との関係で自己を規定していくことになる。

一八五〇年頃から社会主義は、共産主義も含めて、進歩的な社会改革を目指すものをすべて含める用語になっていった。フランスではフーリエ派もプルードンのようなアナーキストも、社会主義を使うようになった。イギリスでは、オーウェンを離れて、キリスト教社会主義という表現も登場した。一八六〇年代中頃からは、アメリカでは、宗教改革派の人びともこれを使うようになった。一方、マルクス派では一八七〇年代までには、共産主義よりも「科学的社会主義」として自らを特徴づけるようになっていた。一八八〇年代には共産主義は、共同体財産という観念に限定して使われるようになり、一八四〇年代の革命的戦闘性はほぼ失われていった（Ritter, 1986）。

このような社会主義の内容について言えば、一八七〇年代からマルクスとエンゲルスの普及努力により、マルクス主義が社会主義の基調となって各国に広がった。『資本論』などにより、単なる個人主義批判やレッセ・フェール批判ではなく、社会主義は資本主義経済の客観的発展の必然的産物としてそれを批判するものとして位置づけられることになった。「現存社会主義」の観点から、マルクスの思想は一定の方向で理解されてきた面があり、このマルクスの思想を改めて全体として検討することが、今日、求められている。さしあたり指摘しておくべきことは、このマルクス的な資本主義批判は、単に経済的な制度の批判だけではなく、資本主義の支配する近代社会における「人間疎外」から発しているものであった、ということであろう。

マルクス主義が社会主義の基調になる過程で、「国家」の意義をめぐるアナーキストとの論争が生じるが、「現存社会主義」を「国家社会主義」として位置付け直す必要も言われている今日においては、この論争もそれ自体として再検討する必要があるであろう。

(4) ボリシェヴィズム

一九世紀の末には、帝国主義の世界的な体制が成立する。それに伴って社会主義が対応すべき現実も拡大し、かつ複雑になった。

マルクス的社会主義が基盤となって、一八九八年にはいわゆる第二インターナショナルが創立された。今度はこのマルクス主義の中に、「修正主義」「社会民主主義」「ボリシェヴィズム」が登場することになった。

これらの諸流派のそれぞれの意義を、今日、改めて吟味し直すことは重要であろう。一つには、西ヨーロッパでの社会民主主義の意義である。これは、のちの「現存社会主義」のイデオロギーによる制約を受けて、十分に研究されては来なかったのではないかと考えられる。

今一つ、この時期に社会主義の思想が西ヨーロッパ以外に広がったことは重要であった。つまり、社会主義は労働者以外に、農民や民族の問題に取り組まなければならなくなったからである。しかもそういう地域では社会主義の受容は独特であった。これも「現存社会主義」の観点から、ロシア的な受容のみが研究されてきているが、例えば、ハンガリーの「農業社会主義」のようなケースも位置づけ直す必要があろう(「マルクスはドージャ*の再来」という受け止め方)。さらに、アジアでの受け止め方も、再検討の余地があるであろう。

＊　一五一四年、ハンガリーで起こった農民反乱の首謀者ドージャ・ジェルジのこと。

いずれにせよ、一九〇三年のロシア社会主義労働者党の分裂は、重要な意味を持っていた。この大会でのメンシェヴィキとボリシェヴィキへの分裂は、農民や民族の問題にどう対応するかという問題を提起しただけでなかった。その対立は、かつての意図的な変革と、歴史的決定論の対立の再現のように見えたが、さらにそれは時代の新しい段階において、社会主義をどのようにして実現するかという考えの対立を表していた。

これはＥ・Ｈ・カーによる「自己意識の時代」における変革の問題であった（カー 1969）。いわば経済法則が支配していたマルクスの時代に代わって、望むべき目標のために社会的諸勢力を指揮していく「政治の時代」が来ていた。前述した江口朴郎の指摘のように、主体的な活動の産物としてしか社会主義はあり得ない時代となったのである。

その主体とは、レーニンの場合、合理的な理論武装をした勢力であり、それは少数であってもよかった。ただし、その少数は大衆と密接に結びついて、そこから学ぶ姿勢を持つものであった。そこに民主主義が保証されるはずであった。

しかしその主体は、西ヨーロッパではどのようになり、民主主義はどのように保証されるのかは、検討されないままであった。それが検討されないままに、「前衛」論はやがてロシア革命後に広がることになる。

また、時代的にも、この「前衛」という考えは、そのままで通用するはずはないのだが、帝国主義の時代を超えて、次第に金科玉条化されていった。

第2節　「現存社会主義」の下での社会主義

あらかじめ整理しておくならば、権力を持つ体制となった社会主義については、これまでに、いくつもの論点が出されている。

その積極面としては、以下の議論がある。経済的には、計画経済の利点、社会主義の下での生活の物質的改善、つまり農業・農民生活の改善、工業化による生産力の向上、労働者統制の意味が指摘されている。さらに社会的平等・社会福祉という面も注目されており、所得の平準化、女性の地位の向上（特に労働環境の整備）、高度の福祉などが挙げられる。国際関係においては、社会主義体制が「西」への対抗軸となって、第三世界の対外的選択肢が拡大されたことも指摘されてきた。

これに対して、体制となった社会主義の矛盾や問題点も広く議論されている。基本的には、理念として、「西」の形骸化した議会制民主主義に対して、直接的なソヴェト型の民主主義が対置されながら、それが実現しなかったことが問題とされた。そして、一九八〇年頃までは、①一党独裁による政治的不自由、②国家・官僚制の支配、③国際的権力（パワー）としての権力主義的行動、④経済的硬直性、⑤個人の自己実現の機会の消滅、⑥民族の抑圧などが指摘されていた問題であった。だが、一九八〇年代以後は、⑦環境汚染を抑止できなかったことや、⑧技術革新、情報化に対応できなかったことが追加されてきた。

以上の諸点をどのように「位置」づけるか、「意味」づけるかは、社会主義体制をどのように見るかによって、変わってくる。

体制となった社会主義をどのように考えるかという点についての、議論を整理するならば、一九九〇年以後は、一応、このようになっている。

一つは、社会主義体制といわれるものは、社会主義を掲げたが、内実は単なる「独裁体制」、「全体主義」であり、せいぜい「開発独裁」であったとするものである。これに類するものとして、社会主義体制といわれるものは、社会主義を掲げたが、内実は、スターリンと「スターリン官僚」による「圧政的な政治・経済体制」であったとするもの（塩川 1994a）がある。

二つには、社会主義体制は「国家資本主義」だったとするもので、これには社会主義は世界資本主義システムの一部であって、「国家管理の専門家」に支配され、「国家資本主義」を打ち立てたのだという説もこの中に入る。生産手段の私的所有の制限などは資本主義と矛盾しないとするのである（ウォーラーステイン 1991）。

三つには、社会主義体制は、一九世紀の社会主義の理念を「世界戦争」の時代において実現した「国家社会主義」であるとするもので、「農業の全面的集団化、強行的な工業化、階級闘争としての文化革命を通じて、計画経済化と経済の一元化、党・国家・社会団体の一体化、国家社会の一元化」のシステムであったとする（和田 1992）。社会主義体制は多くの欠陥をもっていたが、それでも社会主義は目標としていた体制であるとする一九九〇年以前の見方は、この「国家社会主義」論に吸収されてしまったように思われる。

歴史学としては、当面抽象論を避けて、歴史的に個々の論点を位置づけていくことが、なすべき課題であろう。

(1) ロシア革命

最初の「現存社会主義」は、第一次世界大戦という歴史的条件下で、周辺ヨーロッパに生れたロシア革命に規定された。経済的成熟性という問題は抜きにして、平和とパンを求める民衆を動員し、諸民族と農民を動員して、ともかく「社会主義」を目指す体制が作られたということになる。これはE・H・カーによれば経済的必然ではなく、「政治の時代」の革命の産物であった（カー 1969）。加えて、新体制は、内外からの抵抗を受け、すぐに「戦時共産主義」といわれる体制を取らざるをえなくなった。いわば「冷戦」の始まりであった。この時期に採用されたのは、第一次世界大戦中のドイツに習った国家主導の経済であり、国家主導の社会主義であった。「ネップ（新経済政策）」によって、多少の修正は図られたが、この基本は変えようがなかった。

ところで、ロシア革命の成就は「現存社会主義」にとってのみならず、他の面でも大きな影響を持っていた。つまり、ロシア革命を達成したボリシェヴィキの観点から、過去・現在の社会主義の思想と運動が価値判断されることになったのである。例えば、社会民主主義の評価、「前衛」の意味、社会主義と共産主義の区別、無政府主義の意義など、多方面にわたる論点がそうである。これはコミンテルンを通じて、世界中に広がることになった。

ロシア革命そのものが、ロシアにおける社会革命とロシア帝国のアジア的社会での民族革命が結合した複合革命だったが、ソ連の成立とコミンテルンの出現は、帝国主義の植民地支配下にあった第三世界の急進的な民族主義者の間に、社会主義への関心や共感を広げた。第三世界も、社会主義という未来社会の築く事業の一端を担えるという展望は、欧米先進国がずっと以前に達成した課題を後追いしているとみなされていた後進国に、「世界史的現代」を生きているという確信を与えるものだった。共産主義運動は、第三世界でも有力な政治勢力として台頭するが、資本主義的発展段階を飛び越えて社会主義へ前進できるという「非資本主義的発展」論は、第二次大戦後に誕生する第三世界の社会主義国で、社会主義の短時間での建設を目指す急進主義が繰り返される要因ともなった（古田 1987）。

(2)「ネップ」と「一国社会主義」

一九二一年からの「ネップ」は、「戦時共産主義」の弊害を取り除き、ロシアの現実に基づいた社会主義への歩みを取り戻そうとした。ソ連社会は、革命前の状態をいったん認めてそれを改めて変革しようとした。ソ連の国家は、複数政党制などを除けば、革命期に否定していた通常のブルジョワ国家の諸原理の多くを受け入れてさえいくのである。こうした「ネップ」の試みは、二一世紀の現在試みられている「社会主義市場経済」に繋がっている面もある。

だが、一九二五年以後スターリンの提唱した「一国社会主義」は、経済的条件は政治的主導によって変えていくことができるという信仰に基づいていた。しかし、権力闘争のために、トロツキーやブハーリンらの議論など、社会主義「建設」のさまざまな可能性が十分に議論されることなく封殺されたことは、悲劇的なことであった。

また「一国社会主義」は、国家権力を握った社会主義の国際的な意義を規定した。国際社会において、

「現存社会主義」は一時的に、ブルジョワ的国際関係を批判することはあったものの、まもなく通常の国際関係に融和していった。そして、しだいに「権力国家」として機能し、それどころか、社会主義の祖国を擁護することを世界の共産党に要求するようになる。それは、コミンテルンによる「世界革命」の指導と世界の各地で、矛盾を引き起こすことになった。中国では、一九二〇年代末から三〇年代前半にかけて、コミンテルンの指導のもとに、中国共産党が左傾路線を採用し、同党を多大な犠牲と、中国政治の中における孤立に直面させた。

西欧列強以外の諸民族にとって、資本主義国以外の「権力国家」が出現したということは、一九二一年三月にケマル・アタチュルクなどのトルコの革命政府がソ連と結んだ友好和親条約などの例が示すように、一時は、国際関係における選択の余地を作ることになった。だが、これもコミンテルンの指導との間に摩擦を引き起こすことになった。

こうして、「ネップ」と「一国社会主義」の時代にソ連の社会主義体制は、革命的な原理の強調はコミンテルンに委ね、内政と外交は「国家権力」の原理に支配される方向に向かうことになり、体制内での社会主義原理と現実の要請との緊張関係に十分に取り組まれることはなかったのである。

(3) 「スターリン型社会主義」

一九三〇年代に成立する「スターリン型社会主義」は、ファシズムへの対抗という「異常」な時代に生きようとしたソ連の現実に規定されていた。上からの集団化が強行され、工業生産力重視の建設が行われた。たしかに、一九一七年以前と比べて国民の経済状態や福祉の改善など、それなりに成果はあったとはいえ、粛清による党の硬直化、民主主義の歪曲など、負の遺産が大きかった。この時期のソ連の政策があの深刻な現実への対応であったと考えると、理解できないこともないが、そのソ連の経験を基礎に、集団化農業、重工業優先、計画経済、国家の党への従属、個人崇拝といった「スターリン型社会主義」が作られ、それが内外で広く「信仰」されるようになったことは、「現存社会主義」の決定的な問題であった。

社会主義は制度のレベルに矮小化され（集団化農業、重工業優先、計画経済）、国家権力の論理にまかせた政治が展開された。国家権力についての分析がなされてこなかった弊害が露呈したのである。とくに、民主主義の問題としては、Ｅ・Ｈ・カーの言うように、スターリンの時期には、政策が合理的であれば、それがいかなる手続きで（少数のエリートによって）決定されるかは問題ではなく、まして現場からのフィードバックは無用であるという考えが定着した（カー 1969）。ただこれはソ連に限った問題ではなく、一九三〇年代以後の世界史の問題でもある。それがソ連的な形で鋳型に入れられたわけである。

一九三五年のコミンテルン第七回大会が提示した反ファシズム人民戦線は、フランス、スペインに人民戦線政府を生み出し、「スターリン型社会主義」とは異なる社会主義への接近の新たな道を示すものと期待された。しかし、この構想も、結局は一九三九年の独ソ不可侵条約、一九四一年の独ソ開戦といった、それぞれの時期のソ連外交への従属を強いるものへと転化したのである。

(4) 社会主義「世界体制」の成立と「冷戦」

「スターリン型社会主義」は、第二次世界大戦直前の「権謀術数」におぼれて、国家と国家権力というものを点検しつつ進んで行くことを放棄した。つまり大戦という「異常」な時代に、一九三〇年代に成立した「スターリン型社会主義」の自己修正の機会を失った。加えて、大戦中に利用されたナショナリズムが公然と無制約に体制内に浸透することになった（「大祖国戦争」概念）。

こうした重大な事態の進行を内部に抱えつつも、第二次世界大戦におけるソ連の戦勝と、各地の反ファシズム運動における共産主義者の活躍は、社会主義の影響力を押し広げ、東欧から東アジアの中国、北朝鮮、ベトナムなどに大きく広がる、社会主義「世界体制」を成立させた。

この社会主義国の増大には、ソ連の赤軍による占領という、ソ連の国家権力の役割も大きくかかわっていたが、当初は、東欧では「人民民主主義」の道、あるいは「第三の道」として、さらには「ユーゴ的な道」として、ソ連的な道を相対化する方向がみられ、アジアでも、中国では「新民主主義」を社会主義に発展させるという道が議論され、ベトナムでは政権政党であるインドシナ共産党の解党が宣言されるなど、社会主義への多様な道とも考えられる模索が存在したのであるが、これも「冷戦」のもとで消滅していった。一九五〇年二月、中華人民共和国の成立で、東西冷戦の影響が強く及び、フランスとのインドシナ戦争が長期化する見通しの中で、ホー・チ・ミンは、「社会主義世界体制」の支援を要請するためにモスクワに赴いた。ホーは、折からモスクワ滞在中の毛沢東の仲介でスターリンに面会するが、その時スターリンは、前にある二つの椅子を指して、「こちらは農民の椅子、あちらは地主の椅子、ベトナムの同志はどちらの椅子に座るつもりか」と迫ったといわれる。つまりは、スターリンは、ソ連や中国の支援を得たいのであれば、旗幟を鮮明にして「普遍的」な「スターリン型社会主義」を導入せよと要求したのであった(古田 2009)。かくして「社会主義世界体制」を構成する国々で体制となった社会主義は、いずれも「スターリン型社会主義」の「輸入」という性格を強く帯び、現地に根をもつものではなかった。この時期に社会主義が導入された諸地域について、ソ連的な道の相対化の試みを総点検する作業は、今後さらに必要になると思われる。つまり、現地での独自の社会主義がありうるとするとどういうものか、という可能性の議論である。

現地の条件を無視して導入された「スターリン型社会主義」は「冷戦」という異常な状況の中で生存することになり、その「冷戦」の緊張の刻印を押された。「スターリン型社会主義」に「冷戦」の要素がどのように付加されたのかという議論も、今日では可能である。

「現存社会主義」が、大戦と冷戦という、二〇世紀の戦争と深く結びつた存在であったことは、多くの論者によって指摘されている。和田春樹は、この時代を「世界戦争の時代」とよび、社会主義はこの時代の産物だったとしている(和田 1992)。塩川伸明は、一九世紀末にはじまる「組織化」によって「近代化」を推進しようとする試みが、「総力戦と大衆動員」などを契機として、最も極端にかつ徹底して行われたのが「現存社会主義」であったとしている(塩川 1999)。また、奥村哲は、中国の社会主義を、「工業化が相対的に遅れた地域」において抗日戦と冷戦という状況下で実現された「総力戦の態勢」としている(奥村 1999)。こうした二〇世紀という戦争の時代の総動員体制としての「スターリン型社会主義」は、第二次世界大戦の独ソ戦や冷戦期のベトナム戦争などで、戦時体制としての有効性を発揮したが、同時に当該社会に大きな歪みをもたらした(ベトナム戦争に関しては[古田 1996b]を参照)。

こうしたそれぞれの地域での展開も、これからの重要な研究課題であろう。

(5) アジア・アフリカの社会主義

第二次世界大戦後に独立を達成したアジア・アフリカなどの新興独立諸国では、当初、帝国主義と植民地主義を生み出した資本主義に対抗する理念としての社会主義に対する共感が強かった。何らかの形で社会主義を標榜する国は、一九五〇年代から七〇年代にかけて多数存在した。その中には、キューバや、一九七〇年代～八〇年代に成立したアフリカの急進的社会主義政権のように、マルクス・レーニン主義的な社会主義を志向する、ここでいう「現存社会主義」の範疇に包摂される国々もあったが、多くは、「ビルマ式社会主義」「アラブ社会主義」「アフリカ社会主義」などのように、それぞれの地域の土着文化やナショナリズムとの親和性が高い、独特の理念を「社会主義」と呼んでいた面が強かった。「アフリカ社会主義」に関する「社会主義と呼ばれているものが実はナショナリズムの別名にすぎない場合が多い」(アプター 1968) とする議論や、「アラブ社会主義」に関する「官僚・軍人・テクノクラートなどが肥大化した公共部門に寄生して新興ブルジョアジーとして成長をとげる過程を「社会主義」の名で美化・正当化する性格のものとなった。それはむしろ、社会主義を求める民衆の運動を封じ込めるための、反革命としての側面を持ったのである」(浜林・木村・佐々木 1996: 上巻 191) といった議論もあるが、いずれにせよ、こうした「〇〇社会主義」の隆盛は、社会主義という理念が世界的に求心力を持っていたことを示すものであり、「現存社会主義」の動揺・解体が進む一九八〇年代から九〇年代初頭にかけて、姿を消していった。

国際的に見ると、このような「アラブ社会主義」「アフリカ社会主義」を含む第三世界の社会主義的政権は、冷戦時代の国際政治では反米ないし非同盟の立場をとることが多く、そうした政権の存続には、国際的にはソ連をはじめとする「現存社会主義」の存在が、一定の役割を果たした。スターリン批判後のソ連は、資本主義国との「平和共存」を唱えつつ、第三世界では「援助」で資本主義諸国と影響力を競い合うようになった。ソ連など「現存社会主義」の「援助」は、資本主義諸国とは異なったバーター貿易などの方法を示すことによって、外貨準備に悩む第三世界諸国にとっては一定の魅力を持っていた。その点で、国際関係において「現存社会主義」は、途上国にバーゲンをする余地を与えていたのである。

エジプトのナーセル政権が、一九五六年にスエズ運河国有化を宣言した背景には、アスワンハイダムの建設計画があった。このダム建設は一九五八年にソ連の援助の約束によって見通しが立ち、スエズ危機以降、経済の「エジプト化」で大規模な公共部門が成立し、ここに、国内体制としての「社会主義」を議論するようになっていたエジプトとソ連との間に密接な関係が生じた。

だが、社会主義国家の援助も、「無私」ではありえず、「冷戦」下にある国家の論理で、第三世界諸国の利害を無視した権力政治に走ることは避けられなかった。「現存社会主義」の二大国であるソ連と中国の間に亀裂が生じ、一九六〇年代以降の激しい中ソ対立に至る過程でも、この「援助」をめぐる問題が大きな意味をもった。本格的な中ソ対立のきっかけとなった、一九五九年に原爆を含む国防技術を中国に提供する協定をソ連が破棄した事件の背景には、平和共存を優先するソ連が、「台湾解放」のためには武力行使も辞さずとし、対米関係の緊張をいとわない中国に対して不信をもったことがあった。また一九六二年のキューバ危機で、最終的にはソ連がキューバからミサイルを引き上げたことは、米ソ関係に緊張緩和をもたらすものであったが、キューバにとっては、頭越しの大国間の取引であり、キューバのカストロ首相は、これをソ連のフルシチョフによる「手ひどい侮辱」としている。このキューバ危機以降の米ソ緊張緩和のもとで生まれた一九六三年の部分的核実験停止条約が、平和共存を重視するソ連と、民族解放闘争を重視する中国の対立をさらに激化させたことは、よく知られている。

(6) 「現存社会主義」と生活

「現存社会主義」が次々に崩壊していった直後の時期には、この体制のもとでの生活もいかに暗黒であったかを告発する風潮が強かった。こうした見方は一面的なものであり、「現存社会主義」が体制としてそれなりに長期に存続したことが理解しにくくなる面をもっている。東欧を始めとして、世界各地において、「現存社会主義」は現実の人びとの生活においては、何をもたらしたのか、改めて冷静な議論が求められている。

ロシアや東欧においては、それは、一定の具体的な向上を保証していた。「現存社会主義」の成立前と比べて、経済的、文化的、社会的な面においての改善は否定できないし、医療、教育、社会保障などでは、明らかな改善があった。

ベトナムでも、ベトナム戦争中の北ベトナムで、農業集団化を軸に形成された体制は、人びとを飢餓の恐怖から解放し、貧しいながらも安定した生活を保証することによって、戦時体制の基礎として大きな役割を果たした。もっともベトナムの場合にはこうした体制は、ベトナム自身の生産力の向上はもたらさず、中・ソなどの援助で支えられていた。

また「現存社会主義」においては、公式制度としての指令経済では、社会が円滑にまわらないために、「闇経済」とか「地下経済」などと呼ばれたもの（その多くは非合法というよりは、公的な指令経済の経済活動の実現に不可欠の存在だった）を含む、非公式の部門が発達し、こうした構造が、「ぬるま湯性」とか「制度化された温情主義」と呼ばれるものを生み出し、それが下層民や弱者にはある種の安楽な環境を提供することから、「現存社会主義」の統合要因となったことも指摘されている。こうした体制は、いわば「官僚と弱者の連合体制」ではあったが、知識人、政治家、「企業家」など、「やる気のある」人びとにとっては、批判すべき停滞した社会だった（コルナイ 1984；佐藤 1997；盛田 1990；塩川 1999）。

「現存社会主義」が崩壊ないし動揺した地域をフィールドワークの対象としている人類学者による研究（小長谷・後藤 2011）などでも、人びとの生活に即した次元での社会主義体験の意味が検討されている。この研究では、ロシアのチェヴァシ共和国で、かつて集団農場が存在していた農村において、集団農場をなつかしむ「記憶」が存在する一方で、集団農場時代にこの地域からの移住をせまられた人びとのことは忘却されている例や、ビルマ式社会主義が外界からの防波堤となって、ビルマ固有の伝統的生活のある部分を存続させるように機能した例など、歴史学としても取り組むべき貴重な事例が紹介されている。

(7)「現存社会主義」と改革

一九五六年のスターリン批判以降、ソ連・東欧をはじめ、世界各地で、「スターリン型社会主義」を改革しようとする試みが展開された。この改革には、市場メカニズムの導入をめざす方向、自主管理を重視する方向、それぞれの国の自主性を強調し、土着性、民族性を取り込む方向など、様々な試みがあり、部分的な改革を継続して追求した国も存在したが、大きく言えば、これらの試みは、「現存社会主義」の面貌を一新するような、つまりはその戦時体制という限界を大きく越えるような改革には、一九八〇年代前半までは結実しなかった。例えば、一九五六年ハンガリーでの社会主義の改革（「第三の道」）の試みは、当事者の現実的判断を欠いて、軍事的に鎮圧された。これはその後の社会主義の自己改革を難しくしてしまった。一九六八年の「人間の顔をした社会主義」も、きわどい判断の差で、鎮圧されてしまった。こうして、東欧での社会主義の自己改革は、「冷戦」の下でいずれもつぶされてしまったわけである。また、一九六〇年代に繰り広げられた「中ソ論争」も、「現存社会主義」の自己改革の機会であったと思われる。この時、中国による「過渡期」としての社会主義といった提起もあったが、政治的に処理されてしまった。中国、北朝鮮、北ベトナムというアジアの国々では、ソ連、あるいは中ソ双方からの自主性を強調する傾向が存在したが、往々にしてその自主性は、「スターリン型社会主義」をより速やかに建設できるとする点に求められ、こうした点での自国指導者の理論を、毛沢東思想や金日成思想などの形で絶対化しようとする傾向が存在した。

これらの失敗は何故起こったのか、その原因は何処にあったのか、多面的な検討が必要であろう。ソ連自体の弱さ、硬直性はもちろん、西側の「戦略」も重要であろう。同時に、改革をする当事者の現実的な問題解決能力という点も指摘されねばなるまい。

「現存社会主義」が自己改革に失敗している間に、「現存社会主義」以外での社会主義の展開はどうであったか。一九七〇年代にユーロ・コミュニズムなどが打ち出されるわけであるが、やがて西欧でも姿を消し、また「現存社会主義」の自己改革にも結びつかなかった。

こういう改革が失敗している間に「現存社会主義」はどのような体制になってしまったのか。一九三〇年代に成立した「スターリン型社会主義」の研究が渓内謙らによってなされたように（渓内1970-86）、「冷戦」下での「ブレジネフ型社会主義」の全体的な分析が必要である。また、一九五六年変革の「鎮圧」の上に形成された体制でありながら、その後の東欧では最も改革的な政権となった、ハンガリーのカーダール・ヤーノシュ体制についても、同様なことが期待される。さらに、「毛沢東的社会主義」についても、イデオロギーを相対化した分析が求められる。とくに政治的な面、つまり国家権力と権力エリートの分析が必要である。

ハンガリーなど東欧では、この「スターリン型社会主義」を、「国家社会主義」と「国家資本主義」との間の中間形態としての「準周辺的社会主義」と捉え、「ノーメンクラトゥーラ」を軸にしてその政治権力を考えようという見方（南塚 2007）が広がりつつある。これもまだ決定的とはなっていないが、このような議論はさらに各地で広がるはずである。

(8) 「現存社会主義」の崩壊と変質

このような「現存社会主義」が、一九八〇年代以後の歴史的条件に規定された状況の下で崩壊ないし変質したのである。それは、七〇年代中頃からの世界不況のもとで、八〇年代に始発したＩＴ化・グローバリゼーション、「新自由主義」の主張する「構造調整」、そして、宇宙を巻き込んだ「新冷戦」の展開の中でのことであった。

このような中で、「現存社会主義」はすでに一九七〇年代末から様々な困難に直面するようになっていた。アフリカでは、一九七〇年代半ばにエチオピアや旧ポルトガル領で、急進的社会主義政権が誕生したが、先行した「アフリカ社会主義」の典型例とされたタンザニアを含め、八〇年代前半には農業政策の失敗が明らかになり、その後の「構造調整」と内戦の過程で、社会主義を標榜する体制は壊滅した。一九七九年の中越戦争、ソ連のアフガン侵攻、そしてイラン革命は、「現存社会主義」に深刻な問題を生み出し、東欧・ソ連においては、一九八〇年代の改革の動きも成果を見出さず、西側からの「市民社会」論の攻勢もあって、一九九〇年前後に「現存社会主義」は崩壊した。そしてその間に、一九八〇年代に中国、ベトナムでは、市場化された「社会主義」へと大きな転換がなされた。

この過程で重要であったのは、市場、市民、市民社会への「信仰」と「宣伝」の力であろう。これは大きく言えば、「政治の時代」における情報戦争の問題であった。情報の時代における自己意識の確立の争いにおいて、「現存社会主義」は決定的に遅れを取っていたのである。

なお、中国やベトナムでの「社会主義市場経済」（ベトナムは「社会主義志向市場経済」）の歴史的評価は、なお今後の展開を見極めなければならない面が多々あるが、これを経済の全面的計画化を志向した「現存社会主義」の限界を超え、市場経済と社会主義の結合という「社会主義の現代的再生」につながりうる実験と見なす評価（伊藤 1995）から、生産手段の公有制が卓越していない社会を社会主義と見なすことはできないとする見解（藤田 2007）や、経済政策に資本主義と異なるものを見出すことは困難であり、加えてそれはもはや「人類の未来を志向する希望に満ちた存在」ではなくなっているとする見解（塩川 1994b）など、多岐にわたる評価が存在している。「現存社会主義」を社会主義と見るのかどうかで議論が大きく分かれるようになっている今日、中国やベトナムの標榜する社会主義への評価が分かれるのは、当然といえば当然の現象であり、歴史研究者には、社会主義を標榜する社会の実態の解明という姿勢が、より強く求められているといえよう。

おわりに――歴史的再検討から得られるはずのもの

社会主義の概念は、その成立のそもそもから考えると、生産力の向上を前提にして、次の四点を基本的要素としているといえよう。

一、大規模な私的所有に基づく社会はどのようなものであれ、不公正であるという信念。

二、それよりももっと公正で平等な社会は樹立可能であるという確信。

三、それは、人間の道徳的・物質的な向上を促進する社会であるという確信。

四、そのような社会を実現する具体的な手段としては、暴力的なこともあれば漸進的なこともあるが、ともかく徹底した意図的な改革が必要であるという信念。

その上で、具体的な体制がどのようであるべきかは、現地の条件によって、多様であろう。世界の様々な地域と文化において、社会主義は土着化しなければならなかったはずであるが、それはできなかった。「現存社会主義」の存在が大きかったために、それによって制約されて、社会主義を自由に考察し、構想することができなかった。ベトナムの場合、先述した一九五〇年のスターリン＝ホー・チ・

ミン会談以降、社会主義とは、ソ連・中国といった「現存社会主義」大国が示す、人類普遍のモデルに、小国ベトナムとしてどのように歩調を合わせるかという問題であり、ベトナムは普遍モデルを体現する「社会主義ベトナム」に他ならなかった。こうしたベトナムが、ベトナムの歴史と文化に根付いた「ベトナム社会主義」を公然と志向するようになるのは、実に冷戦体制が崩壊し、ソ連が解体した後のことだった（古田 1996a）。ただし、社会主義論としては、ベトナムが「ベトナム的社会主義」を見出しうるかどうかでは終わらず、ベトナムが掲げる「社会主義志向市場経済」が、普遍性をもった社会モデルとして説得力を持ちうるような可能性があるかどうかも、今後の課題と見るべきであろう。

今日改めて社会主義を、横軸＝地域的広がり、縦軸＝時代的変化、中軸＝人間の社会的意識の発展、という三軸を込めた世界史の中で、考えることができるようになったのではないか、と思うのである。

参考文献・引用文献一覧

※本文中では、原則として、当該箇所に〔著者・執筆者名　著書・論文の発行年：参照頁数〕の形式で掲出する。

青島陽子・青山弘之・亀山郁夫・田原史起・古田元夫・家田修 2010：「座談会　永遠の社会主義」、『地域研究』第一〇巻第二号。

アプター、D・E 1968：慶大地域研究グループ訳『イデオロギーと現代政治』慶應通信。

石井規衛 1995：『文明としてのソ連』山川出版社。

伊藤　誠 1995：『市場経済と社会主義』平凡社。

岩田昌征 1993：『現代社会主義――形成と崩壊の論理』日本評論社。

ウォーラーステイン、I 1991：『ポスト・アメリカ――世界システムにおける地政学と地政文化』藤原書店。

上原一慶 2009：『民衆にとっての社会主義』青木書店。

江口朴郎 1969：『帝国主義の時代』岩波書店。

奥村　哲 1999：『中国現代史――戦争と社会主義』青木書店。

奥村　哲 2004：『中国の資本主義と社会主義――近現代史像の再構成』桜井書店。

小田英郎 1989：『アフリカ現代政治』東京大学出版会。

大谷禎之介・大西広・山口正之編 1996：『ソ連の「社会主義」とは何だったのか』大月書店。

カー、E・H 1969：南塚信吾訳『ロシア革命の考察』みすず書房。

加納　格 2004：「ソ連崩壊・解体論をめぐって――その序論的覚書」、『法政大学文学部紀要』四九号。

川端正久 2003：『アフリカ・ルネッサンス』法律文化社。

木村英亮・羽場久美子・阪東宏・古田元夫 2002：「座談会　歴史のなかの社会主義」、『歴史評論』二〇〇二年七月号。

久保　亨 2011：『シリーズ中国近現代史　④社会主義への挑戦』岩波新書。

小長谷有紀・後藤正憲共編 2011：『社会主義的近代化の経験』明石書店。
コルナイ・ヤーノシュ 1984：盛田常夫編訳『「不足」の政治経済学』岩波書店。
斎藤治子・西嶋有厚・広川禎秀・古田元夫 1997：「座談会「20世紀の社会主義」を考える」、『歴史評論』一九九七年八月号。
佐藤経明 1997：『ポスト社会主義の経済体制』岩波書店。
塩川伸明 1994a：『ソ連とは何だったか』勁草書房。
塩川伸明 1994b：『社会主義とは何だったのか』勁草書房。
塩川伸明 1999：『現存した社会主義』勁草書房。
塩川伸明 2010：『冷戦終焉20年』勁草書房。
高橋昭雄 2002：「ビルマ――軍による「開発」の停滞」、末廣昭ほか編『岩波講座　東南アジア史9』岩波書店。
渓内　謙 1970–86：『スターリン政治体制の成立』全四部、岩波書店。
南塚信吾 1987：『静かな革命――ハンガリーの農民と人民主義』東京大学出版会。
南塚信吾 1990：『ハンガリーの改革――民族的伝統と「第三の道」』彩流社。
南塚信吾 1991：『ハンガリーの「第三の道」――資本主義と社会主義のはざまで』岩波書店。
南塚信吾 2007：「東欧社会主義の崩壊と「現代史」――ハンガリーのケースから」、『学術の動向』第三号。
西川正雄 1996：「社会民主主義」、歴史学研究会編『講座世界史11　岐路に立つ現代世界』東京大学出版会。
袴田茂樹 1987：『深層の社会主義』筑摩書房。
浜林正夫・木村英亮・佐々木隆爾編 1996：『新版　戦後世界史』上・下、大月書店。
ローマックス、ビル 2006：南塚信吾訳『終わりなき革命ハンガリー　1956』彩流社。
藤田　勇 2007：『自由・民主主義と社会主義　1917–1991』桜井書店。
古田元夫 1987：「アジアの社会主義」、板垣雄三・荒木重雄編『新アジア学』亜紀書房。
古田元夫 1996a：『ホー・チ・ミン――民族解放とドイモイ（現代アジアの肖像10）』岩波書店。

古田元夫 1996b：「ヴェトナム戦争」、歴史学研究会編『講座世界史10　第三世界の挑戦』東京大学出版会。
古田元夫 2009：『ドイモイの誕生——ベトナムにおける改革路線の形成過程』青木書店。
盛田常夫 1990：『ハンガリー改革史』日本評論社。
盛田常夫 2010：『ポスト社会主義の政治経済学』日本評論社。
吉田昌夫 1996：「アフリカ社会主義の矛盾」、歴史学研究会編『講座世界史10　第三世界の挑戦』東京大学出版会。
和田春樹 1992：『歴史としての社会主義』岩波新書。
Ritter, Harry, 1986: *Dictionary of Concepts in History*, Greenwood Press, New York. Westport. London.
Stearns, N. Peter, 1994: *Dictionary of Social History*, Garland Publishing, New York. London.

第1部　ロシアの社会主義

加納　格

はじめに――三つの社会主義

「ソ連解体」から二〇年余が経過した。ゴルバチョフ改革と「解体」の直後こそ大きな世界的関心を集めたが、その後関心は急速に冷めて、解体から二〇年、二〇一一年の日本では、もはや大きな話題にはならなくなった。そしてソ連への関心消失と共に社会主義についても語られることは少なくなった。しかし、一九一七年革命以来多くの人びとが社会主義の下で暮らした歴史そのものが消え去るものではなく、そこで行われた膨大な犠牲と悲惨を伴った社会実験と歴史的経験には、現代を考える重要な論点が含まれているように思う。

ソ連解体は、それまでのロシア史への研究アプローチを根底から覆したといってよかろう。大きく分ければ帝政期ロシア史研究とソ連史研究に区分されてきた研究領域が意味をなさなくなり、ソ連期をロシア史全体において見ること、また逆に帝政期研究はソ連期を、いいかえればソ連社会主義を考えることが、求められるようになったからである。日本の重厚なソヴィエト史研究をつくり上げた溪内謙は、現代世界の理性による「計画」の意義と古典マルクス主義への回帰を述べている（溪内1978:343;1988:242）。また帝政期から現代に至るロシア・ソ連史を研究対象とする和田春樹は、世界戦争の時代という巨視的認識からソ連社会主義を「国家社会主義」と位置づけ、「国家社会主義」の終焉を世界戦争の時代の終わりと位置付けた（和田 1992）。当否は別にしてこのように、ロシア帝政史・ソ連史と時期を分けるのではなく、時代と国を拡げて理解する試みがある。

本稿は、社会主義を帝政期とソ連期をつなげて考えようというささやかな試みである。それは歴史上生成した一つの体制は、常にその前の体制との「アマルガム」となるという考えに依っている。米歴史家タッカーは、ソ連解体後に従前のソヴィエト研究を振り返り、立場は様々にせよソヴィエト体制によるツァーリ・ロシアの歴史パターンの継受という立場の研究が貴重だったと指摘している（Tucker, 1977:xi–xx;1992:175–76）。またブハーリン研究で知られるコーエンも一九八〇年代末からのソ連・ロシアの改革を一九世紀、一九一七年、二一年、五六年と継続したのか、それともまったく新しいものだったかを検討する必要を指摘している（Cohen, 1999:52）。帝政期とソ連期をつなげることは、本稿の課題からすると、社会主義の何が連続し何が断絶したのかを「了解」する試みとなる。

「社会主義」という言葉は、総論にもあるように歴史的用語である。したがって「社会主義」はどんな要素を含むのか、またそれをどんな方法で達成するかをあらかじめ見ておくことが必要であろう。

近代社会主義の思想と運動に含まれる要素としてここでは、①「ユートピアの想像力」、②「進歩」概念、③政治経済学批判、④民主主義志向、⑤労働者階級を考える。これを指摘したジェニングズによれば、近代に向かうフランスでは一八世紀初めからフランス革命の時期に、ユートピア論文献が数多く出版され、その特徴は、未来社会の調和と公正を基準に現実社会を告発することにあったとされる。批判されたのは、悲惨の根本原因としての私有財産である。「歴史の進歩性」概念はルネッサンス以降のヨーロッパに生まれ、人間の理性がより良き未来を可能とすると考えるものである。これにより不完全性を認める「保守主義」に対して完全性を求める「社会主義の政治」が志向される。③、④、⑤は、資本主義批判と担い手、その目標を示すもので、資本主義の問題点は、資源配分と生産における非効率性、公正を欠いた制度にあり、それは制度化された「窃盗」と理解された。* そして普通選挙制要求に始まった民主主義は、社会主義では労働者が何をいかに作るか、の決定権を目指すことになるのである（Jennings, 2003:1-4）。

＊ この主張は、英経済学者ウィリアム・トンプソンとリカード主義者によっている、とされる。

本稿では、ジェニングズに倣って近代社会主義を、ユートピア・進歩志向、資本主義批判、民主主義志向を持ち、労働者階級により担われる社会運動として理解する。これがロシアではどんな形をとるかが問題となる。これに加えてロシアでは大国主義意識を要素として加えることができる。大国意識は、一八世紀にスウェーデンを破って以降自己意識として定着し、やはりロシア社会の抜きがたい要素となった。*

＊ もう一つロシア史の重要な要素として「第三のローマ」論に関わるメシアニズムがある。これは、大国主義意識に重なる部分があるが、本稿では考察対象としていない。

達成手段については近代の歴史は、革命を社会変革の手段と位置づけてきた。ダヴィシャは、ロシア革命は「フランス革命が初めて正統化した行動を二〇世紀において生かし続けた」のであり、「政治変革手段としての革命は、合法的である以上により正統的となった」としている。つまり革命が絶対化されたのである（Dawisha, 2004:520）。ポスト・ソ連期にあってロシアの歴史家シャツィロは、マルクス主義イデオロギーは、改革を「革命過程の副産物」にすぎないとして、革命を「歴史の機関車」と呼んだが、それは普遍的とはいえないとした。なぜなら「改革と革命の関係はより複雑・多様であり」、時を得て一貫して遂行される改革は、革命の緊張を取り除くからである（ОИ, 1998/2/3-4）。改革による変革を正当に評価すべきだというのが、シャツイロの主張である。

本稿では、一九一七年ロシア革命から始まる社会主義論とは異なって、二つの理由で一九世紀の政府内改革を視野に入れている。一つは、ロシアは絶対主義皇帝権力統治をとっていたが、社会主義の一つの要素である民主制への動きは、限定的であっても、この時期から生じるからである。もう一つは、この時期に生まれた資本主義への対応から社会主義運動が生まれるからである。

設定のこの枠組みのため、本稿の課題に直接重なる先行研究は存在しないが、個別テーマにはそれぞれに多くの研究蓄積があり、本稿はそれに依拠している。邦語文献に限っても帝政については和田春樹、社会主義運動、殊にマルクス主義運動については加藤一郎、バロンのプレハーノフ研究に負うところが大きかった。革命後の社会主義体制研究は、日本でもっとも多くの研究者が力を傾注し、多くの成果を世に出してきた。本稿は、石井規衛、梶川伸一、中井和夫、高橋清治、奥田央、渓内謙、塩川伸明、富田武の仕事に依拠するところが大きい。一九八五年以降の時期については下斗米伸夫、塩川伸明の仕事を参照した。*

＊ ポスト・ソ連のロシアでの研究は、時代ごと、テーマごとの研究に入り、まだロシア・ソ連期を含んだ全体像を出しえていないのではないか。ズプコヴァは、この状況をいくつかのロシア史が存在する状況と述べた（Зубкова, 1999）。バルセンニコフは、この状況は「民族的アイディンティティ危機」と呼ばれると指摘している（Барсенков,

2002:3-4)。

以上から本稿においては、第一章は帝国近代化とそこに生まれる運動としての社会主義を、第二章は帝政崩壊後、選択肢の一つとして現れた社会主義が膨大な犠牲を払ってボリシェヴィズム体制として確立する過程を、第三章は社会主義が社会の変化から改革を迫られそれに対応する過程を、扱うことになる。それぞれは互いに連関し、影響を与え合うが、三つの異なる社会主義なのである。ソ連末期の改革期に関わる多くの資料が刊行されつつあり、かつ扱う時期の広さから、本稿は、なお多くの作業が今後も必要な中間報告であり、また国際契機についても基本的には考察対象に入っていないことも、あらかじめお断りしておく。

［注記］ 同盟、連邦、連合は、国家性格に関わる重要な概念である。本稿では「ソユーズ」を「同盟」、「フェデラツィヤ」を「連邦」、「コンフェデラツィヤ」を「連合」の訳語で用いる。但し、それをあてはめれば「ソヴィエト社会主義共和国同盟」となる一九二二年末以降の国名については「同盟」は「連邦制」と理解されたことから「ソヴィエト社会主義連邦」、略称「ソ連」を用いている。必要と思われる場合にルビをふる。また「連邦」という点では「ロシア」も「ソ連」も同じ体制だが、ソ連成立後に「連邦」を用いる場合は基本的に「ソ連」を意味する。

第一章　帝国近代化と運動としての社会主義

一八世紀末までに中央アジアを除いてほぼ外延的膨張を完了したロシア政府は、多様な領域統合のため統治整備に着手した。その課題は、第一に皇帝権力の確立、第二に農奴制改革、第三に国内植民地体制の構築である。統治を緊密にするこの近代化の圧力は社会内に対応として変革思想と社会主義運動を生んだ。

第1節　帝国の近代化

(1)　立憲化、連邦化改革と挫折

一九世紀前半は、エカチェリーナ時代に次いで立憲構想の第二のピークといわれる（Бертолисси, 2000:49-50）。影響したのは、いうまでもなくヨーロッパで起こった変化である。皇帝アレクサンドル一世の「若い友人たち」の一人で、パリの革命を体験したストロガーノフは、ロシアではこうした革命は実現できないが、「自由の快い声があまりに官能的に聞こえたので、今後耳障りな専制の音には辛抱

強く耐えられない」だろうと書き送った（山本 1987:6–7）。時代のこうした影響を受けて、中央統治では「友人」の一人ノヴォシリツェフによる改革が行われ、陸軍、海軍、外務、内務など八省が設置された。

こうした制度整備とともに政府内外で代議制度を含む立憲制導入が検討された。政府内の動きとしては、スペランスキー、ノヴォシリツェフ提案がよく知られている。

スペランスキーの基本的な考えは、統治の類型的・段階的理解である。「政府の精神について」覚書（一八〇四年）でスペランスキーは、エカチェリーナ二世とパーヴェル一世の治世を概括し、前者は地方を貴族の独裁に委ね、統治全体を「法と自由」に基づかせたが、「法律はアテネとイギリスで書かれ、統治形態はトルコにある」といったものだったと特徴づけた。これに対して後者の治世では地方は「裁判と公式報告の脅威」に曝され、「ヨーロッパ式に」統治されたものの、最高統治は全く「アジア的」で、「（貴族の）所有が大きく揺るがされる」ことになったのである。中央と地方統治がそれぞれに異なる原理で動いたということであり、アレクサンドル一世は、先代の長所のみを受け継いで統治を進めるべきなのである（Валка, 1961:140–42）。

スペランスキーは、『国家法典序言』では三つの統治制度を類型的に区別し、次のような考えを述べている。歴史上存在する統治システムは、ギリシャ、ローマに例をみる共和制、北部からヨーロッパに広がった封建制、東洋諸国に特徴的な専制《ディスポティズム》である。ヨーロッパの一七～一八世紀の政治変革は、すべて共和制と封建制の闘争であり、国家が啓蒙されればされるほど、共和制が強まり、封建制は衰退する。封建制から共和制への移行にあたって「封建的専制」の時期がある。それは専制独裁で、政治的自由を欠くが、共和制の基礎は存在する段階である。ロシア帝国の歴史進行もイギリスに始まり、スイス、オランダ、スウェーデン、ハンガリー、アメリカ、フランスに起こった過程と「同一」である。「人類の理性の全運動においてわが国は、今封建システムの第二期、つまり専制期にあるが、疑いなく一直線に自由へと向かって」おり、市民形成の「階梯」からすれば、「新しい秩序」を打ち立てるときが来ている（同上：153-64）。

このような考えからスペランスキーは、権力の分割・分立を構想した。「法律は、その下にある人びとの利益と安全のために存在して」おり、権力の根源は、「人びとの社会生活への関係における精神的、肉体的力」であって、国民に存する。しかし、根源の国民の力は分散した「死んだ力」でしかないので、それをまとめ上げるのが「主権」である（同上：145-46）。この国民権力論に立ってスペランスキーは、「三つの力が国家を動かし統治している。立法、執行、司法である」として権力の「分割・分立」観念を打ち出すのである。見るようにこの権力観は、ヨーロッパ啓蒙思想を受け継ぐものであった。

スペランスキーは、具体的にはロシア帝国は、「国家（基本）法により統治される不可分の君主国家である」とし、従来の常置委員会を国家評議会に改組し、その下に国会（立法）、省庁（執行）、最高法院（司法）を置く改革案を提示した。主権者は皇帝であり、立法、執行、司法のそれぞれの決定に皇帝が関わるとした。しかし、この改革案は皇帝の承認を得られなかった。一八一〇年一月一日詔書で国家評議会は、最高諮問立法機関とされたが、それは国会立法機能を移し替えたものでしかなく、権力分立は導入されなかったのである。*

* この後スペランスキーは、一八一二年に解任された。流刑地ペルミからの皇帝宛書簡には、「私はあなたの頭の中

につくられていたものを見出したにすぎません」とあった（Чибиряев, 1993:93）。

これに対してノヴォシリツェフは、帝国空間を対象とした。ナポレオン戦争後の安定化策でアレクサンドル一世は、ポーランド憲法、フィンランド自治議会（セイム）、バルト地域農業改革など一連の自由主義的政策を進め、ノヴォシリツェフにロシア本国について改革案作成を求めた。

一八二〇年に提出された「ロシア帝国国家法典」案は、全六章一九一条から成っていた。その特徴の第一は、「ロシア国家は併合領域とともに分割される」という帝国分割にある。分割地域は、複数県から構成され、太守と統治評議会から成る太守府が設置される。太守は皇帝の任命であり、評議会にも皇帝の任命者、各省庁官吏が入る。これにより地域（州）に統治が分権化される。第二の特徴は、主権は分割されず、皇帝に集中し、「民政、政治、立法、軍事すべての権力の唯一の源泉」としながら、同時に「皇帝の立法権力に国家セイムが協力する」と議会が立法に関与するとした点である。「国家セイム」は、太守府の「地方（州）セイム」選出代表から構成される。第三の特徴は、近代的な人身保護規定である。「何人も法で定める以外、規則の順守をもって監視、告訴されず、自由を奪われることはない」のであり、外国移住の権利、法律順守の上で意見表明の権利を有するのである。

この「法典案」は、自由主義思想と皇帝権力の制限を特徴としている。地方「セイム」は、ポーランド、フィンランドのセイムに比べて権能は控えめであったが、その目指す方向を示していた。この案も、皇帝の承認を得て発布詔書も準備されたが、実現されなかった（Бертолисси, 2000:411–53; 池本 2006:177–203）。

これらの政府高官の改革案に対して政府外から出された案はどのようなものだったろうか。よく知られているのは、デカブリスト南部結社ペステリの「ロシア法典」案である。

ペステリは、社会の意志決定には「優れたもの」による合意と、社会が「一人もしくは若干のもの」に権利を預け、手段選択の義務を負わせるという二様の形があるにしても、社会が「命ずるもの」と「義務を負うもの」に分化することは当然とした。これは、人間の「自然」から発するのである。ここには自然法思想による天賦人権論は見られない。その前提でペステリは、単一国家論を主張した。国家には法律が全領域に及ぶか、一部に止まるかにより単一《ネラズデリノォエ》国家と連邦《フェデラチヴノォエ》国家がある。表面的には連邦制が好ましく見えるが、ロシア領域の広大さと多種族性を考えた場合、単一国家が連邦国家に対して優越性を持つ。「いかに連邦制が破壊的であったかを確信するにはただこの巨大な国家がどれほど多様な部分から成っているかを思い起こせば十分である」。それぞれが「様々な制度で統治されているだけではない。様々な民事法で裁かれているだけではない。まったく異なる言語が話され、まったく異なる宗教が信仰されている」。「もしもこの多様性が連邦制を通じて一層強まれば、これらの多様な地方が本来ロシアからすぐに独立し、ロシアがその強い力、偉大さ、勢力を失うだけでなく、大国・強国の間でその存在を失うこともあり得る」。ここには「大国としてのロシア」という意識が強く打ち出されている。連邦制度は、「最大の害、最大の毒」をもたらすのであり、国家は「単一不可分《エディヌイ・イ・ネラズヂェリヌイ》」であらねばならないのである。この上で目指されるのは、単一「国民」の形成である。それは、身分による権利、義務の違いがない「法の前の平等」、使用言語、民族呼称のロシア語、ロシア人への統一、統治と法律の統一により達成される。「利益を共通にするすべての種族は、ロシア化され、ロシアを幸福、偉大、強力の高度の段階に導くことに協力すると期待できる」のである（Бертолисси, 2000:478-564）。

このようにペステリの構想は、多様な帝国地域の「単一化・集権化」、「単一ロシア国民」の形成をエリート統治により実現するものである。[*] ペステリ構想は、「権威主義、革命的独裁、典型的ジャコバン、集権主義……」であり、「ロシア急進主義」の始まりを置いたとされるのである。

＊ ペステリ構想は、デカブリスト北部結社のムラヴィヨフの連邦国家、立憲君主国家樹立の構想と対照を成している（同上：454-77）。

これらの構想は、スペランスキー、ノヴォシリツェフの主張が部分的に制度化したものの、一九世紀三〇年代編纂の国家基本法は、統治権力の皇帝集中、絶対主義専制を確認した。この後大改革期には内相ヴァルーエフの国家評議会改革案、八〇年には国家評議会議長コンスタンチン大公のゼムストヴォ・都市自治会・公職者代表召集案、八一年にはロリス＝メリコフの貴族・ゼムストヴォ・都市代表召集案がそれぞれ検討されたが、いずれも実現せず、ロシア国家は絶対主義専制であり続けた。また国民は、宗派集団に区分され、商人・町人・職人、農民、異族人などの身分団体に編成された臣民は、身分ごとに職業、土地などの財産取得・相続、移動など事細かな規制を受けた（和田 1968）。ここには自然法思想に基づく普遍的人権の概念は存在しない。

以上の国制改革案からはロシアが当たらねばならない課題が示されている。一つは、権力問題、就中権力の分割・分立による絶対主義権力の改革であり、もう一つは、広大な多民族国家の統合を単一国家によるのか連邦制によるのかという問題である。これは、帝政期を越えて二〇世紀末に至るまでの歴史的課題となるのである。

(2) 農奴解放と農民ユートピア

クリミア戦争で英仏の軍事力に対抗しえなかったロシアは、ヨーロッパ先進国に追いつくことを目標に近代化＝「大改革」に入った。「大改革」の対象は、社会・経済の多面にわたるが、中でも最も重要だったのは、鉄道建設と農奴制廃止である。改革派財務省官僚ガゲメイスチェルは、鉄道建設は軍事予算の低減、交通網整備の合理化、税徴収の増大をもたらし、国民を活性化するために必要であり、地主からの農民解放は、個人的自由権を保障するために着手せねばならない事柄だと述べた（和田 1971:256; Шепелёв, 1999:8–36, 37–38）。

一八五七年調査で農奴は、国有地農奴一〇九六万人、地主領農奴一一一五万人の計二二一一万人で全人口の七九％を占めていた（菊地 1964:100）。ロシアは圧倒的に農民国であり、地主貴族が農民を管理する構造からすれば、「農奴主国家」であった（和田 1971:247）。これを変えなければ、安価な労働力確保を条件とする近代化はおぼつかなかった。農奴解放は、一八一〇年代にバルト地域で領主地農奴、四〇年代に同じくバルト地域で国有地農奴の解放が先行的に行われたが、問題は、それ以外の地方で地主の抵抗を排して農奴解放を達成できるかであった。アレクサンドル二世は、農奴解放は、「下から起こるより、上から起こる方がはるかに良い」と意欲を示したが、県貴族委員会のアンケート調査ではモスクワ県ほか三県の貴族一万〇六六一名中で農民の状態改善への賛成は、僅か二三九三名、二二・四％にすぎなかったのである（菊地 1964:318–19）。

消極論を押し切り、皇帝イニシアティヴによる「上からの改革」として農奴解放令は一八六一年に公布された。農民は、有償で分与地と屋敷地を取得し、身分的権利を受け取ったが、土地は共同体管理に置かれ、村単位で買戻金を連帯責任で支払うことになった。地方により農民所有形態は異なり、西部地方・リトアニア西部、白ロシア、ウクライナでは所帯別所有なのに対して、ロシア諸県では主に共同体単位で土地が取得され、所帯あたり分与も小規模であった。これに加えてロシア諸県では土地割替が行われたので「古風な村落共産主義」が存続した（佐藤 2000:27–29, 68–74）。パスポート制度の導入で農民は、移動には地主に代って村団の許可が必要となった。一九世紀後半のロシア農村の爆発的な人口増大は、農村に過剰人口を生んだので、買戻金、租税負担の連帯責任の下で、農民は貧窮化することになった（日南田 1966:253）。

過剰人口を抱える農業地帯は、一九世紀末に至っても凶作＝飢饉に繰り返し見舞われていた。近世以降増加傾向にあった凶作＝飢饉は、一八世紀には三四回、一九世紀には五四年までに三五回の発生を見た*。農奴解放後も一八七三年にはヴォルガ左岸のサマラ＝オレンブルグ方面、右岸のサラトフが凶作で穀物不足に陥り、八四年にはカザン県で凶作が起こった。そして九一〜九二年にはヴォルガ沿岸の広い地域で凶作、飢饉が起こり、被災住民は一六県三五〇〇万人、飢餓による死者四〇万人に上った。この後も九七年、九八年、一九〇一年と凶作が繰り返された。凶作＝飢饉が発生すると、人びとは、近代以前には樹皮、わら、木の実、根、さらに犬・猫・鼠の肉、また「書き記すことが忌むべきもの」といった代用食で飢えを凌いだが、一九世紀以降も樹皮、木の実が食されていた。九一〜九二年飢饉でも援助が入る以前には同じ状況だったとされる（Блокгауз, 17:103–04）。

＊ 一八世紀以前には平均して百年で八回、一二三年に一度の発生であったとされる。

飢饉の原因は、社会的性格を有していた。一八一一九年の大臣委員会報告は、広大さと気候の多様性の下でロシアでは全面的な飢饉はありえず、ある地方で凶作でも他の地方には穀物が多量に残り、自由取引と交通網整備、事前の適切な予測があれば、飢饉だけでなく穀物不足もありえないとしている。確かに穀物価格で見ると、一八三五年にはライ麦一チェトヴェルチ（＝二一〇リットル）の販売価格がヴォルガ沿岸のサラトフ市で四ルーブリ、西シベリアのトムスク市で三ルーブリ以下であったのに対して、北西部プスコフ市では三〇ルーブリと実に一〇倍以上の高値となっていた（Блокгауз, 17:103-04）。交通網と市場の未整備が自然災厄を社会災害としていたのである。

　つとに指摘されるロシア農民のユートピア意識は、この生活上の苦難の裏返しである。これには「解放者」伝説と「遠隔の地」伝説があるが、*農民の「自由な地」への脱出伝説は一一～一二世紀には既に知られていた。その表れが農民のロシア防衛線と、隣接国家・諸民族間にある地方への脱出とカザーク地域の形成であった。一七～一八世紀の農奴化の進展は、農民間にユートピア意識をさらに広げた。ドン、テレク、ウラルのカザーク集団の生成、ザヴォルガと南ウラルの獲得、ヨーロッパ北部の植民地化の完成、さらにウラルから太平洋へのシベリア踏破は、「自然発生的農民《ムジーク》的植民地化」といわれるのである。一八二〇～三〇年代には当時進められつつあった中央アジア植民地化に伴い、沿ヴォルガ地方、中央諸県に「ダリヤ川」伝説が広がり、探索に出る農民集団を阻止するためニジェニ＝ノヴゴロド県では軍が防壁を設置した（Чистов, 2003:276-77）。実際に移住した農民は少数であったが、農民には自由な「予備空間」への憧憬が存在した。この意識は、当然にも農民の土地観念、社会観念に影響を与えたと推測できる。**農民には土地割替慣習と相まって労働集約型耕作の意欲が生まれる環境は存在しなかったといってよいであろう。レーニンは、農業資本主義の発展を論じた際、土地豊富な手近な「辺境」

の存在は、「外延的発展」を容易とする結果古い地域の「内包的発展」は阻止されると述べている（レーニン 3:630）。

＊　チストフは、その起こりは定かではないとする。和田春樹は、チストフの仕事を受けつつ、「帰りくる救い主ツァーリ」と「統治する解放者ツァーリ」という「解放者」伝説を挙げている（和田 1988:276 以下、参照）。

＊＊　ロシア農民の「土地は誰のものでもない、神のものだ」という所有観念がこうした空間意識から生まれていたという指摘がある（青木 1980:43-53）。小松は、九一～九二年飢饉時に無届入植者を含む未曽有の移住者が中央アジアに出現したと指摘している（小松 1986:27）。

(3) 工業化と工場労働者

鉄道建設を槓杆とした工業化は、政府主導で一八六〇年代後半から本格化した。政府は、国家信用、大蔵省支出、臨時歳出により鉄道建設を奨励したが、露土戦争の戦費もあり、国債の外国市場発行に多くを頼ることになった。一八六〇～七六年のロンドンでの国債発行高は、米に次いで一三〇・七百万ポンドに上った。この巨額の国債発行の利払いのため必要とされたのが穀物輸出であった。七二～八六年の貿易構造では輸出の五七・二%、八億二〇〇〇万ルーブリが穀類で、次いで未加工原料・半製品が三八・四%、五億五〇〇〇万ルーブリであった。主な穀類輸出先は、イギリス、ドイツ、フランスで、ロシアはヨーロッパ先進工業国の食糧供給国の位置を占めていた。「強行穀物輸出」により九〇年代に入りロシアは資本主義的再生産構造を確立した。工業成長率は、八五～八九年が年率六・一〇%、九〇～九九年には年率八・〇三%に達し、世界工業生産で八一～八五年に三・四%、九六～一九〇〇年には五・〇%を占めることとなった。ロシアは、国家の強力な関与で比較的短期間に一定の工業化を達成したのである（中山 1988：殊に序章；日南田 1966:179; Анфимов, 1995:51）。

工業化の結果、労働者が増加し、工業化を推進したヴィッテは、九〇年代の工業化で工場に二〇〇万人の雇用が創出されたと皇帝上奏で誇った（Витте, 2006:334-35）。しかし、この新たな社会階層すべてを近代的な工場労働者の生成と見ることは問題があった。農村出身労働者の性格をめぐっては、資本主義成立論争と共に八〇年代から労働者と見るか、農民と見るかをめぐって議論が行われた。九三年に大蔵省が行った調査では通年労働者は、モスクワ地域で4／5強に上り、一八％のみが夏期に農村に帰村したとされる。しかし、年間労働比率は、地域により異なり、調査地域全体で七二％がフルタイムで工場労働にあたるが、モスクワ以外では、ペテルブルグ九〇％、ハリコフ四九％、キエフ四二％、ヴォロネシ二四％と南部では低下した。したがって都市に定着し家族形成する類型だけでなく、家族を残し、休日に帰郷するなど農村との関わりを様々に持つ労働者が混在していた。これは、農村出稼ぎにより工場労働力を確保したからである。「畑と工場の間に並んだロシアの労働者大衆」は、都市で家族を形成する類型になかなか進まなかったとされる*（Von Laue, 1964:71）。

＊ ロシア労働者の農民性という問題は、ロシア近代社会論の重要な論点である。この点について詳しくは［高田 2007］を参照。また［土屋 1984］も見よ。

ヴィッテは、一八九九年の皇帝上奏で農村疲弊をもたらしたとして政府内に批判が出ていた工業化政策について、次のように述べている。ロシアは、なお原材料、穀物で外国に債務を支払い、必要な鉱工業製品を輸入する農業国である。その西欧工業国との関係は、「植民地諸国の宗主国との関係」に似ている。しかし、違いは、ロシアが政治的に独立した「強力な国家」で、経済的に発展した国家への「永遠の納め手」に留まらない権利と力を有している点である。ロシアは「まだ完全に発達していない偉大な労働の力」、「政治的のみならず、経済的独立を注意深く保持する確かな誇り高い権力を有している」。発展に必要な「資本、知識、企業」の内、現在とりうる唯一の手段は外国資本の導入である。保護関税によって国内産業が発展し、紡糸・綿織物の輸入減少、ペルシャ、ブハラ、中央アジア、中国への綿織物輸出が増加している（Витте, 2006:177-204）。

このようにヴィッテは、現政策の維持を主張したが、金融市場逼迫から生じた一九〇〇年恐慌は、西欧諸国に比べてロシアでより深刻に影響し、工業成長が国内市場の成長を伴わないとする批判は一層強まった（フォン＝ラウエ1977:222）。大改革以降の工業化政策は、世紀境目の時期にさらに社会の緊張を強めることになったのである。

農業国に浮かぶ都市と、農村との結びつきを維持する労働者、広大な国内植民地の存在によりロシアの工業化と近代化は遂行された。ロシア近代は、農業では所帯別土地所有と共同体土地所有、地主による大農場経営と個人農民経営、工業では外国資本による先進技術を装備した国営企業と、民間土着資本による私営企業、農村小工業が併存する社会であった。これは、多ウクラード社会であった。そして工業化の進展する中で繰り返し飢饉が農村部を襲い、多くの被災者が生まれていた。ここには資本主義確立を目指す社会が抱える現代にも通じる矛盾が表出していたということができる。

一九世紀社会主義が一七～一八世紀の市民革命による政治的民主化と基本的市民権、資本主義の勃興を前提にした時、ロシアにはその条件は二〇世紀に至るまで存在しなかった。その欠如の中で現状の否定、未来への希望として生成するロシアの社会主義運動は、国家主導の帝国改編、植民地経営圧力に抗議する社会運動と結びながら、ヨーロッパのそれと異なる性格を持つことになる。

第2節　運動としての社会主義

農奴解放後二〇世紀初頭に至るまで、ロシア帝国では解放条件への不満に発する農民一揆、「自由」獲得への学生・知識人運動、ロシア化・中央集権化による統治緊密化への辺境民族・エスニシティ・宗教集団の抗議・抵抗など様々な性格の社会運動が起こった。一九世紀九〇年代早々にはポーランド、ウクライナ、アルメニアなどで様々な思想潮流を包摂した政党・グループが結成された。それらは、それぞれの内部に集権と分権、ロシア国家、ロシア反政府組織との関わり方への違いを含んでいた。一九〇五年革命に至る時期の社会運動・政治組織の多様さは、当時の政治綱領集から垣間見ることができる（例えば［Васин, 1906］、また［Шелохаев, 1995］を参照）。ここではその中でソ連社会主義形成に大きな役割を果たす組織を見ることにする。*

＊　ウクライナにおける政党結成に関しては、［中井 1988:46］を見よ。ロシア帝国の辺境地域の社会運動の概観は不十分だが、［加納 1984］がある。また一九〇五年革命期にかけての民族運動の概観は、ザレフスキー論文、カステリャンスキー編纂論文集が有益である（Залевский, 1912, 1914; Кастелянский, 1910）。

農業国ロシアで社会主義運動が農村社会主義として始まったのは、自然であった。ゲルツェンの共同体社会主義を受け継ぎ、一八七八年に結成された第二次「土地と自由」結社は、「究極的なわれわれの政治的及び経済的理想は、無政府社会および集産主義である」と宣言した。掲げる当面の課題は、①一切の土地の農村労働階級への移行と均等分配、②共同体自治と共同体同盟、社会的機能のできる限り小さい部分の政府への委任、③他宗教への寛容、信仰の自由、④希望によりポーランド、ウクライナ、カフカースなどのロシア帝国分割であった。ゲルツェンの共同体社会主義、バクーニン、クロポトキンの無政府主義思想の流れをここに見ることができる。そしてこの変革は、暴力的に可及的速やかに遂行されねばならなかった。なぜなら資本主義の発達とブルジョワ文明の害悪の強まる浸透によって農村共同体の破壊と農民世界観の歪曲が生じるからである（田坂 1976:11–12）*。

＊　一八七〇年にパリに没したゲルツェン思想の「復権」については［長縄 2012:515］を参照。

資本主義不可能論は、一八九〇年代に決着を見た。九三〜九四年にかけてレーニンは、マルクス主義の立場から市場欠如は農民層分解と社会的分業が解決し、農奴制の残存物を別にすれば、「ロシアにおける勤労者の搾取は、……本質上資本主義的なもの」だと論じた。ロシアの未来は、労働者が担うのである（レーニン 1:97, 119, 317; 倉持編 1994:314）。社会運動ではストライキ運動という新しい形態が生まれた。八〇年代にはモスクワの綿業工場で待遇改善を求める争議が起こり、九〇年代半ばにペテルブルグ綿工業労働者がストライキ運動で労働時間短縮と賃金引き上げを求めた。資本主義の成立と社会運動主体の変化から七〇年代ナロードニキ運動に代わるマルクス主義とネオ・ナロードニキの新しい社会主義運動が生まれた（土屋 1984; 和田 1974）。

　アレクサンドル二世暗殺事件後壊滅したナロードニキ系組織の再建は、九〇年代から始まり、それらが一九〇一年に合流し、社会主義者《エス》＝革命家党《エル》を結党した。チェルノフが執筆し、一九〇五年末第一回大会で採択された綱領は、前文で現代ロシアは、歴史発展において「一連の特殊性」を維持しながらますます「文明世界の先進諸国」と緊密なつながりに入っていると西欧との類似的発展、つまり資本主義発展を認めた。しかし、「経済力の意味のない分散」と、「安価な労働力と独立生産者の間接的搾取の容易さ」のため資本主義は、「高度な経済形態の物的不利益、労働者大衆の貧困と無保証」をもたらしている。その本質的な「否定的破壊的側面」は、「万人の万人に対する生存と特権的地位のための呵責ない闘争、共生のすべての道義的基盤を破壊する貨幣の権力」にある。このようにエスエル綱領は、資本主義が人間の「共生」を破壊することを問題とした。ロシアではその「略奪破壊傾向」がもっとも短い期間に起こり、その結果労働の「最も原始的な搾取形態」と「家父長的貴族官僚ツァリーズム」の相互作用で社会問題が先鋭化しているのである。

こうした資本主義批判に立って、エスエルは労働綱領では八時間労働日、労働災害・疾病・老齢の国家保険、労働保護、労働者組織化を掲げた。農業綱領では「土地社会化」により土地を私的所有物から全人民の財産に転換し、中央・地方自治機関による管理のもとで土地の勤労均等用益を実現するとした。ロシア農民の「共同体的・勤労的考え方」、「土地は誰のものでもなく、用益権は労働にのみ与えられるという確信」に依拠し、生産の「下から」の社会化で農業の「非資本主義的発展」の条件を作り出すのである。またこの協同組合的、共同体的原理を医療、食糧組織、信用などの社会サービスにコミューン原理により適用するとした。民族・国家綱領で共同体原理は、国家レベルに拡大され、個々の諸民族に無条件の自決権を承認するとともに、細目はないが、できる限り広範な連邦的諸関係を適用する国家制度を展望した。生産商業部門を集中する「国家社会主義」は官僚機関の肥大を招くとして排除された（Шелохаев, 1995:136–46; 加藤 1975:80–98; Волобуев, 1:297）。

このようにエスエル綱領は、資本主義を所与として労働者綱領を含み、協同組合、共同体を基底とする社会を構想した。反ツァリーズム闘争を担うのは、労働者、勤労農民、革命的社会主義知識人である。大会ではあまりにマルクス主義に接近しているという指摘もあったが、この綱領は、ネオ・ナロードニキ主義と資本主義の改革可能性を唱えたベルンシュタイン主義の結合と評価されるのである。*

＊　ベルンシュタインについては、［ゲイ 1980］を参照。

マルクス主義潮流は、一八九〇年代の労働運動への関与で組織化が進み、それを基礎に政党結成に至った。* ロシア社会民主労働党は九八年の結党宣言で次のように述べた。

「ロシアは、（一八四八年以来）この全ての期間一見したところ歴史的運動の大道の外にあった。諸階級の闘争は、ロシアには見出されなかった。……だが、（ロシアの）闘争はますます成熟し、成長した」。それは、農民の不幸の上に地主を保護し、勤労住民の負担で大資本家を養育したからである。この過程で資本主義と共に生まれた労働者階級は、「成長し、強くなり、成長と共にますますブルジョワジーとの闘争に向かう」。

ここには二つの特徴を見ることができる。一つは、ヨーロッパ労働運動の経験がロシアで繰り返されるという点であり、第二にロシアが農業国であるという観点は存在せず、もっぱらブルジョワジー＝労働者の階級関係と政治的自由獲得が強調される点である。ロシア労働者階級は、「国家統治への参加、言論出版の自由、結社集会の自由、……西欧とアメリカのプロレタリアートが状態改善とそれとともに自分の根本的解放のために、私的所有と資本主義に反対し、社会主義を求めて闘うための道具、手段のすべてを奪われて」いるのでプロレタリアートの自由な発展、部分的改善、最終的解放のための闘いの

「基本条件」として「政治的自由」を要求するのである（Егоров, 1:15‒17）。

＊ 九〇年代の労働者階級解放闘争同盟の結成については、パイプス、マルトフを参照（パイプス 1972:122 以下、マルトフ 1976:20‒43）。

綱領・規約は、周知のように一九〇三年の第二回大会で採択された。この間にロシア社会民主主義は、大きな混乱に見舞われた。結党宣言の起草者ストルーヴェら「合法マルクス主義者」、クスコヴァ、プロコポヴィチらの経済主義者の分化である。ストルーヴェらは、資本主義の基本矛盾はブルジョワ経済の枠内で解決可能とし、クスコヴァは私家版論文「信条」で「狭量なマルクス主義、否定的なマルクス主義、原始マルクス主義（社会の階級への区分についてあまりに図式的な考え方をするところの）は、民主的マルクス主義に席を譲るであろう」と主張した。クスコヴァによれば、ロシア・マルクス主義の活路は、唯一「プロレタリアートの経済闘争に参加すること、これを援助すること、自由主義的な反政府活動に参加すること」なのである（レーニン 4:180‒86）。ドイツにおけるベルンシュタイン主義の出現と期を一にするこの論文にレーニン、マルトフら流刑中の正統主義者は反論書簡を公表した＊（レーニン4:180‒94）。

＊ 自由主義者の合法活動を幻想としたレーニンのストルーヴェ批判は、「ゼムストヴォの迫害者たちと自由主義のハンニバルたち」を見よ（レーニン 5:21‒72）。ベルンシュタインのプレハーノフ批判については［ベルンシュタイン 1974:253‒72］参照。

第二回大会は、したがって二つの点が重要であった。第一に「正統マルクス主義」教義の再確立である。プレハーノフとレーニンが執筆した綱領は、まえがきでマルクスの相対的・絶対的窮乏化論、恐慌論を敷衍し、社会革命の必然性、階級廃止を謳い、階級的アプローチを確認した。またクスコヴァらの影響下にある社会民主主義者同盟員の異論があったが、搾取者の抵抗を排除する「プロレタリアート独裁」を必然条件とした。この点でロシア社会民主労働党主流の異論は存在しなかった。そして「古い前資本主義秩序の残滓」を維持するロシアの「特殊性」が経済進歩、プロレタリアート階級闘争の全面的発展を阻害し、全人民の暗愚化を行っているとし、「最大、強力」の残滓たるツァーリ専制打倒を第一課題とした。政治綱領は、「ツァーリ専制打倒と民主共和制による置換」、「すべての最高国家権力」の人民代表一院制立法議会への集中を掲げた。これは、「人民の専制《サモデェルジャーヴィヤ》」であり、権力は分割されないのである。農業綱領ではレーニンが全土地国有化の主張を撤回したので、「農奴制の残存物」の除去と階級闘争の自由な発展のために農民に切取地を返還する「切取地綱領」が採択された。労働綱領は、その起こりからエスエルよりもはるかに詳細に労働環境・条件改善を掲げた。八時間労働日、労働者保険、有給産児休暇、託児所設置、住居・職場衛生状態の監視組織の設立などである。産業国有化、計画経済導入の社会主義的施策は含まれなかった。これと比べて民族綱領は貧弱で、「特別の慣習と住民構成により区別される地方のための州自治」、「すべての民族に自決の権利」を謳うにすぎなかった。帝国少数民族の要求に寛容とも見えるが、曖昧さは、この問題の軽視を表している。この「自決権規定」を不満としてポーランド・リトアニア社会民主党代表団はロシア社会民主労働党との合流を見送った。独立を唱えるポーランド社会党と自らを差別化できなくなるからである（マルトフ 1976:81[*]; Егоров, 1:61–65）。

＊　大会決議は、中央委員会に合同のための交渉継続を委任した（Егоров, 1:79）。

第二に、綱領と同じく重要だったのは組織規約であった。この間の混乱、殊にクスコヴァらの経済闘争論は、レーニンに厳格な組織論の必要を確信させるに至った。レーニンが大会に提案した規約案は、党員資格を「物質的手段によって、また党組織の一つへの個人参加によって党を支持するもの」としたが、これは前年に刊行された『何をなすべきか』で展開した組織論の具体化であった。専制国家の革命運動には狭い範囲の厳格な職業革命家組織が必要とするレーニンの論理に対して、マルトフらは、「党組織の一つの指導で定期的に個人的協力を行うもの」とする大衆的組織を想定した。マルトフは、レーニンの党組織では広大なロシア各地の多彩な運動条件を無視することになると考えたのである。ここで明らかになった違いは、合同への試みはあったが、この後、資本主義発展の段階論、戦略論、国家論に広がり、ボリシェヴィキ、メンシェヴィキの根本的対立に発展していく。「ボリシェヴィズムのイデオローグは、権威あるボスと陰謀組織の鉄の手に依拠して」、一般的革命的国民運動を社会主義的な方向に向けようとしている。この分析は「ロシアの政治的発展が新たな段階を経過するたびにその真実味を増した」とマルトフは述べている（マルトフ 1976:91–92）。*

＊ 採択された規約は、「中央委員会の決定はすべての党組織にとり義務である」と集権的内容で、党の「連邦化」を求めた在ポーランド・リトアニアユダヤ人労働者同盟（ブンド）代表は、これを不満として退場した。党組織の柔軟化は、時代を経てソ連末期にリトアニア共産党により提起されることとなる（Егоров, 1:69）。

正統マルクス主義から離れた「合法マルクス主義者」、経済主義者は、ゼムストヴォ立憲活動家と合意してストルーヴェを編集者とする在外誌『解放』を創刊した。一九〇二年六月の創刊号は、われわれは政党機関誌ではなく革命的でもないが、個人・社会の権利による専制的官僚の置換、ロシアの現実の転換を求める。ロシアの文化的・政治的解放は、「一つの階級、一つの政党、一つの教義」によらず、全国民的事業であらねばならないと述べた。「ロシア・リベラル」と呼ばれるこれらの人びとの考えは、一九〇三年に解放同盟組織化が検討された会合の議論で知ることができる。そこで述べられたのは、政治的リベラリズムと社会的経済的民主主義との繋がりである。「自由主義要求の実現なくしては完全な政治的自由は価値を持ちえず、社会的経済的民主主義も不可能」であり、逆に「民主的社会改革の綱領から切り離された自由主義は、生命力を失い、解放の課題を最後まで遂行しえない」のである。労働問題では労働保安、労働時間削減、結社・ストライキ権といった要求はロシアの民主的自由主義の基本原則に一致するとした。農業問題では小農没落論を否定し、土地強制収用と農民への土地の移行、その相互扶助による協同組合化を主張した。これは、ベルンシュタインの主張と合致する内容であった。民族綱領では後に解放同盟がフィンランド立憲制、ポーランド、ウクライナ、ザカフカースの広域自治、すべての民族の文化的自決権保障を掲げた。このように正統マルクス主義から分離した知識人は、修正マルクス主義を基礎として社会綱領を持つ「ロシア・リベラル」となった（Осв, 1902/1; 1903/9; ゲイ 1980:243–46）。

こうして二〇世紀初めに至り、ロシアには三つの社会主義潮流が現れた。農村社会主義、正統マルクス主義、修正マルクス主義である。修正主義者はゼムストヴォ立憲活動家と合流し、立憲民主党《カデット》を名乗った。これらの潮流は、いずれも一九〇五年革命の社会運動の興隆を受けて、開設された国会に議員を送り、殆どの政党が参加した第二国会では議席の過半数をこれらの政党が占めた。その下で近代的市民的権利の制定、喫緊の課題となった農業問題の地主所領強制収用による解決が図られたが、選挙法改定で第三国会以降は勢力を喪失した。ボリシェヴィキ、メンシェヴィキに分かれた正統マルクス主義者は、その後二次にわたって統一大会を開いたが、両派の対立は土地綱領、革命戦略、議会活動、合法活動の評価で深まり、社会運動が沈滞する中でさらに分裂を強めた。* これらの社会主義潮流が政治勢力として改めて登場するのは、一九一七年冬である。

* 一九〇五年革命後のボリシェヴィキ、メンシェヴィキの対立、またそれぞれの抗争・分裂については、さしあたり［加藤 1979］を参照。

以上のように一九世紀ロシアは、代議制導入、権力の分割・分立、皇帝権力制限を目指した政府改革が失敗に終わったため、近代的政治制度を欠き、臣民として身分別に編成された国民は市民的基本的権利を持たなかった。政治近代化を回避した政府は、大国の地位を維持するべく経済近代化を図り、国内植民地の維持拡大と社会的経済的制度の整備による工業化を図った。農奴制廃止はその第一課題であった。これに対抗して生まれたロシア社会主義運動は、ヨーロッパとは異なる特徴を持った。

その特徴は、第一に近代社会主義を成り立たせる社会構造、社会階層を持たなかった点である。いうまでもなく近代社会主義運動が目指したのは、資本主義が社会に生みだす社会矛盾の克服、労働者の大衆的貧困の解決であった。しかしロシアの場合、クリミア戦争後に開始された工業化政策が資本主義を成立させるのは九〇年代で、しかも社会階層としての労働者は二〇世紀初頭で僅か二〇〇万人、人口比で一・七％に過ぎなかった。レーニンは、賦役から雇役への移行、共同体の階級分化と解体、国内市場形成を論じたが、ロシアは、一方に工業化を進展させながら、他方で前資本主義的な小規模生産と共同体的紐帯による農民耕作が併存する多ウクラード社会であった。このために人口の圧倒的多数を占める農民に依拠する社会主義の性格を持ったのである。

第二に帝国統治、国内植民地の問題である。ヨーロッパ諸国が近世以降域内で領土画定を進め、植民地をヨーロッパ外に求めたのに対してロシアは、植民地を領域内化した。これは、ロシア社会主義のあり方に二つの重要なファクターをもたらした。第一のファクターは、少数民族問題、辺境統治へのアプローチの必要である。マルクス主義潮流はこの問題を重視しなかったため、後に見るように、国家建設において重大な軋轢を生んだ。第二のファクターは、農業経営の在り方への影響である。遠方の地への農民の憧憬は、共同体の平等意識という別の要素と関係しながら農民に集約的経営の土壌を生みださなかった。

第三に多様な社会主義思想の併存である。正統マルクス主義は、一八八〇年代にプレハーノフら亡命知識人に受容されたが、早くも九〇年代にはドイツから修正マルクス主義が流入した。現状改良の労働組合運動の重視は、社会主義知識人の一部に緊密な「前衛」革命組織の必要意識を生みだした。これがボリシェヴィズムを生みだすこととなる。その特徴は、階級アプローチによる社会理解、教義の厳密性、組織運動の厳格性と特徴づけることができる。

このようにロシア社会主義は、運動としてヨーロッパ社会主義とは異なる性格と展開を持った。そしてこの違いとそれ自体の多様性は、一九一七年にロマノフ朝が倒れた後、国家建設の具体的課題の対立として現れるのである。

第二章　確立する社会主義

第一次世界大戦の圧力を受けたロシア帝国は、最高統治の破綻で終焉を迎えた。戦場となったヨーロッパ部、カフカース部の社会的混乱、中央アジアの民族反乱で帝国統治は中央も辺境も破綻した。その結果として生じた権力真空を誰が、どのように埋めるのか、統治体制をいかに再建するかをめぐる問題で、社会主義が一つの選択肢として現れた。ここでは叙述の都合上、国家建設と体制を確立する社会経済政策を分けて概観する。

第1節　ソヴィエト国家の建設——憲法制定会議からソヴィエトへ

(1)　臨時政府・憲法制定会議

一九一七年三月一日、国会議長ロジャンコは、無政府状態を防ぎ、社会平穏の回復のために全露戦病傷者援助ゼ《ぜ》ムストヴォ・都市自治体同盟議長ゲ・リヴォフを首班とする臨時内閣を形成すると声明した。臨時政府は、三月六日に国民に声明を発して、国を自由な市民制度へ導くことが「神聖な責

地図解説　　〔　〕内は成立年月日

Ⅰ．ロシアソヴィエト連邦社会主義共和国〔1917/11/7〕

①カレリヤ勤労コムーン　②クリミアソヴィエト社会主義自治共和国　③チュヴァシ自治州　④マリ自治州　⑤タタール社会主義自治共和国　⑥ヴォト自治州　⑦バシキルソヴィエト社会主義共和国　⑧ヴォルガドイツ人勤労コムーン　⑨チェルカス〔アドィゲ〕自治州　⑩カラチャイ＝チェルカス自治州　⑪カバルディ＝バルカル自治州〕　⑫ゴルソヴィエト社会主義共和国　⑬チェチェン自治州　⑭ダゲスタンソヴィエト社会主義共和国　⑮オイロト自治州　⑯-1 ブリャート＝モンゴル自治州（シベリア）　⑯-2 ブリャート＝モンゴル自治州（極東）⑰コミ自治州　⑱カルムイク自治州　⑲ヤクートソヴィエト社会主義共和国　⑳キルギスソヴィエト社会主義自治共和国　㉑トゥルケスタンソヴィエト社会主義自治共和国　㉒ホレズム人民ソヴィエト共和国　㉓ブハラ人民ソヴィエト共和国

※①から㉓については1918年4月から1922年7月にかけてそれぞれ形成

Ⅱ．ウクライナソヴィエト社会主義共和国〔1917/12/25〕

Ⅲ．ベロルーシソヴィエト社会主義共和国〔1919/1/1〕

Ⅳ．ザカフカース社会主義連邦ソヴィエト共和国〔1922/12/13〕

1．グルジアソヴィエト社会主義共和国〔1921/2/25〕

①アジャリヤ自治州　②アブハジアソヴィエト社会主義共和国　③南オセチア自治州（いずれも地図では省略）

※①～③　1921年2月から22年3月にかけてそれぞれ形成

2．アルメニアソヴィエト社会主義共和国〔1920/11/29〕

3．アゼルバイジャンソヴィエト社会主義共和国〔1920/4/28〕

①ナゴルノ＝カラバフ自治州　②ナヒチェヴァンソヴィエト社会主義共和国（いずれも地図では省略）

※①②ともに1922年12月30日形成

Ⅴ．バルト3国

1．エストニアソヴィエト社会主義共和国〔1940/8/21〕

2．ラトヴィアソヴィエト社会主義共和国〔1940/8/21〕

3．リトアニアソヴィエト社会主義共和国〔1940/8/21〕

Ⅵ．モルダヴィアソヴィエト社会主義共和国〔1940/8/2〕

1）Ⅰ，Ⅱ，Ⅲ，Ⅳが条約に調印してソ連は形成．

2）Ⅰの㉑からトゥルクメンソヴィエト社会主義共和国，ウズベク社会主義共和国が形成されて，ソ連に加盟（1924年）．

3）ロシア内のタジクソヴィエト社会主義自治共和国が連邦共和国となり，ソ連に加盟（1929年）．

4）キルギス自治共和国の分離で形成されたカザフスタン，キルギスタン自治共和国が連邦共和国となり，ソ連に加盟．ザカフカース連邦が解体し，それぞれの共和国がソ連に加盟（1936年）．

5）ベッサラビアにソヴィエト軍侵攻後モルダヴィアソヴィエト社会主義共和国成立，ソ連に加盟．ラトヴィア，リトアニア，エストニアにソヴィエト軍侵攻後親ソ連政権成立，ソ連に加盟（1940年）．

典拠：Ю.А.Поляков.Совтская страна после онончания гражданской войны:территория и населние.М.,Наука, 1986. БРЭ, т.1, 2, 8 より作成．

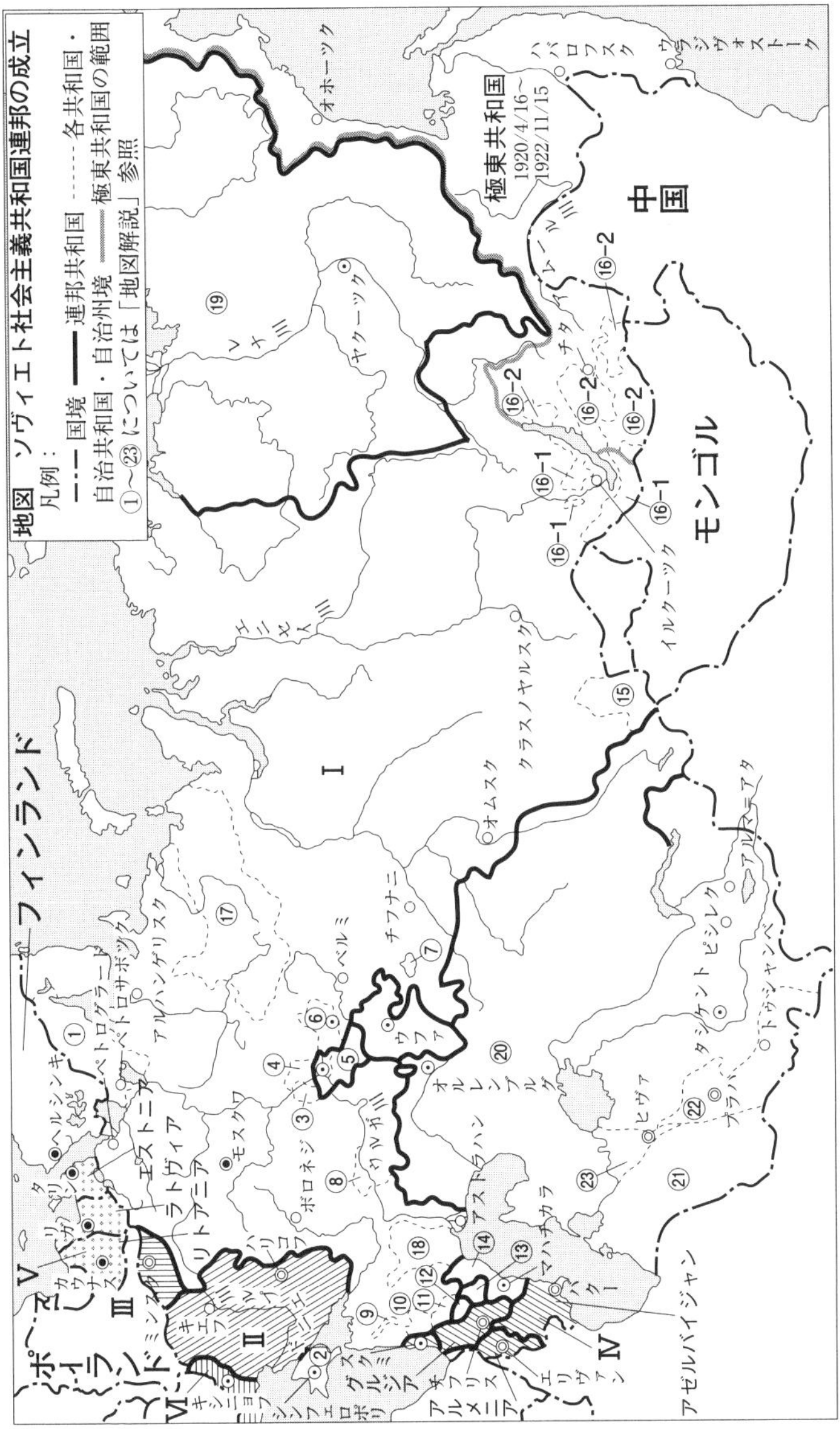

地図　ソヴィエト社会主義共和国連邦の成立

務」とした（Степанский, 1996: 153-54, 176-77）。三月一四日には街頭活動で帝政崩壊を主導したソヴィエト執行委員会が、ツァーリ専制権力を倒したロシア人民の例に倣い、諸国プロレタリアートに決起と政府の侵略志向との闘争を呼びかけた。ソヴィエトは臨時政府に対しては革命の成果を拡大し、侵略傾向を否定する条件で支持する立場をとった（長尾 1968: 457-62）。二重権力状況が生まれたのである。

これを変化させたのは、レーニンの「四月テーゼ」であった。帰国したレーニンは、状況はリヴォフ政府のブルジョワジー独裁と、労働者・兵士代表ソヴィエトのプロレタリアート・農民独裁が一つに絡み合った「過度期状態」であり、革命は後者の独裁に行きつかねばならないと述べた。そして国家権力のプロレタリアートへの移行、土地国有化、土地革命の推進、被併合民族の分離の自由、コミューン型国家の設立を訴え、ボリシェヴィキ党内の説得を続けた（レーニン 24: 40-76）。

体制崩壊の一つの原因だった食糧問題は、二月革命によって解決されておらず、戦争も継続していた。この状況で三月二七日の協商諸国宛声明に付された外相ミリュコフ「覚書」が「同盟国との完全な合意の下の戦争勝利」への確信を表明したために問題化した（Милюков, 1955: 359-60）。このために五月にはミリュコフ辞任を条件にソヴィエトが支持した第一次連立政府、七月事件後第二次連立政府、コルニーロフ反乱後第三次連立政府が成立することになった。ロシアの中央政治は混迷を深め、地方では農民の土地革命、都市で労働者の工場占拠、軍では兵士委員会運動、さらに辺境地域それぞれの地域で民族覚醒が進んで社会は、遠心化の度合いを強めた＊。

＊　二月革命から一〇月に至る社会運動の展開については［長尾 1968］、またウクライナについては［中井 1988］を参照。

社会混乱が進む中でソヴィエトは憲法制定会議の早期召集を求め、臨時政府も準備を進めた。その最初は、三月二六日の選挙法検討のための特別審議会設置で、そこに附置された策定委員会が政治制度の専門家であるカデットのココシキンの下で検討を始めた。作業の遅れが指摘されたが、九月に公表された選挙法は次の六点を内容とした。①秘密投票による普通、直接、平等選挙権、②女性の参加、③二〇歳以上（軍勤務者は一八歳以上）、④軍要員への選挙権適用、⑤代表比例選挙、⑥皇族の選挙参加排除、である。ソヴィエトから委員会に入っていたある者は、これは社会主義者の観点からしてもヨーロッパの、もしかすると全世界のどの国家も知らないもっとも民主的で、もっとも一貫した選挙法と思えると述べた。同様の考えを亡命後のノリデも述べている（Скрипилев, 1982:143）。

臨時政府は、憲法制定会議への権力移行方式、議会制、大統領制の検討も進めた。臨時政府と憲法制定会議の関係については一八七一年のフランスの例に倣い、憲法制定会議の成立で臨時政府は最高権力を喪失し、憲法制定会議下の統治組織として暫定的に存続すること、臨時政府による政府令などの立法発議は認めず、憲法制定会議の手続きに従うこととした。議会は、国民代議体の下院と、ゼムストヴォ県会、市ドゥーマ、社会文化組織選出代表で構成される地方代表議会の二院制をとり、下院の優位性を定めた。二院制をとるのは、上院の非民主性は必ずしも証明されていないこと、立法と統治の混同への保障となるというのが理由である。ここには帝政期の国家評議会（上院）と国会（下院）の関係が混乱を招いたという事情がある（Берголисси, 2000:763–69）。

大統領制については国家基本法制定までの「ロシア共和国臨時大統領臨時規則」（案）が作成された。それによれば、臨時大統領は憲法制定会議により任期一年で選出され、憲法制定会議の信任を得た閣僚会議の協力で執行権力を実現する。大統領は、外交指導、軍最高指揮権を有するとともに、司法を除く政府機関の設置、構成を大統領令で定め、閣僚、大臣らの任免を行う。首相、大臣は憲法制定会議に国事全体の進行責任を負う。以上の内容は、大統領が広い権限を有するものの、執行権力の議会に対する責任など、権力の分割・分立と相互抑制の原則に従うものであった（Бертолисси, 2000: 769-72）。

このようにして憲法制定会議が準備された。この問題へのレーニンの対応は二義的であったと見える。帰国直後のレーニンは、憲法制定会議の早期召集を求めており、この点で他の政党と大きな違いはなかった。その後、四月の党協議会決議に従って執筆された綱領改定案では「四月テーゼ」にあった「コミューン国家」論が前面に押し出された。「議会主義的代議機関は、立法を行うと共に自分の法律を執行もする人民代表ソヴィエト……に次第に代えられる」のである。またレーニンは、エスエル、メンシェヴィキの憲法制定会議要求を「立憲幻想」と非難した。「第二の革命」が勝利しないうちは、憲法制定会議は招集されないか、召集されても「フランクフルトのおしゃべり小屋」となる。これは、「ブルジョワジーとプロレタリアートの階級闘争の経過と結果の問題に従属する」事柄である（レーニン 25:215）。このようにレーニンは、「コミューン国家」の主張を明確化するに従い、憲法制定会議への対応を変え、「第二の革命」の主張を強めた[*]。そしてコルニーロフ反乱後、臨時政府打倒の武装蜂起を主張することになった。「ピーテルとモスクワ……での武装蜂起と、権力の獲得、政府の打倒」、ボリシェヴィキ政府樹立の準備と情勢が整ったからである。この路線の説得を重ねたレーニンは、憲法制定会議とソヴィエトの協力を主張したジノヴィエフ、カーメネフを、「ストライキ破り」と批判し、第二回労兵ソヴィエト大会が開かれる一〇月二五日の「武装蜂起」決行に至るのである（レーニン 26:5, 221）。

＊　夏に執筆された『国家と革命』では、周知のように「議会制度の揚棄」が主張されている。「議会制度のない民主

主義」、「プロレタリア民主主義」をめざして、メンシェヴィキ、エスエルがソヴィエトを「醜悪極まる」ブルジョワ議会主義で汚しているのをやめさせ、「執行府でもあり、立法機関でもある」コミューン政府を樹立することが課題となるのである（レーニン 25:413-533）。

蜂起後の第二回労働者・兵士ソヴィエト大会は、「憲法制定会議召集までの統治」を行う臨時政府としてレーニンを首班とする人民委員会議創設を決議した。同時に地主所有地、皇室・修道院・教会地の無償没収、無併合・無賠償講和が決議され、その後労働者統制令、軍隊民主化といった進行する社会革命を承認する措置が人民委員会議令で布告された。一連の布告の中で最高国民経済会議の設置は、中央・地方の経済財政組織、商工業・食糧人民委員部を統轄し、全体の基準・計画を作成する計画経済化への一歩であった（Декреты, 1:76）。この時点でいえば、確かに権力の二重状況はソヴィエトを基盤とする人民委員会議政府の成立で解消したが、憲法制定会議とソヴィエトの制度的二重性は維持されており、かつ連続性から考えれば憲法制定会議の歴史的政治的正統性は大きかった。

憲法制定会議選挙は、一一月一二日から全国の七三地区選挙区と八軍選挙区で行われた。内六七選挙区では、有権者九〇〇〇万人中四四〇〇万人が選挙に参加した。投票率は、約五〇％である。候補者名簿方式の選挙で多くの政党が参加し、ペトログラードでは一九政党、地方でもサマラ選挙区では九五政党、多くの地方で二〇前後の政党が選挙に候補者を送った（リード 1957:200; Скрипилев, 1982:179）。選挙プロセスには、選挙方法の説明が農民に行われない、一つの政党しか示されないなど、多くの問題があったが、投票結果は、五四選挙区における得票率で、ボリシェヴィキ二五％、小ブルジョワ政党（エスエル、メンシェヴィキなど）六二％、地主・ブルジョワ政党（カデットなど）一三％で（レーニン30:253)、全七〇七議席の党派構成は、エスエルが第一党で三七〇、左派エスエル四〇、ボリシェヴィキ一七五、メンシェヴィキ一六、民族グループ八六、カデット一七、エヌエス二、党派不明一となった(Скрипилев, 1982:182; 藤田 1968:681)。

議会構成でボリシェヴィキが少数派となることが判明した一二月、レーニンは、「憲法制定会議についてのテーゼ」を執筆した。それは、二つの理由で憲法制定会議の改選を求めた。一つは先に述べたブルジョワ議会への批判であり、ソヴィエト共和国は民主主義の「一層高度な形態」であるという主張である。それは、ブルジョワ体制から社会主義へ移行するためのプロレタリアート独裁において社会主義へのもっとも苦痛の少ない移行を保障するのである。第二の論拠は、一〇月革命以前に提出された候補者名簿による選挙は、エスエルの左右分裂を反映していないので革命後の段階に合致していないという点である。この不一致を除く唯一の手段は憲法制定会議が改選に同意し、ソヴィエト革命を承認することしかないのである(レーニン26:388)。こうして社会主義臨時政府は、憲法制定会議の否認に転じた。

一九一八年一月五日に開会した憲法制定会議には「勤労被搾取人民の権利宣言」が提出され、承認が求められた。そこには古い候補者名簿による選挙なのでソヴィエト権力に対抗するのは間違いだとあるが、改選の表現はなく、ただソヴィエト権力下の諸措置の全面承認が求められたに過ぎなかった。議長チェルノフはこれを取り上げずに予定された審議に入り、ロマノフ家のすべての権利の剥奪とロシア《ロッシスカヤ・》民主主義連邦共和国《デモクラチチェスカヤ・フェデラチヴナヤ・レスプブリカ》の成立、国家基本法採択まで全権が憲法制定会議にある旨の宣言を採択した。またボリシェヴィキ・エスエル左派からの閉会要求に抵抗して、交戦諸国との和平交渉継続、土地私有廃止を規定するエスエル提案土地法を採択した。この後憲法制定会議は六日夕方五時の議事再開を決定して散会したものの、解散されることになる。同じ頃、カデット非合法化（一七年一一月）後に拘禁されていたココシキンとシンガリョフは殺害された。こうしてもっとも「民主的な」選挙法で生まれた議会は、活動を継続することはできなかった。エスエルは、ボリシェヴィキは権力のためには何の前にも躊躇しない暴君に変じたという抗議文を出した（和田編 1997:54; Волобуев, 3-2:306-08）。

憲法制定会議解散によりロシア革命は、新しい性格を帯びることになった。一〇月革命後も存続した制度の二重性が解消されたからである。これは、二月以来の制度の混乱が収束に向かったといえるが、同時にそれは「プロレタリアート独裁」への一元化であり、以降の制度選択の可能性を排除するものでもあった。後の歴史家は、憲法制定会議は一〇月革命を前提に革命成果を支えられる制度だったが、解散は、内戦を引き起こす理由を作り出したと評価することとなる（メドヴェーデェフ 1989:172）。

(2) レーニン憲法とソ連形成

憲法制定会議解散から程なくして第三回労兵ソヴィエト大会が召集され、農民ソヴィエトと合体して「労兵農ソヴィエト」となった。大会議長スヴェルドロフは、この大会が真の憲法制定会議であり、ブルジョワ体制に戻るのか、それとも労農独裁が樹立されるかを最終的に決定するのだと宣言した。大会は、「勤労被搾取人民の権利宣言」を採択し、ソヴィエト社会主義共和国の成立を宣言した。同時に採択された民族問題人民委員スターリンの「ロシア共和国連邦諸機関《フェデラリヌイエ・ウチレヂヂェニヤ》」決議は、共和国は「ロシア諸民族のソヴィエト共和国連邦《フェデラツィヤ》として、諸民族の自由意志による同盟《ソユーズ》に基づいて創設される」とした。決議第五項は、「特有の生活様式と民族的構成」によって区別される個々の地方のソヴィエト共和国が連邦政府に参加する方法、活動範囲の区分を定めると述べている（スターリン 4:53–54。但し、訳語は露語版により変えている）。既に独立したフィンランド、また旧辺境地域への言及はない。

この原則による憲法案の作成は、スヴェルドロフを長とし、ブハーリン、スターリンらが委員として入った憲法検討委員会で一九一八年春から本格化した。それは、「ブルジョワ国家モデル」の繰返しではなく、「地方の権力建設の図式、基礎」を提供することが求められた（Гурвич, 1923:5; カー 1967–1:107–27）。

委員会には、中央・地方の集会・新聞から法務・内務両人民委員部が収集した資料が配布された。それにはロシア社会主義政権が当時置かれていた状況が反映し、ヨーロッパまた世界に同盟勤労共和国、連邦社会主義共和国が形成されればロシアがそれに加盟するという想定も述べられている。続くであろうヨーロッパ革命への期待の表明である。その中でロシアの国家形成に関わって興味深いのは、法務人民委員部職員が作成したとされる憲法案である。それは、勤労者の自由な同盟で、職業者の連邦《フェデラツィヤ》である全露勤労者同盟共和国を想定する。基本的職業者として想定されるのは、農民、工業労働者、商業勤務者、国家勤務者、私的（組織）勤務者の五つである。同盟を構成するのは、民族ではなく職業単位で、それぞれは完全な自律性と広い権限を有する。もう一つ特徴的なのは、権力分立である。中央組織として「連邦」代表から成る最高同盟議会、同盟ソヴィエト、最高法院と同盟裁判所が想定され、それぞれが立法、執行、司法を担う。最高法院は少数の「連邦」の権利侵害を防ぐために各職業「連邦」から同数の代表で構成する。また重要法規に関しては国民投票（レファレンダム）によって決定される。スイス連邦をモデルとする「サンディカリズム」構想と資料編纂者グルヴィチの評価は手厳しいが、これはロシア社会の当時の状況を反映するものといえよう（同上 :12, 102–07）。

委員会の初期に議論をよんだレイスネル報告は、この議論の影響を受けていた。レイスネルの主張の第一は、民族は既に国家原理としては後景に退いたという点である。民族は、自由主義立憲国家形成期には支配的だったが、ブルジョワ民主制で再生したのは文化原則のみなので、問題は、「政治的自決」ではなく、「文化的自決」なのである。第二は、社会主義で重要なのは経済組織で、領域性ではないという主張である。民主的連邦制は領域原則によるが、民族国家も資本主義利益も存在しない社会主義連邦制では経済組織だけが問題になる。そこでは閉鎖性、分離主義、領域制約をもつ共同体は意味を持たず、経済利益のみを追求する大きな領域が出発点となる。この考えでレイスネルは経済的・職業的な地方「コミューン」代表から形成され、行政課題を果たすソヴィエト、その上にあって政治的機能を集中させる中央権力組織を想定する。それは、労働者、農民、カザーク、そのほかの勤労者すべてから成る「連邦的共同体」を基底とし、旧ロシア帝国領域にある地方、州すべてから構成され、上部に立法権力たるソヴィエト大会と執行政府権力である人民委員会議を有するロシア《ロッシスカヤ・》社会主義連邦ソヴィエト共和国《ソツィアリスチチェスカヤ・フェディラチヴナヤ・ソヴィエツカヤ・レスプブリカ》である（同上 :128–45; 藤田 1968:696–97）。

提案は、委員会の厳しい批判にさらされた。個々の都市、農村すらも「独立共和国」と宣言する状況でこの構想は、不一致と混乱を推し進め、「アナーキー的サンディカリスト的傾向」を法制化することになる。立法権力と執行権力の対照は必要でなく、必要なのは、人民委員会議による立法権力の獲得であり、決して否決されない命令すべてが準備されることである。このように分権化、権力分割・分立は実態に合わないとして否定され、委員会はスターリン提出の「ロシアソヴィエト共和国の連邦の型についてのテーゼ」、「ロシアソヴィエト連邦共和国憲法大綱」を採択した。それは、「プロレタリアート・農民独裁」の明記、習慣・民族構成指標の独自な州で経済・文化権限を扱う自治州共和国の形成、その上部にソヴィエト大会、全露執行委員会、人民委員会議を位置づけること、目的は都市と農村のプロレタリアート独裁と社会主義確立であると定めた（森下 1984:355–59）。四月はじめの『プラウダ』でスターリンは、連邦制は過度的であり、ロシアの連邦制度《フェデラナヴヌイ・ストロイ》は古い「帝国主義的な枷」からの解放であるとともに、将来の「社会主義的単一《ウニタリズム》国家」（邦訳全集では「中央集権」）への過度であると述べていた。「連邦」はこの二重の意味での過度を意味するのである（スターリン 4:89–95; Сталин, 4:72–73）。

こうして憲法委員会の方向性は定まった。この後に立場を変えたレイスネルが積極的に参加して作成し、七月の第五回ソヴィエト大会で採択された憲法は、過度期にある現在において憲法の基本任務は、都市・農村のプロレタリアート及び貧農の独裁確立にあるとし、連邦の最高決定機関として全露ソヴィエト大会、大会間期には全露執行委員会、執行機関として人民委員会議を定めた。憲法には州、県、郡、郷ソヴィエトが規定された。少数民族地域には州ソヴィエトが設定され、「特別の風習と民族構成を特徴とする州」において構成される諸ソヴィエトを代表し、ソヴィエト共和国に加入するとした。ここに領域原則に基づく位階的中央集権的な国家構造が規定された。検討過程で憲法冒頭の新しい宣言案が検討されたものの成案化できず、冒頭には「勤労被搾取人民の権利宣言」が挿入された。その結果憲法には少数民族地域の国家構成の上で不一致を含むことになった。憲法二一条は、「ロシア社会主義共和国は、ソヴィエト諸民族共和国の連邦《フェデラツィヤ》として自由な諸民族の自由な同盟《ソユーズ》を基礎に設立される」と諸民族連邦国家であると規定したが、一一条は「自治諸州の同盟が連邦制の原則でロシア社会主義連邦ソヴィエト共和国に加入する」とし、一二条は、その最高権力が全露ソヴィエト大会に属すると規定したからである。ここには「共和国」、「自治州」に区別はなされず、連邦条約規定も領土規定も存在しなかった。この三つの条項の目指す方向は分権的連邦と集権的国家と異なっているのである。*

* 「連邦」と「同盟」の語義の当時の曖昧さを森下が指摘している。それによれば「同盟」は「連合《コンフェデラツィヤ》」のニュアンスがあった（森下 1984:374）。自治共和国・自治州の形成とその時期については前掲地図参照。また［塩川 2007:24–27；カー 1967–1:267–88］参照。出版の自由などの基本的権利については、その現実の自由を保障することが重要であるとし、その技術的・物質的手段を「労働者・貧農の手」に委ねるとした。市民的基本権は、階級原則の下位におかれることになったのである（藤田 1984:16–26）。

こうして国家構造は連邦だが、それは将来的に単一の「中央集権」へ向かう過度的なもので、国家性格・権力は労農独裁によると定まったが、ここには多くの問題点が胚胎していた。これが露呈したのが内戦後のソヴィエト連邦形成問題であった。ソヴィエト権力は、フィンランドの独立を承認し（一九一七年一二月）、ポーランドについても自決を承認した（一八年八月）（МИД сссp. 1:71, 460）。またバルト三国、ザカフカース連邦が独立宣言を行っていた。しかし、内戦後、曖昧な国家性格という問題点は、旧辺境の統合が日程に上った二二年になって現れた。

ロシア、ウクライナ、グルジア、アルメニア、アゼルバイジャンとの交渉の出発点は周知のように「自治化案」であった。八月に示されたスターリン提案は、ロシア・ソヴィエト最高執行委員会、人民委員会議、労働国防会議の諸共和国への権能拡大、対外関係、軍事、鉄道、財政、郵便通信事業のロシア統合、食糧・労働・国民経済人民委員それぞれのロシア人民委員への服属、各国治安組織のロシア国家政治保安部への服属を求める内容であった。ここにはロシア憲法一一条の自治地域の中央への統合が適用されている。ロシア共産党（ボ）第八回党大会（一九年三月）の綱領は、独立共和国の共産党組織を州組織レベルに位置づけ、「レーニン憲法」も辺境・民族問題を自治共和国と自治州設立で処理してきたので、スターリンが同様の措置を考えたのは当然といえた（レヴィン 1969:162–63；ИзЦК, 1989/9:192–93）＊。

＊ 綱領の該当部分は次の通り。「現時点で、ウクライナ、ラトヴィア、リトアニア、ベロルーシが特別のソヴィエト共和国として存在している。……だが、このことは、ロシア共産党が自立した共産党の連邦に基づいて組織されねばならないわけではない。……ロシア・ソヴィエト共和国連邦の全体において労働者党を指導する単一《エディヌイ》の中央委員会を持つ唯一《エディナヤ》の中央集権的な共産党の存在が必要である。ロシア共産党及びその指導機関の決定はすべて、その民族構成に関わりなく、党のすべての部分にとって無条件の義務である。ウクライナ、ラトヴィア、リトアニア共産主義者の中央委員会は、党州委員会の権利を享受し、全体としてロシア共産党中央委員会に服属する」（Егоров, 2:105）。

この提案に対して各共和国指導部は厳しく反応した。外交、軍事、治安、経済権限の喪失についてグルジア党は自治化は時期尚早と決議し、かねてよりロシアによる主権侵害に抗議してきたウクライナもソヴィエト権力の強化という点で辺境地域すべてで有害であるとして独立維持の姿勢を明確化した。スターリンは、九月にレーニンに送った書簡で中央集権化の必要を次のように述べていた。中央＝辺境関係は現在カオス状態であるが、とり得る方法は二つに一つで、中央の非干渉を維持し、すべてを「平等なもの」の合意に委ねるか、それとも中央権力を拡大し、諸共和国を一つの経済単位に統合し、フィクションの独立に変えるかである。内戦期には干渉戦を考えモスクワのリベラリズムを示さざるをえなかったが、いま集権化しないと一年後はより困難となり、党内分裂が起こることになる。このようにスターリンは「自治化案」を主張した。これに対してレーニンは、スターリンは「あまりに性急」であるとして「ヨーロッパ＝アジア・ソヴィエト共和国同盟」に各共和国が加盟する形態を提起した。いわゆる「連邦化案」である（高橋 1994:53–57; 中井 1988:233–40; ИзЦК, 1989/9:193–208; ОИ, 1992/4/91–116; レヴィン 1969:162–74）。

この後強く抵抗したグルジア党中央委員会について「グルジア事件」が起きたが、ロシア、ウクライナ、白ロシア、ザカフカース連邦が加盟するソヴィエト社会主義共和国連邦《ソユーズ》は、一九二二年末条約を締結して成立した。条約二六条は、「連邦《ソユーズ》共和国のそれぞれに連邦《ソユーズ》からの自由な脱退権が保持される」として単一国家ではなく、連邦国家であると明示した。しかし、中央は、その指令への服属領域を含めると外交、軍事、土地利用、輸送、電信郵便、労働関係など当初のスターリン案よりも広い権限を有していた。スターリンが第一〇回全露ソヴィエト大会で承認を求めて行った報告は、連邦結成の論拠として国内経済状況、経済統一戦線の必要を挙げた。七年に及んだ戦争の結果残された経済資源は乏しく、それは、歴史的に形成された分業、基本交通・通信網の活用なくしては克服不可能であり、外国からの攻撃も考えられる中で「社会主義的家族」の統合が必要なのである。「人による人の搾取ではなく、労働の上に築かれている」ソヴィエトでは権力性格が統合を志向するのである。これは、帝国旧領域統合の率直な表明といえよう（高橋 1990:63–70; 塩川 2007:28–37, ИзЦК, 1989/9/191–208; ОИ, 1992/89–126; Пр, 1922/11/28）。

条約を具体化した二三年の憲法案の検討過程では、第一二回党大会民族部会でグルジアのムディヴァニが自治共和国、自治州の連邦への直接加盟を提案したが、受け容れられなかった。またウクライナは、憲法委員会及び第四回中央委員会民族共和国・民族州活動家協議会で外交、外国貿易の連邦＝共和国人民委員部への移行を提案したが、やはり受け容れられず、*いたって連合《コンフェデラツィヤ》を目指しているという批判を受けた。採択された一九二四年憲法は、「単一同盟国家《オドノ・ソユーズノォエ・ゴスダルストヴォ》 への統合」を謳い、中央が対外関係、軍事、郵政、運輸などを直接管掌し、かつ中央の決定が共和国決定に優越する旨を定めたのである（中井 1988:240–50；高橋 1994:149–60；池田 1993:47–86；塩川 2007:35–37）。

＊この協議会は、スルタン＝ガリエフ除名の決定を行ったことで知られる（山内 2009:348–58; Тайны, 1992:107–10）。

この時期までにロシアは、独立した旧辺境地域と国境画定条約、またアフガニスタン、ペルシャ、トルコとの間で旧ロシア帝国の国境維持条約を締結していた。こうしてポーランド、フィンランド、バルト三国の独立によって縮小したが、極東地域の支配回復を経てほぼ旧ロシア帝国を継承する領域を確定したソヴィエト権力は、ロシアから辺境諸地域に及ぶ中央集権的な国家構造をつくり上げたのである。

第2節　戦時共産主義、計画化と「上からの革命」

(1) 内戦と戦時共産主義

二月革命後土地革命が始まった。一九一七年三月から一〇月の農民運動件数は、中央農業地方だけで四四四〇件に上った（Малявский, 1981:374–80）。一〇月革命の「土地の布告」は、土地革命の指針として「農民要望書」を例示し、農民土地革命を追認した。この状況は、食糧生産と流通の一層の破壊を意味していた。戦時下のロシア都市は食糧不安に怯えてきたが、それは一〇月革命時にはさらに深刻さを増していた。ペトログラードでは秩序崩壊で「サモスード」（リンチ）が日常化した。秋のパン配給はペトログラードで一人一日二〇〇グラム、モスクワで一日一〇〇グラムであった（梶川 1993:17; 長谷川 1989:153 ほか）。ボリシェヴィキ政権の都市での隠匿穀物探索は奏功せず、探索はさらに地方へと広げられた。しかし、政権は憲法制定会議解散でエスエルと、ブレスト講和では左派エスエルと決裂したので、この状況を改善する方策を見出しえなかった。一九一八年春には問題は一層深刻化し、社会不安が高まった。

レーニンは、ブレスト講和後、日、米、独、協商諸国それぞれの攻撃可能性から国際関係の不安定さを指摘したものの楽観的で、この「息継ぎ」にあって社会主義政党は、「管理」という任務に取り掛かることができると述べた。革命に伴う内戦は終わったと捉えたのである（レーニン 27:244）。しかし、早くも一ヵ月後にこの見込みは破産し、対外要因からも国内要因からも政治情勢は激化したと認めた。それは、協商国の干渉戦、ドイツの対ロシア主戦派の勝利、ウクライナ＝ラーダ政権の成立、食糧問題の尖鋭化によるものであった。ボリシェヴィキ革命が内包していた都市、中央部ロシア、戦時下の国際的に孤立した革命という問題が顕在化したのである（和田編 1997:64-67）。一八年五月にはシベリアでチェコスロヴァキア軍団が反乱を起こし、春から組織化を進めてきた反ボリシェヴィキ勢力の決起と結び付き、内戦が本格的に始まった。

それをさらに激化させた戦時共産主義の食糧政策は、いくつかの法令から成っていた。始まりにある一八年五月の「食糧人民委員の非常全権令」は、食糧事業の破滅的崩壊と戦争の深刻な影響で飢える消費県に対して、生産県には一六年以来の穀物予備が「農村ブルジョワジー」、すなわち「クラーク＝富裕層」の下にあると見た。彼らは、その強欲さのために穀物の国家固定価格上昇を待ち、また私蔵穀物を投機者＝闇屋に高値で売っている。臨時政府以来の食糧政策の失敗は、固定価格政策の失敗と穀物独占を否定したことにあり、必要なのは、村の「クラーク＝富裕者」の頑なな態度を終わらせることである。こうした考えで強制穀物調達が打ち出された。「播種と次の収穫まで家族を養うに必要な量」以上は一プード（＝16.38 kg）たりともその保有者の手に残してはならない。「厳密な計算と全穀物予備の平等な分配の下でのみロシアは食糧危機から脱する」のであって「飢えた貧者への暴力に対してはブルジョワジーへの暴力が答えねばならない」のである。こうして人民委員会議令は、①穀物所有者は基準量を超える余剰を公布後一週間で供出すること、②穀物余剰を集積所に搬入しない者、また密造酒に費消する者は、「人民の敵」として一〇年以上の収監、全財産没収、共同体追放を課し、密造者にはそれに加えて強制公益労働を課すこと、③申請なく穀物余剰が見つかった場合、穀物は無償没収とすること、と定めた。実施のための指示は食糧人民委員に集中し、武力使用権限を食糧人民委員またその代行者に与えた（Декреты, 2:261–65）。

次いでこの実行組織として地方食糧委員会の設置が定められた。これは、すべての余剰の奪取と国家倉庫への集積、さらに必需品、食糧の分配を担い、「穀物独占」を実現する組織であった。その下には政党、職業組織、ソヴィエトなどから推薦された労働者の特別部隊が配置された。労働者部隊は「反クラーク」の方針で勤労農民を組織することを課題とした。また八月には調達活動に従事する労働者、貧農から成る食糧部隊の組織権限が大規模労働者組織、工場委員会、郡・都市ソヴィエトに与えられた。

調達量の半分は部隊を送った消費県に、残る半分は生産県で労働者と貧農に供されるとした。労働者部隊の活動の農村組織として六月に、居住者、外来者を問わず村住民で、クラーク、富裕者、雇用労働利用者を除いたものから成る貧農委員会組織化が、地方ソヴィエトに委ねられた。これは、都市の工場組織代表から成る食糧部隊が生産県に貧農委員会の先導で赴き、強制力をもって「余剰穀物」を取り上げる行動を政府が承認することにほかならず、内戦・干渉戦争を一層複雑な構図にすることになった。農民はボリシェヴィキ政府に抵抗し、また農民の土地革命を押しとどめる「白衛軍」へも敵対するからである[*]（Декреты, 2:416-19;3:142-43）。

＊　内戦が激化する中でボリシェヴィキ政府は、一九一九年一月には、「割当穀物調達令」を出した。これは、「赤軍と穀物不足地域」の必要のため穀物を緊急に得る目的で余剰穀物を没収し国家管理とし、郷レベルにまで調達量を定めたものである（Декреты, 4:292-94; 梶川 1998:30）。他方でボリシェヴィキ政権は、一八年夏の穀物調達に行き過ぎがあったことを認め、中農重視も宣言した。ソヴィエト権力は都市労働者と貧農とともに中農の要求を満足させることを目指すのである（Декреты, 3:221-24）。一九年三月の第八回党大会では「中農への関係について」が決議された。ここにはボリシェヴィキ政権の農民政策の二律背反性が表れている（Егоров, 2:108）。

工業生産では大・中企業の国有化令が出された。政権は、一〇月革命直後にいくつかの工場を国有化したが、それは「労働者統制令」による企業閉鎖の影響を避けるための個別事例であった。これに対して六月二八日に出された法令は、「経済と食糧の崩壊との断固たる闘争を目的とし、労働者と貧農の独裁強化のため」と国有化を意味付けた。対象は、一定規模以上の鉱山、金属・金属加工だけでなく、たばこ、織物、皮革、製粉といった消費財生産企業も含んでいた。これらの企業はいずれも最高国民経済会議の管理におかれ、許可なく職場を離れるものは、刑事罰に問われるとされた（カー

表１　戦前・戦後の工業・農業生産量

項目	1913年	1920年	1921年	1922年	1923年	1924年	1925年	1926年
①工業生産	10,251	1,410	2,004	2,619	4,005	4,660	7,739	11,083
②石　炭	29.0	8.7	8.9	9.5	13.7	16.1	18.1	27.6
③電　気	1,945	—	520	775	1,146	1,562	2,925	3,508
④銑　鉄	4,216	—	116	188	309	755	1,535	2,441
⑤粗　鋼	4231	—	183	392	709	1140	2135	3141
⑥綿織物	2582	—	105	349	691	963	1688	2286
⑦播種面積	105.0	—	90.3	77.7	91.7	98.1	104.3	110.3
⑧穀物収穫高	80.1	46.1	37.6	50.3	56.6	51.4	72.5	76.8
⑨鉄道貨物輸送量	132.4	—	39.4	39.9	58.0	67.5	83.4	—

注：生産量各項目（①〜⑨）の単位は以下の通り．①百万 26/27 年度ルーブリ，②百万トン，③百万キロワット時，④⑤千トン，⑥百万平方メートル，⑦百万ヘクタール，⑧⑨百万トン．
出典：［ノーヴ，1982:106］より引用．

1967-2:132; Декреты, 2:498-503)。

また流通・分配については、私営商業について「供給組織化令が出された。これは、「ソヴィエト及び協同組合分配所を通じる全食料品の計画的分配」を目的に、私的商業機関を廃して食糧人民委員部にすべての食料品調達を委ねるものであった。このために国家・協同組合による卸売倉庫とソヴィエト・協同組合商店が組織される。ソヴィエトの食糧調達・供給は、国家独占に転じたのである（カー 1967-2:173; Декреты, 3:41-47)。

農民はこうした政策に対して、一つは播種放棄で応えた。表1に見るように、播種面積は、大戦前に比べて二二年には四分の三に減少した。積極的抵抗の事例は、ヤロスラヴリ県の農民反乱が知られている。一八年七月初めに「北部義勇軍司令部」から出された檄文は、「瞞着で権力を握り、人民の意志に反して暴力と愚弄で権力を維持してきた（ヤロスラヴリの）ボリシェヴィキ権力は打倒された」とし、広い民主制の樹立、国民議会による国家体制の基礎付け、勤労農民土地所有の確認を求めた。ヤロスラヴリに起こったことは全ヴォルガで起こっているのであり、憲法制定会議解散に対抗するエスエルのシベリア・サマラ政府との連携が呼びかけられた（Ермолин, 2007:27–28）。

こうして戦時共産主義政策は、内戦激化の環境を作り出した。都市では一九年の工業国有化、商業独占にも拘らず、必要品・食料品の供給は改善されなかった。工業生産は干渉軍による占領もあって、表1に見るように戦前の1／5に落ち込み、都市住民は、必需品の入手を各都市の市場に頼らざるをえなかった。モスクワでは一九一八年夏の生活必需品の八〇〜九〇％は市場に頼っていたといわれる（БРЭ5:553–55；カー 1967–2:182–83）。このためモスクワの住民数は、戦前の約半数、ペトログラードでは三分の二に減少した（Levin, 1984:44）。

これらの政策は計画経済と結びつけて考えられていた。第八回党大会採択の綱領は、既に根本課題の一つは「すべての経済活動の一つの全国家的計画」による統合とした。また第九回党大会決議も経済復興の基本条件は、「単一の経済計画の弛みない遂行」、資本主義的トラストの痕跡を帯びた集権主義からすべての部門とすべての部分を単一の計画がとらえる「真の社会主義的集権主義」への移行とした。同じ決議は、工業復興と外国貿易の最重要課題の一つである原料調達と備蓄形成は国家割当と義務的引き渡しに基づかねばならないと述べている（Егоров, 2:246, 251；カー 1979:152；和田編 1997:93）。一九世紀市場経済の無政府性に計画経済の合理性を対置したマルクスは、その具体的ヴィジョンを示したわけではなかったので、「計画経済」の主張に影響を与えたのはドイツの戦時経済運用であった（和田 1982）。

内戦は、一九一八年春から大規模化し夏から秋にかけてエスエル系政府が地方で成立した。ヴォルガ沿岸の憲法制定会議委員会（コムチ）、オムスクに臨時シベリア政府、アルハンゲリスクに北部地方最高統治、ウファにウファ執政政府である。これらの「政府」は、協商国の援助を受け、チェコスロヴァキア軍団と共同作戦を行った。ドン、クバーンからはカザーク軍がソヴィエト権力を放逐した。これに対してソヴィエト権力は、全般的兵役義務を導入し、旧軍将校の招聘（軍事専門家）、労農赤軍を正規軍化して対応した（БРЭ, 7:591–97）。

一八年秋に第一次世界大戦が終結したことで、内戦は性格を変えた。独墺軍が撤退し、ウクライナ、バルトなどの占領地が解放され、協商国は反ボリシェヴィキ勢力・部隊への援助を継続したものの増派部隊は限定的だったからである。反ボリシェヴィキ勢力の主導権はそれまでのエスエル、カザークから「白系」将軍に移行した。その主な勢力は、クーデターで権力を握ったコルチャークのウファ政権、デニキンの南部武装勢力、ユデニッチが指揮する北部軍であった。これらの勢力は、それぞれの拠点からロシア中心部への侵攻を図った。中でもソヴィエト政権が最大の危機に陥ったのは、モスクワ南方のオリョルまでが占領された一九年秋の南部武装勢力の北上であった。しかし、労農赤軍は、コルチャーク軍を敗退させた後で東部から勢力を補充し、北カフカース、クリミアへとデニキン軍を撃退した。白軍勢力は連携を欠いていたので個別に撃破された。「ボリシェヴィキ抜きのソヴィエト」を主張する農民軍は、赤軍、白衛軍のいずれにも独自の立場をとった（БРЭ, 7:591–97; Mawdsley, 1987:194–215）。

これと平行して辺境地域では独立政権が成立していた。ウクライナにはスコロパツキー政権、次いでペトリューラ政権、ザカフカースでは三大主要民族によるザカフカース民主連邦共和国が成立した。しかし、これらの辺境独立国家は、独軍、英軍の後退、白軍勢力の敗北、内紛により赤軍の侵攻を許して崩壊し、その後それぞれに社会主義政権が成立した（青木 1977:261–96; 高橋 1977:219–59; БРЭ,

7:591–97）。

一九二〇年に襲った凶作・飢饉、疫病の蔓延、内戦は、多くの人的損失をソヴィエト社会に残した。人口学的推計によると、二六年までの人口喪失は一一〇〇万〜一五〇〇万人で、このうち戦闘による死者は二五〇〜三〇〇万人、二一〜二二年の飢饉による餓死者は農民で一〇〇万人に上る。[*] 赤色テロ、白色テロによる死者は推計不可能とされる（Поляков, 2000:95–133）。他方この過程でロシア共産党は、支配政党として党勢を拡大させた。表2に見るようにこの間に党員数は二万四〇〇〇名から候補者を含むと五三万名となった。これは、党の性格を以前の社会主義知識人集団から大衆組織へと変えた。そのため第八回党大会で中央委員に人数制限がかけられ、かつ政治局、組織局、書記局を設置する組織整備が行われた。これは、党中央集権化の明瞭化であった（カー1967–1:161）。[**]

表2　ソ連共産党党員数

年度（1月）	党　員	党員候補	計
1917	24,000	—	
1922	410,430	117,924	528,354
1927	786,288	426,217	1,212,505
1932	1,769,773	1,347,477	3,117,250
1937	1,453,828	527,869	1,981,697
1942	2,115,336	908,540	3,023,876
1947	4,774,886	1,277,015	6,051,901
1952	5,853,200	854,339	6,707,539
1957	7,001,114	493,459	7,494,573
1962	9,051,934	839,134	9,891,068
1967	12,135,103	549,030	12,684,133
1972	14,109,432	521,857	14,631,289
1977	—	—	16,203,446
1983	17,405,293	712,610	18,117,903
1988	18,827,271	641,515	19,468,786

出典：川端香男里ほか監修『ロシア・ソ連を知る事典』（平凡社，1989年）326頁より引用．

* このほかにウクライナの飢饉による死者が約百万人に上る（中井1988: 第2部第3章）。

** 石井は、一九一九年から翌年にかけての大量入党により共産党は「社会的組織」となったが、この党員集団の増大は、それまでの古参党員集団の寡頭支配の危機をもたらしたとする（石井1995:134–46）。

様々な立場が入り混じり、複雑な展開を辿った内戦・干渉戦は、ソ連・ポーランド戦争の終結、ヴランゲリのコンスタンチノープル脱出で大方の決着はついた。しかし、この時期にもヴォルガ地域のタンボフ県農民反乱、ペテルブルグ近郊クロンシュタットの反乱が、革命の正統性に疑問を投げかけた。* 二一年初めには国家主導の経済復興策が危機に陥った。それは、農民の不満、食糧危機による都市労働者の不満、そして平党員の党中央組織への民主化の要求となって現れた(和田編 1997:96)。この危機の中でボリシェヴィキ政府は、ネップへの転換を図ったのである。

＊ タンボフ県の農民反乱については、さしあたり[梶川 1998: 第8章]を参照のこと。またマフノ反乱に関しては、[中井 1973] を参照。

(2) ネップ、計画経済、農民集団化

一九二一年三月の第一〇回党大会は、割当徴発に代えて現物税を導入した。決議は、農民経営資源の農民による自由な管理と経営強化、生産性向上のために、国家調達手段としての割当徴発を廃止すると宣言した。税支払い後のすべての余剰は、自分の経営改良、個人消費、工業生産物、農業生産物との交換のために農民の管理において利用されるのである(Егоров, 2:370–71)。レーニンは、食糧税を「極度の窮乏と戦争によって余儀なくされた「戦時共産主義」」から「正しい社会主義的な生産物交換へ移行する形態の一つ」であり、小農民が多数を占める国家において共産主義へ移行する形態の一つと位置づけた。「戦時共産主義」では軍隊と労働者給付のために農民から余剰全部、時に必要な食料の一部までも取り上げたが、それは、「一時的方策」だったとして、小工業の復興を援助し、資本主義の発展を

「国家資本主義」の軌道に導くよう努めることが必要とした（レーニン 32:370–72)。ロシア社会の多ウクラード性を承認したのである。二一年の経済状況からはロシアは経済運営において国家の体をなしておらず、国全体が、工業化以前の状態に戻り、「農業化」が進行していた（Levin, 1984:44; ウェルズ 1978:8)。政策転換は再建の必須要件であった。

このようにして、市場経済を組み込むネップが始まった。これによりソヴィエト経済は、内戦の終焉、ウクライナ、ザカフカースとの関係安定化、中央アジア領域化の条件が加わり、回復軌道に入った。表1にあるように減少した播種面積は、二五年に戦前水準に戻り、戦前の半分以下となった収穫穀物は二六年にほぼ戦前水準に回復した。工業生産高も同様に二六年に戦前水準を越えた。ここで大きな比重を占めたのは「私的」部門で、商業では二二／二三年度で七四％強、工業生産では総生産高で九〇％近くを占めた（岡ほか 1976:37)。短期間の生産回復は、このように私的セクターによるところが大きかった。この時期のソ連は、政治的には共産党一党独裁、経済・社会では「管制高地」として金融、通信、交通、国有大企業を維持しながら市場の私経済に依拠する混合経済という体制をとったのである。この下で戦時共産主義期に一体化した党と国家の間に一定の「分界線」が引かれ、いわゆる「ネップ的秩序」が形成された。都市と農村の緩やかな「結合《ストイチカ》」である。

ネップ移行後も、計画経済は検討されたが、そこでは自然制約を特徴とする農業をめぐり「発生論」と「目的論」の立場が対立した。前者は、自然発生的な農業経営は中央の指令による行政的方策ではなく組織的・漸進的圧力によるべきで、経済循環を重視して市場原理の下で国家の利益と農民の利益を一致させるべきだとした。後者は、権力の作用が有効で、これにより望ましい方向を強制することができると主張した。後者からすれば「発生論者」はツァーリ体制下の議論に戻ってしまっているのである（鈴木 1993:61, 65；カー 1977:379）。ここには、社会主義体制とその実現の道筋について明確な了解が存在しないことが表れている。

ネップ下の工業化推進の公式表明は、「工業化の大会」といわれる二五年末の第一四回党大会であった。この大会は、ジノヴィエフ反対派が敗北したことで知られる。大会は、この間の経済復興から「外国資本の「援助」ぬきでも……社会主義建設の最初の重要な成功を達成した」と一国社会主義路線を賞賛し、「資本主義世界経済の附属物ではないソ連の自立性確保、生産財生産発展」を決議した（Егоров, 3:429–31; Рогачевская, 1993:149–52; Медведев, 1988:12–13）。この決定は、復興から新規工業建設への転換が打ち出された点が特徴である。国内設備の再稼働が進み、新規投資の必要から穀物輸出による機械財輸入が想定されていた。これは、社会主義の名の下のヴィッテ工業化政策の再現といえよう。* また発展モデルとして想定されている重工業重視路線は、トロツキーを軸として展開した党内闘争で社会主義的原始的蓄積問題として激しい議論が行われてきたものだが、政治経済の近代化を目指した近代社会主義の有した価値観の表明とみることができる。

＊ ラウエは、ヴィッテ以来多くの経済学者、経営者が経済の発展計画の必要を説いてきたと指摘している（ラウエ 1969:173）。

もう一つの重要な決定は、農業集団化を日程に上げた二七年末の第一五回党大会であった。大会決議は、低い農業水準の向上には協同組合を基礎に農業の集約化と機械化による耕作の集団化が必要とした。これが「農民大衆の福利向上」、大規模工業のための「市場（販売と原料）拡大」、村の社会主義協同組合化と「農村資本主義分子の克服」をもたらすのである。ただし、その方法は「段階的移行」によるとされていた。手段の漸進性は、この大会で採択された五ヵ年計画作成方針の全体としての特徴でもあった。採択された方針は、都市＝農村関係について農民経営から最大限の「くみ出し」を求めるのは正しくないとした。農民との政治的決裂のみならず、工業の原料基盤、国内市場、さらに全国民経済体系の破壊を意味することになるからである。このように大会決議は農業集団化を打ち出したが、達成方法の漸進性に特徴があった。*

＊　五ヵ年計画決議の穏健性は、例えば国際関係では資本主義諸国の「包囲」といいながら、それは「関係が連邦の経済力を強める限り」最大限に広いつながりから出発する、としたことにも表れている。重工業＝軽工業関係でも、重心を重工業に移すにしても、大規模建設に国家資本を過度に結びつけず、軽工業生産品の迅速な流通が重工業建設の資本利用を可能とするとしていた。生産＝消費、発展テンポについても「最適の結びつき」、「長期にわたる発展テンポ」が強調されている（Егоров, 3:429–31; ダニエルズ 1967:232–37）。

しかし、第一五回党大会終了直後から非常措置適用による穀物調達活動が始まった。この間の穀物調達は、二四～二五年は私的商人の活発な活動で穀物価格の上昇を伴い、革命後最大の収量となった二五～二六年には富裕農民による大量の穀物退蔵が生じており、穀物調達は毎年繰り返される大きな課題であった（カー 1977:220–54）。この年、二七／二八年度は、七月から年末にかけての調達量が前年の半分以下に落ち込んでいた。このために一二月には農村に工業生産物を集中供給することで調達量を確保する指令が出た。しかし、調達量は一向に改善せず共産党政治局は、調達地域への全権代表派遣を年末に決定した。翌二八年年頭の党組織宛中央委員会指令は、調達活動の穀物探索において何よりクラーク階級に対して即座に厳しい手段をとることと、農業価格を破壊するクラークと投機者に特別に弾圧的な方法が必要であるとした。シベリアに向かったスターリンは、調達達成のために党、ソヴィエト、司法、警察組織を一元化した「三人委員会」の設置、商業規則違反者、投機・隠匿者への刑法適用を承認させた。調達危機は、「ネップ体制下初めての重大な農村資本主義分子の反ソヴィエト活動」とされた。この非常措置により二八年当初の時期の調達は予定量が達成されたが、これ以降非常措置をめぐるスターリン派とブハーリン派の対立が強まった。それは、中農重視による農村との結合と漸進的工業発展を継続するのか、それともソフホーズ、コルホーズの建設、農民集団化と急進的工業化路線に転換するかの選択を意味した（Данилов, 1:111-16; 渓内 2004:118-21）。

スターリンとブハーリンの対立は、戦争の脅威、階級闘争激化論が主張される中で一九二八年を通じて激しさを増したが[*]、両者の対立がブハーリン排除に至ったのは、二九年四月中央委員会・中央統制委員会総会であった。この間にスターリン派は、調達の「新たな手段」を提出していた。「ウラル・シベリア方式」として知られるこの方法は、村落別に割り当てられた穀物調達を村スホード（総会）が選別したクラーク農民から取立て、不足分は村民の自己課税で割り当てて遂行するというものであった。ブハーリンは、これは前年の七月中央委員会総会で廃止が決まっていた「非常措置」の全面復活であると反対したが、スターリンは、穀物調達の困難は非常措置を許容するとした。この非常措置は「富農の反抗を打ち破り、穀物輸入なしに済ませ、工業発展のための正貨を保存するために必要な最大限の余剰穀物を富農から取り上げる一手段として、中農＝貧農大衆の共同の支持によって保障されたもの」であり、「富裕層から余剰穀物を取り上げ、……国内供給を容易」とし、富農に対しては「貧農＝中農大衆を動員し、彼らを政治的に啓発し、……農村における有力な幾百万の政治的軍隊を組織する」ものなのである（渓内 2004:347；スターリン 12:78, 107；コーエン 1979:345）。

＊ 戦争脅威論は、北京大使館襲撃、英ソ断交を機に二七年から唱えられ始めた。スターリンは、二八年には新たな帝国主義戦争と干渉の危険、資本主義包囲下で独立を守るための工業建設の必要を訴えた（スターリン 11:224, 276）。しかし、戦争の脅威はなかったというのが、現在の研究の評価である（［横手 1982］論文、［Нежинский, 1990］を参照）。またブハーリンは、「経済学者の手記」、「レーニンの政治的遺言」を発表して主流派批判を明らかにした（ブハーリン 1978:83, 97；コーエン 1979:356）。

総会決議は、再建期にあるソ連経済は、短期間に先進的資本主義諸国に追いつき追い越すための社会主義的工業化を実現しながら、農業の社会主義的再建に着手するのであり、これによる労働者階級と農民の結合は、ソフホーズ、コルホーズ建設、機械供給、予約買付の特徴をもつ生産的性格を得たとする。圧迫された資本主義分子の抵抗で、階級闘争は激化しているが、「右翼偏向」に移ったブハーリンらは、困難の前に「降伏」し、小農民経営の発展可能性、クラークへの個人課税廃止、穀物価格引き上げ、調達圧力停止を求め、ネップの「自由主義的解釈」に陥っているのである。こうした「右翼偏向」批判決議でブハーリン、トムスキーは政治局員に留まったもののほかの公職から更迭されることになった（Егоров, 4:428–30；渓内 2004:355–72）。

続いて開催された第一六回党協議会は、最高国民経済会議とゴスプランにより作成されてきた第一次五ヵ年計画のヴァリエーションのうち最適案を採択した。それは、二八年から三二年の五年で電力を四・四倍（五〇億キロワット時→二二〇億キロワット時）、銑鉄を三倍（三五〇万トン→一千万トン）、石炭を二倍（三五〇万トン→七五〇万トン）に増大させるとする野心的工業化である。これは、社会の生産諸力、住民の生活水準の維持発展を合理的に考慮するという意味の計画経済ではなく、国家存続のための目標設定であった。六月には刑法が改正され、「ウラル・シベリア方式」は恒常的調達手段とされた。全国家的意義・課題をもつ活動を二度にわたって拒否した農民には、一年の自由剥奪または強制労働、積極的抵抗を行った者には財産没収と強制移住もしくは二年の自由剥奪を定めた（Егоров, 4:450; 渓内 2004:406）。

強制装置のこの整備の上に二九年夏からスターリンが「上からの革命」と名付けた穀物強制調達と集団化が始まる。この過程で党組織と行政組織たるソヴィエトは一体化を強め、ネップ期に存在した国家と社会の分界線は消滅して党による体制一元化、「党＝国家」体制が成立することになる。また二八年春に摘発されたドンバス・シャフトゥイ炭鉱技術者事件とその裁判は、その後ブルジョワ専門家排斥とプロレタリア専門家の大量登用、大量養成政策の「文化革命」となった。それは、「右翼反対派」への弾劾キャンペーンと連動し、ここで昇進する世代が三〇年代後半に大きな役割を果たすことになるのである(Fitzpatrick, 1984:11, 39)*。この間に粛清を行いながらも、支配政党としてのソ連共産党党員数は、一二一万人から三一一万人へと大きく増加した（表2、参照）。目指されたのは、小規模の遅れた個人農経営から「先進的集団農業」への移行、「富農の階級としての絶滅」、工業化の強行による「金属の国、自動車の国、トラクターの国」の建設であった（スターリン 12:139, 156; 渓内 2004:37, 405–07）**。

＊　一九二〇年代から三〇年代にかけての教育機関学生数増加については、［富田 1996:27–30］を見よ。

＊＊　重工業の発達崇拝と社会主義的発想の結び付きを指して石井規衛は「重化学工業時代の社会工学的ユートピア」

表3　1928〜30年の農民反乱

	大衆行動			テロル			ビラ配布		
	1928年	1929年	1930年	1928年	1929年	1930年	1928年	1929年	1930年
1月	10	42	102	21	642	808	70	246	460
2月	10	22	1,048	48	329	1,368	90	129	828
3月	11	55	6,528	23	351	1,895	72	222	1,181
4月	36	159	1,992	31	247	2,013	66	237	838
5月	185	179	1,375	51	546	1,219	64	242	392
6月	225	242	885	43	851	796	74	228	253
7月	93	95	618	77	474	762	61	127	245
8月	31	69	256	76	757	928	46	86	153
9月	25	72	159	103	1,167	946	31	130	108
10月	25	139	270	135	1,864	1,440	58	230	205
11月	33	108	129	216	1,295	954	105	286	280
12月	25	125	91	203	570	665	108	228	213
計	709	1,307	13,453	1,027	9,093	13,794	845	2,391	5,156

出典：В.Данилов и другие. Ред. Трагедия советской деревни. Коллективизация и раскулачивание. Документы и материалы. Т.2, ноябрь1929 - декабрь 1930. М., РОССПЭН, 2000, с.788.

と呼んだ（石井 1995:202）。

一九二九年から始まった農業集団化政策で二八年には農家戸数で一・七％、作付面積で二・三％にすぎなかった集団農場は、三七年にはそれぞれ九三・〇％、九九・一％に達した（岡ほか 1976:35:36）。「上からの革命」とされるこの過程が農民に多大な苦難を強いたことはよく知られている。表3にあるように農民の抵抗は、三〇年にかけて拡大し、表明された意見は、ソヴィエト体制の正統性を鋭く問うていた（表4）。積極的抵抗を行った「クラーク」は、居住地から「特別移住者」として追放され、強制労働にあたらされた。穀物義務納入制が導入され、調達が強行される中で三二年秋からヴォルガ沿岸、ウクライナ、北カフカースに及ぶ凶作、飢饉が発生した。その死者は、三〇〇〜四〇〇万人と推計される（富田 1996:25）*。

* 人肉食に至るなど農民の窮状については、[奥田 1996: 第9章]、「特別移住者」の年毎の変動、三二〜四〇年の総数については [Поляков, 2000:279-80]、またウクライナの飢饉

表4　反ソヴィエト「ビラ」の典型とされるもの：合同国家政治保安部報告書（1930年）

1	コミューナ打倒．単独経営を与えよ（ウラル）．
2	集団化打倒．ストルイピン主義万歳（ウクライナ）．
3	巨大なもの打倒．自由な個人万歳．共産主義打倒（北カフカース）．
4	ソヴィエト権力とコルホーズ打倒．コルホーズ播種打倒．コルホーズ農民に種を与えるな（ウクライナ，北カフカース）．
5	強制打倒．自由労働万歳．真の選挙権万歳（シベリア，モスクワ州，バシキル）．協同組合打倒．自由商業万歳．すべての者に団結して社会主義建設に反対するよう呼びかける．社会主義はわれわれには必要ない．必要なのは安い穀物，安い商品である．必要なのは現実の自由な勤労と休息である（西シベリア）．
6	レーニンの共産主義打倒．五ヵ年計画打倒．ツァーリと個人経営，旧い法を与えよ（ウクライナ）．五カ年計画は世界の害毒だ（ヴォルガ下流地方）．
7	ソヴィエト権力は敵，宗教は友（中央黒土地帯）．
8	市民よ，団結して唯一の真の人民の表現者である憲法制定会議擁護に立て（モスクワ州）．
9	自由のために闘うのは農民自身の事業だ（北カフカース）．
10	暴君共産主義者打倒．自由な言論，自由な農民の勤労万歳（北カフカース）．民主共和制万歳（ヴォルガ下流地方）．大統領を与えよ（ヴォルガ下流地方）．
11	資本主義，ツァーリ，神万歳．共産主義専制打倒（中央黒土地帯）．
12	旧政府の右翼偏向万歳．スターリン独裁打倒．本当の労働者農民独裁万歳．農民の指導者ブハーリン，ルイコフ，トムスキー万歳（ウラル）．ブハーリンを擁く議会政府万歳（ヴォルガ下流地方）．スターリン打倒．赤軍の指導者トロツキーとルイコフを与えよ（西部地方）．
13	ソ連に反対して闘う「産業党」万歳．産業党はなお明らかにされていない．最後の血の一滴まで闘う．五カ年計画に死を（ウクライナ）．ソヴィエト官僚打倒．平等と自由万歳．われわれのスローガンは，干渉だ（北カフカース）．
14	農民よ，農民組織が打ち負かされないよう団結せよ（イヴァノフ工業州）．波のようにたって，ソヴィエト権力を絞め殺せ（ウクライナ）．村人よ，積極分子を焼き殺せ．積極分子に死を，村人を侮辱するものに死を（ウクライナ）．隊列を固めよ，武器を取れ．独立ウクライナ万歳．農民よ，手にある武器，棒，ナイフ，フォークを取れ．共産主義者を焼いて破壊せよ．遅れないうちに支配を握ろう（西シベリア）．

出典：В.Данилов и другие. Ред. Трагедия советской деревни. Коллективизация и раскулачивание. Документы и материалы. Т.2, ноябрь1929 - декабрь 1930. М., РОССПЭН, 2000, с.789-791.

による人口減少については［中井 1988］を参照。三三年からは国内パスポート制度が大都市から順次導入され、農民の都市流入を阻止する措置が取られた（塩川 1985:178–84）。

農民の犠牲に成り立つ穀物輸出を原資にし、消費物資を圧迫して重工業化政策が進められた。穀物輸出は、二八年の二・九万トンが三〇年には四七六万トン、三一年には五〇六万トンに達した（三三年には一六九万トンに減少［ノーヴ 1982:213］）。第一次、第二次五ヵ年計画期の国民所得、工業生産高は、二八年と三七年を公式統計で比べると、それぞれ三・九倍、四・五倍に伸びた。第三次五ヵ年計画の四〇年まででは、重工業の年平均増大率は、軽工業の一二・六%に対して二一・二%とされる（岡ほか 1976:65, 68）。この間に大量の労働力が工業と建設業に投入され、大工業労働者は三三年に五〇〇万人を超え、農村からの新規労働者を吸収して労働者総数は二三〇〇万人に増加した。それでも熟練労働力の不足と、労働者流動、労働規律の弛緩という問題が存続した。[*] 一般労働者は、労働力不足の下で「適度に」働き、職場を渡りあるくことも可能であったとされる（和田編 1997:157–61; 塩川 1985:26, 30, 56; 富田 1996:21）。

＊ 工業化政策がソ連の軍備拡大に資したのは確かとしても、正確な指標の欠如から実際の成果を確定するのは難しいといわれる（和田編 1997:196）。

こうして「計画経済」を標榜する社会経済体制が構築されたが、ソ連体制のもう一つの大きな要素となったのは、「大テロル」である。テロルは、共産党一党体制を明文化した三六年憲法制定と時期を重ねて進行した。動機などなお解明を待たねばならないが、三四年一二月のキーロフ暗殺へのジノヴィエフ、カーメネフの関与嫌疑に始まり、ブハーリン、ルイコフら「右派＝トロツキスト」の反ソヴィエト容疑裁判へ至るこの過程は、内務人民委員エジョフの下で進行した。それは、旧反対派すべてを攻撃対象とし、ナチの手先という論法で、融和的態度の非難、政治的不寛容の雰囲気の醸成、猜疑心扇動を特徴としたとされる。刑法の「祖国反逆罪」規定と家族への累犯規定の適用、地方党委員会書記、内務省本部長、地方検事から成る「トロイカ」の即決裁判で多数の人びとが逮捕・銃殺され、ラーゲリに送致された（富田 1996:72-82; コンクェスト（下）1976:293-95）。ピークとなった三七〜三八年に政治犯として有罪となった者は一三四万余人、内銃殺刑六八万人とされる。飢饉による死者を含めた犠牲者数は二六〜三九年で七九〇万人、内刑事弾圧による者は一五〇〜三〇〇万人であった（和田編 1997:217-26; 塩川 1993:321-407）。これに内戦期の犠牲者、飢饉死者を加えると一八年から三〇年代末までに死者は二〇〇〇万人を大きく越えることとなる。この膨大な犠牲の上にソ連社会主義は確立したのである。

帝政崩壊後のロシアには、複数の歴史的選択肢が存在した。二月革命後の臨時政府体制は、その一つである。連立政府で商工業相、食糧相を務めたプロコポヴィチは、原始的性格の農業、人口過剰に苦しみ、ようやく資本主義発展が起こり始めた農民ロシアにあって共産主義は、「二〇世紀第1四半期のロシア人民の経済、文化発展の道において合法則的ではなかった」と述べている（Прокопович, 1928:7）。ブルジョワジー、立憲派貴族、社会主義者から成り、漸進的改革路線をとった連立政権に社会団体としてのソヴィエトが圧力をかけて社会政策の実現を図るのも一つの選択であった。しかし、一〇月革命は起こった。

革命後の戦時共産主義政策は、正統マルクス主義の「階級アプローチ」を農村に性急に厳格に適用するものだった。「敵」に包囲された状況で、権力存続、社会的商品交換と産業復興を図る面があったにせよ、それは、社会への権力行使と農業社会に押し付けた強制的工業化であった。経済崩壊の結果とられたネップは、「社会主義への一つの道」として多ウクラード社会の現実を重視したものであった。プロコポヴィチによれば、この転換は、ボリシェヴィキの主張が未来の「創造的思想」ではなく、「ロマン主義的空想」であったことを示したのである（Прокопович, 1928:9）。

一九二〇年代末からの「上からの革命」は、しかし、より徹底的な「階級アプローチ」の適用により、党と国家の一体化、国家による社会の併呑を志向した。近代社会主義が目標とした、社会が国家をコントロールするという意味の民主化は否定されたのである。三〇年代後半の「大テロル」は、「上からの革命」で獲得された気質と方法を抜きにはありえなかった。こうして確立した社会主義は、近代社会主義が掲げた理想とかけ離れた体制となった。

ソ連社会主義体制は、急速な工業化により大国を復活させた。抑圧的であれ体制の存続は、生活条件の一定の改善を作り出し、人類初の「社会主義」への誇りを人びとに生み出した。しかし、一九三〇年代に成立した体制は時代を経て行き詰りを現し、その改革が課題となる。それは、戦後ポスト・スターリン期の問題である。

第三章　改革する社会主義

一九三〇年代に成立したソ連型社会主義は、強大な国家をつくり上げたが、多くの人的被害を社会に与えた。スターリンの死と共に緊張から解放された社会にあって人びとが社会主義に物質的な豊かさと、より一層の精神的な自由を求めるのは当然といえよう。この間に他方で資本主義は、大きな変化を遂げた。ソ連内外のこうした変化から三〇年代体制脱却の動きが、改革社会主義として現れてくる。

第1節　ソ連の変化、もう一つの社会主義

(1)　フルシチョフ改革

一九五三年三月のスターリン死去から始まった脱スターリン化は、ベリヤの逮捕と処刑、囚人解放、雪どけ文学の刊行、政治犯名誉回復を経てフルシチョフのスターリン批判に至った。スターリン時代末期の新たな戦争と粛清の圧力、不安から人びとは解放されたのである。

第二〇回党大会（一九五六年）最終日のフルシチョフ秘密報告は、晩年レーニンのスターリンとの対

立、党内闘争と反対派への弾圧、粛清、大祖国戦争期の民族強制移住、「クレムリン医師団陰謀事件」などの事実を明らかにして外国代表団を含む大会参加者に大きな衝撃を与えた。[*]報告にはソ連体制の根幹をつくった工業化と農業集団化の伴った問題は含まれていなかった。これは、体制成立が大きな人的犠牲を伴ったことを考えれば、不十分な批判であった（志水 1977）。

＊　スターリン批判を行うかどうかについて指導部内で異論があったが、報告すべきだという意見が勝ったとされる（和田編 1997 : 339）。

しかし、この大会の決議は、社会主義移行の多様性を認めた。支配階級が「自由意志」で権力を移譲することはないとするのがレーニン主義の立場であるとしても、移行に「暴力」が必要かどうかは、「搾取者」側の抵抗にかかっており、労働者階級は、「勤労農民、広範な知識層、すべての愛国勢力」の結集で多数派を形成し、議会を「ブルジョワ民主主義機関」から「人民意志の機関」に変えることができるのである。革命から内戦を経過したソ連成立の経緯は必然とされなかった。革命に伴う内戦、プロレタリア階級論、独裁論が否定されたのである（Егоров, 9 : 14–15）。

決議は、国際関係では「平和共存」路線を打ち出した。それは、「社会体制に関わりなく諸国の平和共存というレーニン的政策を絶え間なく遂行」し、「達成された国際緊張の緩和を恒久的平和に転じる」ものでなければならなかった。スターリン死後米国とのパリティを目指す核兵器開発が促進され、対外政策では集団安保体制としてワルシャワ条約機構が成立したが、ユーゴスラヴィア関係の正常化、フランス、西独、日本との国交回復が行われた。この政策は、冷戦体制下の東西体制共存を意味していた。スターリン批判後のポーランド、ハンガリー暴動でブダペストにソ連軍が出動したが、積極的な対外進出はこの時期とられなかった（同上、9:14–15）[*]。

＊　但し、一九六〇年のベルリン封鎖、六二年のキューバ危機と対立が強まり、冷戦を固定化する出来事があった。

国内政策を特徴づけるのは、社会緩和政策である。スターリン死後すぐに農業関連税と食料品価格の引き下げ、農業改革、軽工業発展促進の声明が出され、フルシチョフ期には国家年金法成立（五六年七月）、低賃金労働者・職員の賃金引き上げ（九月）、国債強制購入廃止（五七年四月）、住居大量建設の全国化（七月）、重工業労働者の六～七時間労働日導入（五八年四月）、全労働者の六～七時間労働日導入（六〇年五月）などの社会政策が採られた（Горкин, 1998:581–83）[*]。

＊　また五四年から始まったカザフスタン、中央アジアの処女地開拓が当初一定の成果を挙げた（和田編 1997:335）。

制度面では地方化、分権化政策がとられた。一九五〇年代初めに戦後復興が一応終了し、軽工業重視が表明されたので重工業育成目的の「指令経済」は転換が必要となったのである。問題は、過度の中央集権化に伴う経済管理機関の肥大と、ノルマと物財バランス法により企業が過度に拘束されていることにあった。五七年の地域国民経済会議導入はこうした問題への一つの対応であった。しかし、必要なのは硬直的な指令経済の企業自主性による下からの克服、市場経済要素の取り入れであったのでこれらの統治改革では対応できなかった。この後六二年に党規約改定で導入された農業・工業組織への党の分割も、硬直した党機構の改革と考えられるが、党官僚機構の反発を生み、フルシチョフ失脚の原因となった（Егоров, 10:292–93; 松戸 2011:146）。

ドッブは、ソ連型社会主義の中央集権体制の欠陥を次のように指摘している。第一に、経済の近代化と複雑化に対応できない点である。ゴスプランが物財バランス法で管理する生産物の種類は、五〇年代にははるかに増加し、資材配分にあたるゴススナブの扱う対象も拡大し、処理に多くの労力と時間を要するようになった。また計画の策定・評価に用いられるトン、長さ、面積という量的目標は生産物の質の保証に対応しえないのである。第二に、ソ連工業の拡大を支えてきた豊富な農村労働力の相対的減少である。後掲する表5に見るように五〇年代末に都市＝農村人口は均衡に向かい始め、農村からの労働力新規調達による外延的発展は難しくなりつつあった。必要なのは外延的発展から内包的発展への転換だったのである（ドップ 1976:39–46, 50; 岡ほか 1976:93）。

一九六四年一〇月にフルシチョフは、解任された。党中央委員会総会でスースロフは、スターリン個人崇拝批判、平和共存政策でフルシチョフは、積極的な役割を果たしたが、近年「レーニン型指導者」の資質を失って、幹部会と中央委員会を無視するようになり、スターリン的な「否定的な資質と特徴」をあらわすようになったと述べた。具体的施策として指摘されたのは、農業問題の失政、慎重な分析を欠いた七ヵ年計画作成、行政機関の農業・工業編成導入による混乱である（ИА, 1993/1/6–19）。この後ソ連は、フルシチョフ時代から検討された企業自主性による改革を行う一方で、文学者シニャフスキー、ダニエル裁判、ソルジェニーツィンへの検閲圧力、集団化の歴史研究への圧力など「ネオ・スターリン主義」のイデオロギー引締めを行うことになる（ノーヴ 1983:246–49）。

ソ連の改革は、失敗に終わった。この時期の政治選択は、「共産党が公然とスターリン個人崇拝期の誤ち」を批判するか、それとも「古い方法に固執する勢力が優位に立つか」にあった。前者が選択されたものの、それは結局「個人崇拝」批判にとどまり、社会の民主化と経済立て直しの課題は残ったのである（Levada, Sheinis, 1988:8–9; Зубкова, 1988:78）。

(2) チェコスロヴァキアの社会主義――「プラハの春」と挫折

フルシチョフ改革は、ことにハンガリーとチェコスロヴァキアに大きな影響を与えた。第二次大戦後、ソ連型社会主義体制に移行した東欧諸国では一九六〇年前後に工業の生産低下が顕著となっていた。ハンガリーでは五六年蜂起後、首相に就任したカダルの下で改革が慎重に進められ、旧「クラーク」、「富裕農民」、旧「ブルジョワジー」差別政策が撤廃され、効率化が図られていた（フェイト 1978:198–200）。チェコスロヴァキアでも労働生産性が低下する中で、六三年には革新派経済学者が経済活動を需要と供給の法則によって支配させ、資本主義諸国における管理方法から着想を得るべきだとする提言を行った。改革への動きはフルシチョフ失脚後も止まらず、六〇年代の西側、東側を問わない世界的な社会運動の高まりにあって共産党最高指導部を巻き込んだ改革運動、「プラハの春」が生れることになった（同上 1978:203–09）。

この始まりを告げたのは、六六年に経済学者オタ・シクが公けにした論文である。「チェコスロヴァキア経済分析」と題したこの論文でシクは、量的発展から質的発展への移行、外国貿易拡大、独立採算経営、指令経済に代わる「社会主義的市場機能」の必要性を主張した。外延的量的発展は、余剰労働力が存在する場合には「一時的に正当化される」が、労働力不足の状況では正しくなく、労働生産性低下を生じる。指令経済による量的拡大追求は「粗生産」量拡大と、量的発展のみを追求する企業経営を生むが、市場経済を導入し、「人間の選択行為」を計画に織り込むことでこれは是正されるのである。シクの考えは、市場社会主義であった（みすず 1968:99–126）。

言論の自由の要求、共産党一党体制批判は、同じ頃開かれた第四回作家同盟大会で聞かれた。作家のクンデラは、「意見には賛成できないが、それをいうあなたの権利は死ぬまで守りましょう」というヴォルテールの言葉を引用し、歴史上この原則以前の時期に戻るものは、近代から中世へと後退するものだと作家同盟指導部を批判した。ジャーナリストのヴァツリクは、権力は「永遠」を欲して「絶えず単一化し、異質なものを排除し、ついには権力の部分はことごとく権力の鏡となる」と述べた。また劇作家ハベルは、ソルジェニーツィンがソ連作家同盟に送った書簡を読みあげて検閲体制を批判した。知識人の活動が続く中で一〇月のチェコスロヴァキア共産党中央委員会ではスロヴァキア共産党第一書記ドゥプチェクが機能が異なるとして党と国家の指導分離を求めた。これはノヴォトニーの共産党第一書記、大統領兼務への批判であった（同上 :133, 148; Navrátil, 2006: 8–10）。

公的機関、メディアのこうした批判を背景に六八年に入り、ドゥプチェクがチェコスロヴァキア共産党第一書記に選任された。これについてスムルコフスキーは、ノヴォトニーの交替は共産党中央委員会が「ゴム製の人形」ではないことを示したと評価した。「行動プログラム」には「出来上がりの解決法」ではなく、「未開の領域に踏み入り、社会主義へのチェコスロヴァキアの道」が求められた。それがソ連とほかの社会主義諸国すべてと「平等の権利の原則」で結びつきを強め、「ヨーロッパの工業国とその先進的な革命的労働運動に寄与する社会主義の型を確立することを可能とする」のである（Navrátil, 2006: 45–50）。この論文は、共産党内保守派の反発とソ連の懸念を呼び、ソ連大使チェルヴォネンコは、チェコスロヴァキア共産党は「自立外交」を目指していると本国に打電した。*三月六日には、新聞・雑誌・公共放送の検閲廃止と外国文献・新聞持込みが自由化された（Томилин, 2010: 15; Navrátil,

2006:45–50)。

＊　スムルコフスキーの当時の活動については本人の証言がある（スムルコフスキー 1976:43)。

四月に発表された「チェコスロヴァキア共産行動綱領」は、「社会主義へのチェコスロヴァキアの道」を目指すとして、「中央集権的、指令的・行政的方法」を批判した。チェコスロヴァキアは、工業国としてははじめて社会主義的再建を実現したが、五〇年代初期の社会主義諸国の発展段階と個人崇拝による創造的発展の停滞でチェコスロヴァキアの条件、伝統と相容れない理念、習慣、政治的概念を機械的に受け入れることになった。現在目標とすべきは、社会的創意、意見の率直な交換、社会・政治制度全般の民主化、官僚主義に堕した「革命的独裁」に代わる「社会主義的民主主義の追求」、「社会主義的秩序の民主化」である。したがって「党の指導的役割」は維持するものの国民戦線の活性化が必要とされた。共産党は社会利益すべてを代表するものではなく、国民戦線を構成する政党、社会団体が国家政策の策定に参加するとされた。「労働者独裁国家は主要な歴史的使命を果たした」のである。経済領域では集約的経済発展への移行は、指令的方式の部分改善では不可能で、経済機構の根本的変更が必要とされた。それは、「社会主義市場の積極的機能の復活」であり、企業が自主裁量権を持ち、市場の要求に対して創造的な方法で反応できるようにするのである。経済計画は、「指令を発する道具」ではなく、「社会に最も適した長期的発展の方向を科学的に見出すことを可能とする道具」であり、市場経済は、「社会主義経済が機能する上で、また企業における労働が社会的に有用な方法で支出されてきたかどうかを調べるために必要な機構」なのである（みすず 1968:I, 189–242)。

このように行動綱領は、「党の指導的役割」を残したものの国民戦線による民主化、指令経済に代わる社会主義市場の導入を求めた。これは総体として、ソ連型社会主義モデルの代替である。

チェコスロヴァキア改革は、東欧社会主義諸国に大きな反発を生んだ。年頭から学生運動が活発なポーランド、及び東ドイツは、当初から否定的で、東独大使は、チェコスロヴァキアの状況は一九五六年のハンガリーを想起させると本国に打電した。ドプチェクは、改革を進めるハンガリーの支持に希望をもったが、三月のドレスデン会議で参加国の厳しい対応に直面した。このためチェコスロヴァキア政府は、「二千語宣言」に慎重に対応したが、七月にドプチェクが出席を拒否した協議会が採択した「ワルシャワ五ヵ国共同書簡」は、チェコスロヴァキアの状況を、「帝国主義の支援を受けた反動諸勢力の攻撃」であり、「社会主義の道から踏み外させ」、「社会主義全体性の利益をも損なう危険がある」と断定した（みすず 1968:298–303;Navratil2006:45–50; ドプチェク 1993:240–55）。八月一七日のソ連共産党政治局会議は、チェコスロヴァキアの「右派分子」は帝国主義の支持で「反革命クーデター」を準備しているので「武力による援助と支持」を与えると、全員一致で決定した。介入前日の『プラウダ』論文「社会主義の擁護は最高の国際主義的義務」は、マサリク、ベネシュの復活、ソ連型社会主義経済への批判、国民戦線内の反革命組織の存在、ドプチェクら「少数派」右翼日和見主義を介入理由に挙げた。「民主的中央集権」を掲げて分派を排するロシア共産党一〇回党大会決議からはこの状況は認められず、チェコスロヴァキア共産党・国家の活動家の要請で緊急援助を行うのである（みすず 1968:I, 298–303, II, 147–74; Томилин, 2010:213–30）。

こうしてスターリン批判により東欧社会主義圏で生まれようとした「改革社会主義」は、戦時共産主義期ボリシェヴィズムの論理により消滅した。介入は、「リベラル的親西欧的性格」の周辺への感染がソ連ブレジネフ指導部の「ネオ・スターリン主義」と東独、ポーランド、ブルガリア指導部にとって脅威だったのが原因だといわれる（フェイト 1978:240; ノーヴ 1983:257）。「プラハの春」が押し潰された時、社会主義の可能性は一つが潰え去り、またソ連体制改革の可能性はイデオロギー的硬直性が一層強まることで狭められたのである。

第2節　ソ連改革の始まり

(1)　ブレジネフ時代と改革の始動

フルシチョフ失脚後、共産党第一書記（一九六六年から書記長）に就いたブレジネフは、当初の集団指導から徐々に個人権力を強め、七〇年代後半には最高会議議長を兼ねて八二年の死去まで長期政権を維持した。

その統治は、フルシチョフの激しい動きに比した安定性が特徴である。党組織の農・工分離は廃止され、人事は「ドニエプル＝モルダヴィアコネクション」といわれる縁故を重視し、地方党組織から支持を受けた。この方向が既得権益重視と保守的政策となるのは当然であった。ブレジネフ時代の党中央委員の再選率は、スターリン再批判が行われた第二二回党大会が四九・六％であったのに対し、二三回党大会で七九・四％、ブレジネフ期最後の二六回党大会では八九・〇％に上った。最高指導部の老齢化も進み、一八九九年生れのペリシェを最年長に、八一年時点の政治局員は一四名中八名が七〇歳以上となった（ジョージタウン戦略研究所（上）1984:35; アフトルハーノフ 1979: 付録 ; 宇多 1983:73; 下斗米

1988:7; Чернев, 1996)。他方で市民生活は一定の安定をみた。土曜労働制が廃止され、七〇年代初めにはコルホーズ農民に国内パスポートが交付され、移動制限が撤廃された。この結果、都市人口が農村人口を凌駕した。三〇年代以降国民教育水準も、高等・中等教育修了者の増加に見られるように著しく向上した(表5)。物質的にも都市と農村の格差はあるが、テレビなどの恒久消費財が普及し、豊かさを感受できることになった(表6)。

この安定は、二つの条件に支えられていた。一つは、イデオロギーの硬直性である。フルシチョフ期の大量住宅建設で家族のプライバシー度は向上し、私的な場の意見表明は自由を得たが、他方で「プラハの春」を押し潰したボリシェヴィズムの論理は、ソルジェニーツィン、サハロフといった国内異論派の公的活動の場を奪った。第二の条件は、七三年石油危機による輸出の好転である。高騰した石油価格の対価で先進技術導入が可能となり、また外国投資の活発化が旧来の統治システムのままで生活の安定向上を一時は可能にしたのである。しかし、旧来システムの惰性的運用で経済成長は、七〇年代に四%から三%へと漸次的に低下し、工業生産はその後半に目標値を大きく下回った。労働生産性の伸びも七〇年代末には見込みを達成しなくなった(佐藤 1983:36–39)。ソ連は、国際的にはデタント協議を行いつつ軍備強化と軍事産業発展を図り、核弾頭数、大陸間弾道弾数で八〇年代初めに米国を凌いだが、七〇年代後半には国民生活水準が低下し、商店の行列に見られるモノ不足が常態化し(БРЭ, 4:185–86)、社会も政治も停滞状況となった。[*] この状況にも拘わらず、七七年「ブレジネフ憲法」は、共産党の「嚮動的な力」に基づいてソ連は、「発達した社会主義社会」、「全人民国家」の建設を完了したと謳ったのである(藤田ほか 1983: 付録)。

表５　都市・農村人口（千人）及び教育水準

	1913年	1940年	1959年	1970年	1979年	1987年
都市	28452	63112	99978	135991	163586	186001
農村	130701	130965	108849	105729	98850	95688
総数	159153	194077	208847	241720	262436	281649

高等・中等教育修了者（千人当り）

	1939年	1959年	1970年	1979年	1987年
労働者	87	401	590	760	861
会社員	546	911	956	982	990
コルホーズ員	18	226	393	593	763

出典：Государственный комитет СССР по статистике. Народное хозяйство СССР за 70лет. Юбилейный статистический ежегодник. М.,1987.

表６　耐久消費財の普及：都市と農村（千人当り）

	1970年		1980年		1985年	
品名	都市	農村	都市	農村	都市	農村
時　計	1,463	836	1,739	1,152	1,770	1,239
ラジオ	237	149	276	206	309	254
テレビ	185	88	278	200	314	255
録音機	32	6	93	37	133	67
カメラ	110	33	119	43	128	52
冷蔵庫	132	34	302	167	309	217
洗濯機	195	71	235	158	235	164
掃除機	48	8	111	37	149	56
軽自動車	—	—	30	27	45	43
オートバイ	15	29	19	47	26	77
自転車	132	163	122	183	135	224

出典：表５に同じ.

＊ コッツは一九二〇年代につくりあげられた経済計画化と労務管理の特殊形態は限界に達したとしている（コッツ 2000:83-86）。

ゴルバチョフは、一九八五年三月、病弱、高齢な指導者の死去が相次いだ後、期待の中で書記長に選出された。[＊] 当初の統治姿勢は慎重で、六月の中央委員会総会では次のように述べている。国民所得は五〇年代から一〇倍に伸びたにも拘らず経済の困難が七〇年代以降に感じられるようになった原因は、「あるべき姿の経済の根本変革」が考慮されず、「構造的政策、統治形態・方法、経済活動の心理のペレストロイカ」が行われなかったことにある。「経済は、惰性でまったく外延的な基礎の上に発展し続けた」(Горбачев, 2:252)。問題は、経済のこうした「外延的発展」方法にあるとされ、統治体制総体ではなかった。八六年二月の仏共産党機関紙『ユマニテ』インタビューでは、「われわれは、約七〇年前にボリシェヴィキ党によって始められた事業に強い加速を与える」と述べている。それは、一〇月革命の歴史的・人類的意義、平等・公正の「社会的、道義的理想」を現実化することである。ここでは一〇月革命の正統性の継承、ボリシェヴィズム帰依の姿勢が明瞭である。[＊＊] この姿勢により第二七回党大会（八六年二月）で示された方針は、独立採算制導入を基本とする経済発展の「加速化」であった。「われわれは、社会経済進歩の加速化を実現しなければならない」。「戦略課題の決定で中央集権的原則を更に発展させ」、「より大胆に企業の権利、自主性」を拡大して独立採算制を定着させ、「労働の最終的結果への勤労集団の利害と責任を向上」させるのである（Горбачев, 3:154-70）。

＊ 社会の当時の期待の高まりについては、チェルニャエフが伝えている（チェルニャーエフ 1994：第二章）。

＊＊ 政治犯、人権、検閲問題にも政治犯は存在せず、検閲はいかなる国でも行われていると極めて正統的に答えてい

る。ゴーリキー市に幽閉されていたサハロフの出国もありえないのである（Горбачев, 3:154–70）。

このように初期のゴルバチョフは、言論自由化を進めたが、基本的には現システムの「発展加速化」方針をとった。これは、市場関係の発展と勤労者の個人行動の広範な保障を柱とした「ノヴォシビルスク文書」が既に出ていたことを考えれば、微温的といわねばならない（佐藤 1983:41）。

当時ゴルバチョフ周辺に二つの異なる立場が存在したことが知られている。一つは、八三年にカナダ大使から世界経済国際関係研究所所長に移り、八五年に中央委員会部長、八六年から中央委員会書記となったヤコヴレフ、もう一つは八三年にトムスク州第一書記から中央委員会書記に移ったリガチョフの立場である（Чернев, 1996）。

急進的政治改革の主張者ヤコヴレフは、一九八五年末にゴルバチョフに「ソヴィエト社会の全面改革の必要について『政治改革の緊要性』」と題する文書を提出した。それによれば、問題は、「過程の物質的基礎にすぎない経済」ではなく、政治体制にあった。「多面的・選択的であるが故に、より深く民主主義的である社会主義」において実際の選択を示しえていないからである。提案されたのは、党＝国家関係の変更と分権化の推進であり、このための制度として常設議会、複数選挙制、全面公開制、司法権力独立、個人権利の司法保護、生産計画の管理、実現への大衆的参加の導入である。加えて社会主義者と人民民主主義者から成る共産主義者同盟の推薦・直接選挙による大統領制も提案された。ゴルバチョフは、この文書を「時期尚早」と見たが、ここにはこの後の政治改革のプロセスが示されていた（[Яковлев, 2008:28–38 [Яковлев, 2003] に抜粋。抄訳抜粋が［ヤコヴレフ 1993］にある。*

＊　一年後、ヤコヴレフは「ペレストロイカのテーゼ」で「市場は超体制的、超時代的であり、市場は社会とともに文

明化している」と市場制導入を主張した。ここでは「マルクス主義は、絶対主義権力の利益と気儘に服する新たな宗教以外の何ものでもない」とも述べている。ゴルバチョフは、ヤコヴレフの体制否定は往々にして客観性を越えることがあるとしている（Яковлев, 2008:63–69; ゴルバチョフ 1996:466）。

もう一方のリガチョフは、社会主義原則とソヴィエト建設擁護、大国主義と共産党一党体制保持の姿勢をとった。後の時期になるが、新聞インタビューにリガチョフは、体制選択においては資本主義と社会主義の二者択一しかありえないと答えている。私的所有は社会の分解と政治的崩壊に帰着するのに対して、社会主義的所有は手段、方法を刷新し、事業を正しく行うのであれば十分効率的である。全農地の三％に過ぎない個人農民の菜園地経営が農産物の二四％を生産するのは、コルホーズ、ソフホーズとの結合の故である。また言論自由化による歴史の「真実の復活」を認めながらも、ソヴィエトの歴史の「塗りつぶし」が懸念された。それは、「皮相主義」による「最も困難な時に社会主義を建設し、擁護し、……多くのものを作り出した人びとへの愚弄」となるからである。ソヴィエトの歴史は「党」が、敵ですら大国と呼ぶ国家をつくったのであり、多民族国家の統合は「一党体制」、「共産党体制」をもって可能なのである。リガチョフは、自分は「保守主義者」で、「共産主義の革新、科学的社会主義の信奉者」であると断言した（Аиф, 1989/4/2）。

このようにヤコヴレフとリガチョフの立場は、改革のグランドデザインにおいてまったく別方向を向いていた。この異なる立場の併存が「ゴルバチョフ・チーム」であった。立場のこの違いを越えて革命によらず、改革によって変革を進めることがゴルバチョフには求められていた。初期に法令化された個人営業法（一九八六年）、国営企業改革法（一九八七年）は、立場の違いはあっても、合意可能なものだったと見ることができる。「闇経済」承認、独立採算・労働者による企業長選挙は社会主義改革の範囲なのである。他方でソヴィエト建設の歴史を擁護するリガチョフの考えは、社会の底流にある大国主義、民族主義の意識潮流に共鳴を見出しうるものであった。この底流が後に顕在化するとき、それは、ペレストロイカの危機となるのである。

(2) 改革派の攻勢

ゴルバチョフは、一九八六年半ばには当初の立場から変化した。六月中央委員会総会ではペレストロイカは、経済のみならず、全社会の深いペレストロイカと結びついており、平《ひら》の共産主義者から中央委員会書記、労働者から大臣、技術者からアカデミー会員の「すべての者」に関わると宣言された。これに続くハバロフスクの地方遊説では、「……ペレストロイカの過程は、上からも下からも同時に」、「統治の全階梯」、「政治と国家指導部のすべての環を捉える」と述べている。経済・技術の新しい問題への答えを「三〇、四〇、五〇年代の、またたとえ六〇、七〇年代であってもその経験に求めるのであれば、運動の前進はない」のである（Горбачев, 4:35-52)。

こうして改革は社会、党に及ぶと宣言された。この変化の一つの、そしておそらく極めて重要な要因は、チェルノブイリ事故と見られている。事故後対応に忙殺されたゴルバチョフは、一段落した七月の政治局会議で党・国家組織の連携欠如、分断、派閥化を厳しく批判した。「どれほどの世襲領地がわが国に生み出されたことか。その結果われわれは起こっていることの情報を受け取ることができなかった」。「追従、ごますり、派閥主義、違う考えの者への圧力、見てくれ、個人的縁故と指導者の周りの派閥」、このすべてを終わらせる必要があるというのがゴルバチョフの意見であった（Черняев, 2006:54）。*

＊　シェヴァルナゼは、チェルノブイリ事故を隠そうとする動きがあったとしている（シェワルナゼ 1991:265）。

共産党指導部の姿勢変化がうかがわれる中でグラースノスチが一層の深化を見せた。言論自由化で当初目立ったのは、文学、映画、演劇の文化領域であった。トロツキー、ブハーリンを登場させ、レーニンに「真実をありのままに見なければならない」と語らせるシャトロフ『ブレスト講和』、三〇年代の弾圧、粛清を描いた『アルバート街の子供たち』、映画ではスターリン弾圧の様相を比喩的表現で描いたグルジアの映画「懺悔」などの公刊、公開である（金光・森本 1987:52；和田編 1987:65）。*

＊　また従来タブーであった社会問題を告発する動きも活発化した。例えば、裁判所の誤審、不当量刑、警察官犯罪、麻薬常習者の存在などである。闇経済の一つである「シャバシニキ」の実態、工場の駆け込み生産など生産活動の非合理な実情なども報道された（竹浪 1987:67–86, 155–76, 179–200）。

これに続いて歴史、歴史認識の再検討が行われるようになった。歴史の見直しではネオ・スターリニズムで研究を中断させられたダニーロフが、ブハーリンとスターリンの農業集団化、非常措置適用をめぐる対立をクラークの協同組合加入、ネップ的方法の問題と関連付けて論じた。「敵」との闘いで「強制と行政的主意的方法」に固執するスターリンに対し、ネップ期に形成された経済的メカニズムの保持、完成を目指したとしてブハーリンの歴史的オルターナティヴが主張された。ロイ・メドヴェーデェフは、五ヵ年計画決定へのスターリンの関与と共にプラン自体が未達成に終わったことを明らかにした。「スターリン工業化の大成功という伝説はとうの昔に捨て去られるとき」なのである。「もしも五ヵ年計画を破壊とカンパニア主義なしにスターリンの干渉以前の計画で実行していれば、われわれは一九四〇年までにはるかに発展した工業と協同組合的農業を持ったであろう」とメドヴェーデフは述べた（Пр, 1988/8/26; ВИКПСС, 1987/7）。

歴史のこうした見直しと共にスターリン主義、民主主義への移行論など多様な立場の議論が展開した。この中で「左派リベラル知識人社会主義」、「民族なしの国際主義」を批判し、「反ペレストロイカ」文書として有名となったニーナ・アンドレーエヴァ論文が出た。それは、現在の政治・言論は「世界の大国に導いた工業化、集団化、文化革命」、「一つの世代の功績」をないがしろにしていると主張した（СР, 1988/3/13［Шафрай, 2011: 128–34］に抜粋）。[*] これに対して歴史古文書大学学長アファナシエフは、資本主義にはマルクス、レーニン以降に第三、第四の段階が存在したのであり、資本主義を「悪鬼」扱いするステレオタイプを捨て、一九世紀には見られなかった民主主義の発展、資本主義の社会化セクター、私的セクターの比率の変化など、より開放的な見方をとることが必要だと主張した。アファナシエフによれば、移行期とは資本主義と社会主義の継起ではなく、「共存する時代」なのである。政治学者ミグラニャンは、マルクスの「国家死滅」論は、「夜警国家」時代の市民社会論に基づいており、ロシアへの適用は無理があったと論じた（アファナシエフ 1989: 84, 294）。ツィプコは、スターリン主義の農民政策はルソー主義の「人間の純粋さ」、「人間本質の理想化」に発したのであり、この意味でこれは、「ヨーロッパの歴史」であると述べた（Ципко, 1989: 40–48）。問題は、ロシア固有ではなく、より普遍的に世界史に関わるという主張である。[**]

＊　アンドレーエヴァ論文を支持したと目されたリガチョフの反論は、［リガチョフ 1993: 139］を見よ。

＊＊ ブレジネフ期に著名な異論派であったシャファレヴィチは、「進歩」に伴う現代技術を批判し、近現代西欧とスターリン主義の文明的性格の同質性を指摘する。「二つの道は同じ断崖」へ向かうのである。シャファレヴィチは、同時に異論派のヤーノフと米歴史家パイプスを「ロシア人嫌い」で結びつけ、「反ユダヤ主義」を主張するロシア・ナショナリストでもある（HM, 1989/7; HC, 1989/7）。鋭い文明批評とナショナリズムの結び付きは、現代社会を考える上で深刻な意味を孕んでいる。ロシア・ナショナリズムの議論整理について中村裕［中村 1993］を参照。異論派としてソ連体制に異議申し立てを行った知識人は、サハロフとソルジェニーツィンの例を見ても、体制が弛緩すると袂を分かつことがあるが、ここには体制と反体制で括りきれない人間解放の難しさがあるといえよう。また当時の歴史学上の議論については、詳しくは、［デイヴィス 1990］を、また［加納 1989］も参照されたい。

社会の議論は多様に、人類史的普遍性を孕みながら展開したが、この百花斉放状況で政治改革の性格が明らかとなってきた。既に八七年一月の中央委員会総会は、社会生活、カードル政策の民主化は、ソヴィエト選挙制度の改良にあるとして複数候補選挙導入を決議していたが（Егоров15:357）、包括的改革のため八八年六月に第一九回党協議会が設定された。この協議会は、ペレストロイカの分水嶺となった。

協議会の冒頭報告は、「過去の変形と停滞の深さ、重大さを過小評価し、認識せず、ようやく今、経済の様々の領域で問題の放置は当初の想定よりも深刻なことが分かった」と根本的改革の必要を認めた。一〇月革命後の体制の変形が「スターリンとその取り巻きたちの全権、弾圧と無法の波」を生み、第二〇回党大会は、侵害された「レーニン的原則」の回復の可能性を持ったが、「社会主義的民主主義」への不十分な評価と軽侮のため崇拝現象の「再発」を招くことに終わったのである。ここで目標とされたのは、一〇月革命後初期の体制の復活である（XIX ВК КПСС, 1:46）。

協議会は、政治改革の方向を分権化の方向に定めた。決議は、「党・国家機関の機能の分離」、「下から上までのソヴィエト全権の再生」を図るべく地方ソヴィエトを自治、自己財政、地域＝全国家利害の一致によって再組織し、責任と独立性を担保する条件を創出するとした。選挙は定数以上の候補者による複数候補選挙とし、行政機関各部門・機関指導者、判事、調停員の職にあるものの兼職を禁じた。またすべてのソヴィエトにおいて任命職の任期制、議員任期も定められた。地方ソヴィエトの活性化と共に「国家最高権力組織の再建」策とされたのが人民代議員大会の設立である。これは、形式的審議に留まっていた最高会議の改組と組み合わされており、人民代議員大会から選出される最高会議が常設議会として立法、行政、監督機能を持つこととなった。人民代議員大会は、従来の地域、民族選挙区に社会組織を加えて議員定数を拡大し、毎年召集され、憲法、最も重要な政治、経済、社会問題を決定するのである（XIX ВК КПСС, 2:135–44; 下斗米 1990:94–98）。

刷新される最高会議は、立法、行政、監督権限を持つので権力分立について曖昧な点があるが、恒常的活動を行う点で議会主義の復活と当時論じられた。人民代議員大会が全権を有する点でソヴィエトの権力性格の継承を示しながら、既に「プロレタリアート独裁国家」ではなく「全人民国家」となったという論理でヨーロッパ的議会制度の導入が意図されたのである。しかし、他方で「党＝国家機関の機能分離」については共産党一党制に手を触れることはできなかった。これは、当時改革派知識人の間でも見解が分かれていた問題ではあったが、決議は「民主集中制原則のレーニン的理解の復活」、委員会、書記選挙の複数候補制、委員会の任期制と部分改選の義務化の提起にとどまった[*]。また既に中央アジア、カフカースで衝突が生まれ深刻化していた民族問題については、決議は「民族関係の無謬性」の考えから、共和国、自治単位、民族グループの社会経済的・文化的発展の必要がこれまで十分に考慮されず、先鋭な問題について適宜な解決を見出しえなかった、と認めることに終わった。協議会には環境・文化保全の市民運動を背景にして、エストニア代表団が共和国独立採算、連邦資産の共和国所有の確認（防衛分野を除く）を提案し、バルト諸国の第一書記がこれを支持した。これは、ソヴィエト民主化と分権化という決議に沿う内容にも拘らず、民族間関係では具体化されなかった。この対応は明らかに立ち遅れていた（XIX ВК КПСС, 2:70–77）。

このような問題があったものの、中央改革はともかくも、八八年末の憲法改正、八九年春の人民代議員選挙で実行に移され、体制改革は新しい段階に入ったのである。

＊ 例えば市民社会形成を主張するミグラニャンは、共産党は「アンブレラ」組織なので、一党制が可能だと述べている（アファナーシエフ 1989:107）。

第3節　改革の進行

(1) 共和国問題、社会状況の尖鋭化——一九八八～八九年

第一九回党協議会と並行して知識人によるペレストロイカ支持の「人民戦線」結成の呼びかけから各共和国、地域に市民組織が形成されるようになった。改革支持運動の活発化で、それに対する勤労者統一戦線という対抗運動も生まれ、改革と反改革への支持は、社会潮流となった。この潮流は、大国主義意識、民族要素、改革のテンポ・方法をめぐる違いから、それぞれまた分化することになる。[*]

＊ 各地域の社会運動の様相は、［塩川 2004:81–103］参照。当時国外にあったソルジェニーツィンが九〇年秋に国内に

向けて発表した「ロシアをいかにつくるのか」（邦題『甦れわがロシアよ』1990）は、ロシアの改革支持・反対潮流のそれぞれの分化に大きな影響を与えた。文学的にソルジェニーツィンにつながる「ロシア農村派」作家のラスプーチンは、各共和国の反ロシア傾向に反発し、民族的大国主義的傾向を強めた。他方で改革派では「民主ロシア」は、連邦中央とは別にロシアの民主化を主張することになる。

エストニア最高会議は、党協議会後八八年一一月に主権宣言を発した。主権宣言は、エストニアは主権保持の保障と民族繁栄の期待でソ連に加盟したにも拘わらず、「スターリン主義と停滞期」の政策は、この保障をないがしろにし、民族減少、破局的自然破壊、経済不安定と生活水準低下を招来したと指摘した。そしてこれからの出口と発展の基礎は「主権」回復にあるとして七七年憲法に規定する「主権共和国」の地位の明確化、連邦条約の見直し、連邦法に対するエストニア法の優位を求めた。また最高会議では、所有の多様性を認めたエストニア憲法修正法を採択した（Дорoнченков, 1991:233-34）*。

＊　エストニアの宣言に対する連邦中央の反応は、連邦憲法への違反でエストニア最高会議の議決は効力を持たないというものだった（同上:322-33）。

この時期ラトヴィア、リトアニアでもエストニアに倣った市民運動組織が結成された。リトアニアの場合、一〇月のペレストロイカ支持リトアニア運動「サユーディス」創立大会では環境団体代表が、これはリトアニア「再生の革命」であり、「スターリンの社会主義から解放された歴史を始める」のだと述べた。共産党体制の下で破壊された自然と農業、文化の再生を目指すのである。参加組織の一つ、リトアニア自由運動代表は、モロトフ＝リッベントロプ協定解明、「占領軍撤退」、「独立リトアニア」を要求した。重要だったのは、連邦改革の志向で、経済学者プルンスキネは、運動の経済目標は経済的自立だが、これは連邦制改革にかかっていると述べた。共和国経済は、「連邦《ソユーズ》内部の全体の力、その世界的なプレステージの保障」、「全連邦市場と等価交換」に依っており、「主権を持つ平等な諸共和国」、「ソヴィエト社会主義諸国家の任意の同盟のレーニン的内容の再生」に関わっているのである。「地方利益を無視する輸出と資源浪費」、「押し付けの方法、規模、価格による生産物移送」をやめることが求められた（Шубин, 2006:53-63）。

これからわかるのはバルト地域の要求は、分離独立の民族主義潮流を含みながら基本的には連邦改革にあったということである。八九年二月にマルクス＝レーニン主義研究所機関誌『コミュニスト』とバルト諸国『コミュニスト』各誌が共催した円卓会議は、経済主権、共和国＝中央関係、連邦主義を取り上げ、主体が曖昧な「全ソヴィエト人民」所有を、共和国民所有をもって代えること、「強い中央」と各共和国の条件に適した「強い共和国」体制をとること、分権的な連邦制を新連邦条約で定めることが必要であるとした。中央の権限は、防衛、外交調整、輸送全国網、エネルギー問題に限られ、七七年憲法七三条が規定する広範な権限は否定された。議論は、ソヴィエト連邦生成期の議論に回帰することになった（Ком, 1989/6）*。

＊　一九七七年憲法七三条は、ソ連全領域の法令、社会経済政策、予算編成、連邦及び連邦・共和国所管企業指導、貿易・対外経済活動などを規定する（藤田 1983:281）。

このように経済主権の獲得、新条約締結の要求はバルト三国に共通していた。一九八九年五月に統一政策検討のため開かれたエストニア、ラトヴィア、リトアニア各人民戦線の合同会議（バルト総会）で採択された「宣言」は、「自決権と政治体制の自由な確立」、「多民族・諸国家の自立した協力」を求め、

「経済的自立宣言」は連邦最高権力（共産党）と連邦政府に「経済的自立法」の採択を求めた。「総会」が送った連邦最高会議幹部会、連邦共産党政治局宛電報は「強い中央」を批判し、「大衆的民主化運動」こそが「ペレストロイカの継続と不可逆性の保障」であるとしている。自立・独立志向と中央改革への圧力が併存したのである（Шубин, 2006:119-206）。

一九八九年は、社会混乱が指摘される年となった。国民総生産は八八年には五・五％の伸びを記録したが、八九年には三％に低下した。公式統計でも工業生産物は一・七％、農業生産物は一・三％の増加で、工業生産の計画値二・五％を下回った。他方で労働生産性上昇が二・三％とされる中で賃金は一三・一％増加し、インフレーションと物不足、社会分化が進展した。「商店が脅威である。そこには何もなくなった。だが協同組合ではその商品が三倍の値段である」、「なぜ健康に悪い生産現場でまじめに働く者が月に高々三百―四百ルーブリで、「汚いこと」をやるもの、例えば協同組合の投機者が五〇〇〜八〇〇ルーブリを得るのか」と協同組合（八八年法制化）への不満の投書が『プラウダ』、『イズヴェスチヤ』にあふれた（Шубин, 2005:401）。

この要因として指摘されるのは、ペレストロイカ初期の経済改革の失敗である。国営企業法は、企業独立採算制を進めたが、この結果生じたのは官庁＝企業間、企業相互間の利害対立だった。官庁は企業活動の監督義務を離れ、多くの資本と資源を確保しつつ、できるだけ国家発注を放棄したのに対して、企業は国家とは別の新しい連係を求め、「敵」の要求、国家発注をサボタージュするようになった。経済改革は、「中途半端さによるマヒ」とぶつかったのである（同上）。

問題の噴出の中で新たに設置された人民代議員大会は、どのように行動したのだろうか。八九年五月に召集された第一回人民代議員大会は「内外政策の基本的方向について」を決議した。それは、インフレーション下の低所得者への金銭的・物質的補償を認めながら、二つの課題を挙げた。

第一は、急進的経済改革で、これがペレストロイカの目的達成の「決定的ファクター」とされた。それは、地方、賃貸・株式形態、個人、協同組合など多様な社会主義的所有の保障、生産手段の卸売り取引を含んだ社会主義的市場の創出、閉鎖・協同組合化を含む赤字欠損企業処理、原料・資源・エネルギー輸出に頼る貿易構造の修正である。中央の役割は、効率的経済活動のための経済・法律環境の整備、全連邦的インフラストラクチャー、科学技術、財政税制政策、市民の社会的保護の保障であり、「指令」することではないのである。

第二は、民族問題、連邦＝共和国関係で、「人間的民主的社会主義の原則」、「連邦と連邦共和国間の条約的立憲的性格」、「レーニンの連邦構造」を新しい憲法で確認するとし、連邦共和国が連邦所管外の問題すべてを決定し、領域内で独立して国家権力を実現するとした。またすべての民族は民族語と民族文化の開花を保障され、経済・社会ほかの利害を実現する権利を持つとされた（I съезд НД, 3:408–29)。

この原則的方向性と共に人民代議員大会は、最高会議にリトアニア、エストニアの九〇年からの共和国独立採算制移行の検討、ヴォルガ＝ドイツ人、クリミア＝タタール人、トルコ＝メスヘチ人の権利回復、ナゴルノ＝カラバフ問題の報告を連邦民族会議に求めた。[*] 一二月の第二回人民代議員大会では異論はあったが、三九年の独ソ協定付属議定書はソ連最高会議の批准がなかったので無効とした。また幽閉を解かれ、野党にあたる地域間代議員グループに属したサハロフは、最高会議議長の権力集中を批判し、憲法六条廃止、共和国法を連邦法の上位とする「権力法」の制定、「ヨーロッパ＝アジア・ソヴィエト共和国連邦」憲法案を提起した（I съезд НД, 3:325–28; II съезд НД, 4:612–14）[**]。したがって人民代議員大会は、議会機能を果たしつつあったとみていいであろう。

* 独立採算制移行提案は、人民代議員に選出されていたプルンスキネが行ったもので、七月には三国の共和国独立採算制移行法が成立した。

** 憲法案は、連邦共和国、自治共和国、自治州、自治管区を構成主体とし、ロシアを経済主権を持つ四地域に分割することを想定している［Шафрай, 2011:196–206］。

しかし、民族間の衝突はこの間も広がり、連邦＝共和国問題は深刻化していた。トビリシでは「グルジア独立、ロシア帝国打倒」を求める集会への治安部隊の介入（「グルジア事件」四月）、ウズベキスタン・フェルガナでウズベク人とトルコ＝メスヘチ人の衝突（六月）、モルドヴァで分離運動（六月）と立て続けに民族間衝突が起こり、リトアニア（五月二六日）、ラトヴィア（七月二八日）、アゼルバイジャン（九月二三日）と連邦共和国の主権宣言が相次いだ（Черняев, 2006:61–95; Шубин, 2006:144–56）。この状況への対応として党中央委員会総会が九月に採択した「民族綱領」は、連邦権限を、体制基盤・発展、防衛・安全保障、外交、経済・科学・文化分野の共通課題の調整決定とし、共和国に独立採算と所有を承認した。また新連邦条約締結も改革方法として提示した。これは、前年第一九回党協議会のエストニア提案の内容を越えており、「強い連邦」と「強い共和国」の関係に向かう方向を示した。しかし、曖昧な連邦権限は、既に分離独立傾向を強めた共和国、またそれ自体の論理を展開させている民族間衝突の鎮静化には働かず、事実上複数政党化した共産党の統合も果たせなかった。この変化を認めて改革に踏み込んだのが九〇年春の中央委員会総会だったのである。

(2) 遠ざかるボリシェヴィズム――新綱領案

一九九〇年春の共和国最高会議選挙は、前年までの状況を大きく変えた。二月の選挙でサユーディスが多数となったリトアニア議会は、三月一一日に独立宣言を発した。一九一八年の独立宣言の有効性を確認し、「一九四〇年に外国勢力によって踏みにじられたリトアニアの主権を回復し、再び独立国家となる」のである。国家元首の議長にはサユーディスのリーダーが選出された。三月のラトヴィア、エストニアの選挙でも人民戦線が多数を獲得し、やはり独立を宣言した（Tolz, 1992:102, 135, 158）。グルジアは、二一年のソヴィエト軍の介入で締結に至った連邦条約を「不法」とし、独立国家復活交渉を開始すると宣言した（Шаффай, 2011:393）。*

* またアゼルバイジャンの情勢が緊迫し、ウズベキスタン・ジャララ＝アバドでは人民戦線が権力を掌握し、国境線が崩壊しているという報告が政治局でなされているが、状況は不明である。日本のウズベキスタン研究では特に指摘はない（帯谷 1993）。

バルト三国、グルジアのこのような連邦離脱の動きの中で九〇年一月から二月の党政治局は、連邦再編、共産党一党体制放棄への議論を本格化させた。チェルニャエフらが公刊した当時のメモによると、この時政治局には厳しい対立が存在した。

対立の第一は、複数政党制導入である。人民戦線が政党化している状況で共産党の指導的役割を規定する憲法六条は、実態とかけ離れていた。首相ルイシコフは、既にわれわれは、複数政党制に移行しており、他の政党を法律外に置くのは現実的ではないと複数政党制に賛成した。これに対してリガチョフは、党は実質上分裂状態だが、第一〇回党大会の党統一決議に戻ることが必要だと反対し、ルキヤノフは、共産党を中心にする全連邦勤労者戦線の結成を主張した。内相プーゴ、イヴァシコらは党は分裂することになると述べた。複数政党制賛成は、ヤコヴレフ、シェヴァルナゼ、ヴァディム・メドヴェーデェフら少数であった。党＝国家の分離と共に導入される大統領制は大きな議論とならなかったが、ゴルバチョフは、大統領制導入は「民主制の長い発展」に資するものだと述べた*（Черняев, 2006:467-73）。

＊ 社会混乱の中で言論界ではミグラニャンらが、ヨーロッパでは絶対主義時代が民主制の歴史的前提であったとして「強い手」による権威主義的統治を提起した。これは歴史理解による浅薄な政治論といえよう（ЛГ, 1989/8/16）。

第二の論点は、共和国問題であった。ソ連が単一国家《ウニタルノオエ》であったという認識は既に共通したが、新連邦条約の必要、新たな統合形態は連邦か、連合かという点について合意は存在しなかった。強まりつつあったロシア主権確立の主張への対応も難問だった。ゴルバチョフは、「連邦とは何か、いかにあらねばならないか」の十分な検討がないままに「民族主義ルネッサンスというようなもの」が存在している。「連邦のまとまりと共和国の主権性は矛盾の統一」だが、共和国の経済自立の境、連邦＝共和国間の機能区分、党のあり方の検討が必要だという考えを述べた。メドヴェーデェフは、連邦制には中央＝共和国関係の様々なヴァリエーションがあると主張し*、リガチョフは、「インターナショナリズム」の重要性、「単一《エディノオエ》多民族国家の統合」の定式を含むべきだと主張した。ゴルバチョフは出発点を連邦として、最高会議に連邦条約を提案すると決定した（Черняев, 2007:130-35）。

＊メドヴェーデェフの多様な連邦制という主張は、おそらくゴルバチョフの考えの代弁である。ゴルバチョフは、政治局の議論ではツァーリ体制下で辺境統合に様々な形態があったが、それでも一つの国家を形成した、「長い手綱」、「短い手綱」と共和国の立場は様々だが、それを受け容れるのが連邦制だと述べている。また第二八回党大会では、ロシア帝国においてはポーランド、フィンランド、ザカフカース、エミールが独自の位置を占めていたことを想起すべきだと述べている。この立場は、各共和国に多様な統合形態を認めており、連合国家的統合といえるだろう（Черняев, 2006:431, 494, 387:XXVIII съезд, 2:387)。

第三の対立点は、所有、市場制問題である。市場制問題は、八九年春から議論されてきたもののルイシコフ案、アバルキン案が対抗して混迷していた。政治局では価格改革、租税引き上げ、賃金抑制でインフレーションを抑制することでは一致したが、経済悪化の原因を協同組合にみる考えは強かった。リガチョフは、共産党政権が崩壊した東欧では資本主義化が進み帝国主義の脅威が迫っていると主張した。ビリュコヴァは、人びとは協同組合に驚き、私的所有と搾取の復活を恐れており、市場移行計画は社会的公平性の概念を欠いていると述べた。イヴァシコは、起こっているのは「先史穴居時代の市場」だと市場経済化を批判した。*世界の共産主義者を招集し、われわれを「修正主義者」と呼んでもらおうという発言に、ゴルバチョフはそれを恐れる必要はなく、提案は「社会民主主義」案であると応じた（Черняев, 2006:467–73)。

＊アバルキンは、保険・教育・保健といった制度は、一九世紀資本主義は有しておらず、社会主義によって資本主義が変化したと指摘した（Черняев, 2006:472)。

このように政治局は原則的対立を孕んでいた。一方に一党制維持、「階級アプローチ」、「インターナショナリズム」を主張する原理社会主義勢力、他方に市場導入、複数政党容認の立場をとる社会民主主義潮流である。厳しい対立の中でゴルバチョフは、後者の立場を選択した。

二月、三月に召集された中央委員会総会は、「人間的民主主義的社会主義」を掲げる綱領を承認した。他の思想・見方への不寛容、全人類的価値に敵対する「階級アプローチ」、専横と無法を生み、権力悪用と特権利用に結果したすべてを否定するのである。

それは、第一に党と国家の分離、党組織の民主化・分権化である。権威主義体制は極めて否定的に影響し、「党＝国家」の権力構造、「超集権化」、自由思想の抑圧・弾圧を招いた。無謬性、政治的独占を捨てた党の役割は、民主的に認められる政治指導に止まることになる。これに従って人民代議員大会に憲法六条修正を提案する。全人民的法治国家は、「階級独裁」排除と、民主制、政治的プルーラリズムを本質とし、諸政党の設立可能性は「排除」されない。政治装置の効率化のため権力機能の分割が必要なので、立法、司法、行政を分立させる。新設される大統領制は、必要な権力を有しつつ、人民代議員大会に対して責任を負う。党組織では「兵営的位階性」をもたらした「民主集中制」原則を見直し、下部組織に上部組織の決定に影響する活動を認める。また共和国党は、連邦党と別に綱領を制定する権利を有する。

第二に「計画的市場経済」導入である。それは、独占と発意性の欠如、浪費と経営性欠如、消費者利益軽視を本質とする指令的分配システムに取って代わり、所有の多様性、自立した商品生産者の競争、発達した金融システムに基づき、個人・集団生産者に強い刺激を与えるのである。

第三に、本質的に単一国家であったとスターリン国家モデルが否定され、連邦制を現実的に創出するとした。そのために分離に至るまでの民族自決原則を順守し、それを実現する法的メカニズムが採択される。共和国の企業間の直接契約による生産活動により全連邦市場を形成する（Материалы фев, 1990:353–82）。

ゴルバチョフは、人民代議員大会への憲法修正案提出と自らの大統領立候補の承認を求めた三月総会で、党名の社会民主党への変更を否定した。高い理想として党を支持する人びとの落胆を生むというのがその理由である。しかし、市場経済と多党制の承認、階級アプローチと党組織構造の柔軟化、民主集中制の否定というこの内容は、方向が社会民主主義であることを示していた。これは前年秋の自身の「社会主義の理念と革命的ペレストロイカ」論文の内容でもあった*（Материалы марта, 1990:8；ゴルバチョフ 1989）。

＊ 二月総会に出席した独立リトアニア共産党のブラザウスカスは、連邦共産党組織の連合化と除名決議の採決延期を求めた。またエリツィンは、綱領案は「右と左の二本の手」で書かれているとして批判し一〇項目にわたる提案を行ったが、その内容は共産党の連合化を除けば採択された綱領案と大きくは変わらない（Материалы фев, 1990:293–302, 67–69）。また三月総会ではこれまで存在しなかったロシア連邦共産党設立のためロシア・ビューローの設置を決定した（Материалы марта, 1990:188）

ここに導入される改革は、ソ連体制の転換を画した。「諸政党の結成可能性を排除しない」という規定では多党制による「強力な議会」形成に弱いという批判があったが（Из, 1990/3/29）、左右からの批判があるにしても中央委員会の出した文書で「もっとも大胆で誠実な一つ」という擁護がなされた。問題は、市場関係への移行、スターリン体制下に成立した「農奴制」、「絶対主義」からの離脱だという主張である（Из, 1990/4/2）。

表7　10月革命についての世論調査
：1990年9月末，16都市・農村の1848人を調査

表①	第1グループ	20～25%	革命の是認
	第2グループ	25～30%	革命の必然性は承認，しかしボリシェヴィキの行動の多くを非難，レーニン死後の政策を革命理念からの逸脱とみる
	第3グループ	35～40%	革命は必然ではない．他の方法で可能だった．
	第4グループ	15～20%	意見無し

表①の各グループの意見（%）

表②	第1グループ 第2グループ	ボリシェヴィキは権力把握が必要だった　(52) 10月革命は諸民族の実際の意志を表現　(39) 革命は，歴史の新時代を開き、発展に刺激を与えた　(45) 当時生きていれば，ボリシェヴィキを支持　(40～43)
	第2グループ 第3グループ	国有化の歴史的必然性に反対　(53) 新聞閉鎖，過酷な検閲に反対　(56) 農民蜂起の武力弾圧に反対　(64) 産業家，企業家の経済からの駆逐は遺憾　(69) 革命は農民文化，農民に重大損失　(70～72)

出典：Заславская, Т.И.1991:Социализм, Перестройка и общественное мнение, *СОЦИС*, 1991, №8.с.3-21. ザスラフスカヤの論述を表に直したもの．

この後三月に召集された第三回臨時代議員大会は、憲法を修正し、複数政党制と大統領制の導入を採択した（憲法修正決議は［III съезд НД, 3 :192-207］）。四月初めには連邦離脱問題の決定手続き法が採択され、条約再締結を含む連邦再編が動き出した。同じ時期前年の人民代議員大会が求めた改革の一連の法制化が行われた。所有の多様性を認めた所有権法（三月六日公布）、「全人民の財産」だが、「終身的、相続的領有」を認めた土地法（二月二八日公布）、少数民族集団の諸権利保護を謳ったソ連市民・民族自由発展法（四月二六日公布）、連邦と連邦・自治共和国経済基本大綱（四月一〇日）などである。これらの法制は、大統領制への移行と共に国制改革が端緒に着いたことも示していた（Из, 1990/3/10, 3/6, 5/6; Черняев, 2007:145）。党と国家の両面において、この九〇年春はソ連のペレストロイカが一つの成果に達したと評価されてよい。ボリシェヴィズムが遠ざかる始まりを見せたのである。

当時盛んに行われるようになった世論調査を信じると、九〇年秋に一〇月革命を完全に承認する者1／4、ボリシェヴィキの権力掌握は必然ではないとする者1／3、ボリシェヴィキの行動が革命理念から逸脱したとする者1／3であった。世論は、半数以上がソ連国家の起源に疑問を持つに至った。また標本数は不明だが、夏の調査では将来のソ連の方向如何の設問には資本主義への移行と答えたのは八％、これに対して「革新された社会主義」は三五％、「北欧型社会民主主義」は、三〇％であった。ソ連型社会主義からの離脱が世論上は多数となったのである*（表7、また［Заславская, 1991］）。

＊ コッツは、ヨーロッパ部で一九九一年五月に行われた世論調査の結果を示している。それによれば、「どのような社会体制を望むか」の問いに「民主主義的社会主義」三六％、「スウェーデン型修正資本主義」二三％、「米・独型自由市場資本主義」一七％に対して、「ソ連型社会主義」を望む者は一〇％である（コッツ 2000:228）。

しかし、同時期ロシアでは選挙を経てロシア人民代議員大会と最高会議が発足した。最大の構成体であり、基軸であるロシアの政治＝権力アクターとしての登場は、連邦国家ソ連を大きく揺るがすことになった。

この後、最後のソ連共産党大会となった一九九〇年夏の第二八回党大会は、リガチョフらが組織した地方代議員の激しい批判を浴びながら新綱領案「人間的民主主義的社会主義」を採択した（XXVIII съезд, 2:388）*。一方、エリツィンを最高会議議長に選出し、主権宣言を発したロシアと連邦中央の権限をめぐる確執が夏以降特に深まったが、九〇年末には新連邦条約制定が決定された**。九一年三月の「刷新された連邦」の維持を問うレファレンダムは、不参加のバルト三国、アルメニア、モルダヴィア、グルジアを除く九共和国・連邦で行われ、投票率八〇％中維持は七六・四％の多数を占めた（Черняев, 2007:215–17）。

＊　リガチョフは、三月総会後ゴルバチョフに書簡を送り、「修正主義者」、「社会民主主義者」、「民族主義者」の党からの排除を求めた。ゴルバチョフの「右旋回」への圧力である（リガチョフ 1993:102–07）。

＊＊　市場経済移行については、シャタリーン・プラン、連邦政府案、アガンベギャン案の統一が図られ、九〇年一〇月に最高会議で採択された。この内容については［アバルキン 1992］三章以下を参照。

これを受けて作成された「主権国家連邦《ソユーズ》条約」案では「社会主義」という語句が消えた。構成国は主権国家であり、国家発展に関わるすべての問題を自立して決定し、所有形態・経営方法を自由に選択するのである。連邦も主権国家であるが、構成国が自由意志で与えた権限の範囲で権力を実現する。連邦権限は、外交、安全保障・防衛、連邦予算の承認・執行などに限られ、構成国家の権限を大きく承認するものとなった＊（Из, 1991/8/15;Шаффрай, 2011:523–33）。

＊　条約名は「主権国家連邦条約」だが、条項の連邦国家名には「ソヴィエト主権共和国連邦《ソユーズ》」が用いられている。

連邦条約調印前日に政治局員の加わるクーデター未遂事件は起こった。保守・国粋派系新聞に掲載された「国民への言葉」と題する彼らの檄文は、「偉大な国家」が解体し闇の中に消えようとしていると、次のように訴えた。

「ソ連邦はわれわれの家であり、砦である。それは、すべての人民と民族の偉大な努力によってつくられ、黒い襲来の時には恥辱と奴隷化からわれわれを救った。ロシアは、唯一の愛する人である！　それが助けを呼んでいる！」（CP, 1991/7/23）。

こうした「大国主義」意識によりロシア・ソ連の改革社会主義はその命運を絶たれ、そしてクーデター未遂事件を大きな契機としてソ連は解体に向かうことになる。

表8　改革から解体へ主要年表

年月日	事　項	年月日	事　項
1982.11.12	アンドロポフ書記長選出	1990.04.—	連邦＝和国関連諸法成立
1984.02.10	チェルネンコ書記長選出	1990.04.09	グルジア国家主権擁護声明
1985.03.11	ゴルバチョフ書記長選出	1990.05.04	ラトヴィア独立宣言
1986.02.25	第 27 回ソ連共産党大会	1990.05.16	第 1 回ロシア人民代議員大会
1986.04.26	チェルノブイリ事故	1990.06.—	ロシア共産創立大会
1986.11.19	個人営業法成立	1990.06.12	ロシア主権宣言
1986.12.17	アルマ＝アタ暴動	1990.06.20	ウズベク主権宣言
1987.06.—	クリミア＝タタール人デモ	1990.06.23	モルドヴァ主権宣言
1987.06.30	国営企業法、企業長選挙制	1990.07.02	ソ連共産党第 28 回大会
1987.08.23	バルト 3 国デモ	1990.07.16	ウクライナ主権宣言
1987.10.21	エリツィンによる指導部批判	1990.07.27	ベラルーシ主権宣言
1988.—.—	各地で人民戦線設立	1990.08.—	ロシア諸自治共和国主権宣言
1988.02.—	ナゴルノ＝カラバフ紛争起こる	1990.08.22	トゥルクメン主権宣言
1988.05.15	アフガニスタン撤退開始	1990.08.23	アルメニア独立宣言
1988.06.28	第 19 回党協議会	1990.08.24	タジキスタン主権宣言
1988.11.16	エストニア主権宣言	1990.10.25	カザフスタン主権宣言
1989.04.09	グルジア独立要求デモ弾圧	1990.11.—	連邦条約案
1989.05.—	アルメニア主権宣言	1990.12.15	キルギスタン主権宣言
1989.05.25	第 1 回人民代議員大会	1990.12.17	第 4 回ソ連人民代議員大会
1989.05.26	リトアニア主権宣言	1990.12.27	レファレンダム法
1989.06.—	中央アジアで民族間衝突	1991.01.—	バルト軍事介入
1989.07.—	アブハジアで武力紛争	1991.03.17	連邦レファレンダム
1989.07.28	ラトヴィア主権宣言	1991.04.09	グルジア独立回復法採択
1989.09.19	新連邦条約準備決議	1991.06.12	エリツィン，ロシア大統領選出
1989.09.23	アゼルバイジャン主権宣言	1991.07.01	ワルシャワ条約効力停止
1989.10.12	グルジア主権宣言	1991.07.23	新連邦条約合意
1989.11.27	バルトの経済独立法成立	1991.08.19	クーデター未遂事件
1989.11.28	ナゴルノ＝カラバフ問題決議	1991.08.21	以降連邦共和国独立宣言続く
1989.12.12	第 2 回人民代議員大会	1991.08.23	ロシア内で共産党活動停止
1990.01.—	アルメニア人ポグロム	1991.08.24	ゴルバチョフ，書記長辞職
1990.02.12	第 28 回党大会の綱領的声明	1991.09.02	ゴルバチョフと 10 国首脳声明
1990.03.02	ソ連共産党民主政綱派結成	1991.09.02	第 5 回連邦人民代議員大会
1990.03.09	グルジア主権擁護決議	1991.10.07	チェチェンで権力移行
1990.03.11	リトアニア独立回復宣言	1991.12.08	独立国家共同体設立声明
1990.03.12	第 3 回人民代議員大会	1991.12.21	アルマ＝アタ宣言
1990.03.30	エストニア独立宣言	1991.12.25	ゴルバチョフ大統領辞任声明

注：主権宣言，独立宣言の日時は，発する組織・決定の性格で変わりうる．ここでは次の典拠による．Горкин, 1998:584-587；Доронченко, 1991:532-534;Шафрай, 2011: 558-561．なお［加納 2002］年表のベラルーシ主権宣言日時の誤りを修正．

おわりに——ソ連の解体とロシアの社会主義

クーデター収束後ロシア共産党は、八月二三日のロシア大統領令で解散させられ、二四日にはゴルバチョフが自ら書記長を辞任し、連邦共産党解散を呼び掛けた。この時期に現れたのは二つの動きである。

一つは、ロシア政府の連邦解体を目指すと見える攻勢である。エリツィンは、「経済主権保全ロシア大統領令」を八月二二日に発した。これにより八月末にかけてロシア領内の連邦共産党系マスコミ、情報・通信・宇宙関連企業、連邦閣僚・省の建物設備、国家銀行・対外経済銀行といった連邦組織をロシアが接収・管理下に置く措置が矢継ぎ早に取られ、連邦省公務員のロシア閣僚会議への服属命令も出された。八月一九日の出来事は、集権的連邦護持を目指した「右」からの攻撃であったが、「左」から逆クーデターが起こったのである。この動きにヴァディム・メドヴェーデフは、国内にロシア・ファクターの強まりへの反感が強まっているとし、ナザルバエフは、カザフスタン最高会議で「右のテロルが左のテロルに変わるのは許さない。そうした歴史は既に知られている」と発言した。他方で多くの少数民族を領域に持つロシア政府は、民族自決は当然だが、境界問題が発生する場合は国境線見直しを提起すると警告を発した。この声明は、ウクライナなどロシアと国境を接する諸国の反発を生んだ（Черняев,

2007:307-17)。

もう一つは、連邦改革の継続である。クーデター事件後に連邦共和国の遠心化傾向が強まり、ウクライナ（二四日）、ベラルーシ（二五日）、モルドヴァ（二七日）、キルギス、ウズベキスタン（三一日）と独立宣言が相次いだ。即時独立を宣言したラトヴィアを含めたバルト三国の独立は、ロシアが承認し（二四日）、次いで連邦国家評議会も承認した（九月六日）。この状況で政務に復帰したゴルバチョフは、米新任大使ストラウスとの会見で連邦条約再締結交渉に取りかかること、調印後あるものは残り、あるものは連合関係に入り、あるものは経済関係のみの関係ということになろうと述べた。二八日の最高会議ではゴルバチョフは、連邦条約の必要を訴えた。クーデター未遂の最も悲劇的な結果は、共和国の遠心傾向の強まりで、連邦崩壊の現実の恐れが生まれた。もしそうなれば改革の話し合いは無駄話となる。修正する必要はあるが、領土紛争の危険を考えれば条約そのものを否定してはならない、「自分は、レファレンダムで表明された国民の意志を実現する、さもなくば辞任する」。九月二日に人民代議員大会でナザルバエフが読み上げた連邦大統領プラス一〇首脳の声明は、民主主義勢力の勝利が反動勢力に打撃を与えた今こそ、根本的改革のチャンスだとして、参加形態を自主的に定める主権国家連邦条約の調印を呼び掛けた。これは、ロシアの独走に歯止めをかけるものであった（塩川 2007:75-83; ゴルバチョフ 1991:209-16; Черняев, 2007:307-19)。

「主権国家連邦《ソユーズ》条約」新案は、一一月二七日に公表された。この間にヤブリンスキーの働きで「経済協力体」が連邦と八ヵ国首脳の調印で発足していた。これは、「独立諸国家」が共通経済空間と経済、交易、科学技術関係維持のために緩やかに結びつくものであった。「主権国家連邦条約」は、これに並行して国家間関係を定めるのである。条約は、各国主権宣言を出発点に「歴史的運命の近接」から同権と相互協力を発展させる、として次のように述べた。主権国家連邦は主権を有する国際関係の主体だが、連《コンフェデラチヴノオエ》合国家であり、その権限は条約参加国の自由意志で定められる。構成国は、全ての問題の自立的決定権限を保持する。連邦は、構成国の協定条約に従い、経済協力、防衛・安全保障、外交、人権・少数民族保護などの共同管轄事項に関わる。ただし、連邦は国際法上ソ連の後継国家であり、集権的に管理される単一戦力を有する。憲法的基盤は、この条約と八月に採択された「人間の権利と自由の宣言」のみである。条約案は、旧ソ連を「連合国家」として再編するのである（Черняев, 2007:334-51, 395-405; 塩川 2007:85-87; ゴルバチョフ 1991:209-16）。

しかし、エリツィンが曖昧な対応をとり続けたので条約は調印に至らず、ウクライナのレファレンダムが独立を圧倒的票差で承認したことで連邦の運命は決した。ロシア、ウクライナ、ベラルーシ三国は、一二月八日に独立国家共同体結成（ＣＩＳ）を宣言した。連邦協議が行き詰り、共和国離脱と独立国家形成が現実となったので二二年の連邦条約調印国としてベラルーシ、ロシア、ウクライナはソ連の存在を停止するのである。この後カザフスタンほか七ヵ国が加わり一一ヵ国が発表した「アルマ＝アタ宣言」は、独立国家共同体は、「国家でも国家的組織」でもないと宣言した。こうしてソ連は最終的に解体され、一九九一年一二月二五日に、ゴルバチョフはソ連大統領の職務を停止した。

以上のようにしてソ連社会主義体制は、最終的には連邦国家と旧ロシア帝国以来の領域を解体して、終わりを告げたのである（下斗米 1992:274-87; Черняев, 2007:450-56, 493-98）。

振り返るならばロシアの社会主義は、絶対主義皇帝専制と上からの近代化に対抗する運動として始まった。体制改革の試みが挫折したので社会主義は、民主化、経済近代化、国内植民地を含む多民族・エスニシティ統合が課題となった。したがってそれは、当初からヨーロッパ近代が得た環境・条件を持たないところで始まった。個人の活動の自由が保障される市民社会は成立せず、社会運動の合法的条件も存在しなかったのである。また多民族・エスニシティ問題は、マルクスらが考えた社会主義体制の枠に収まらなかった。この条件下でナロードニキ運動は、農村社会主義を掲げる知識人運動として成立したが、九〇年代のヴィッテの工業化はそのイデオロギー基盤を奪った。

二〇世紀の世紀境目を挟んで帝国各処で形をとった社会主義運動は、ロシアではマルクス主義政党とネオ・ナロードニキ政党を作り出した。これに修正マルクス主義が与えた影響は大きかった。正統マルクス主義の階級的アプローチによる社会理解、社会主義を必然とする段階的歴史把握、階級独裁論に厳格な位階的・集権的組織論が結び付いてボリシェヴィズムが生み出されたからである。

一九一七年革命以降に確立する社会主義体制は、戦乱で破壊された多ウクラード社会にボリシェヴィズムが、明確でない未来社会への工程表をあてはめて成立したものといわざるを得ない。社会主義の名の下で図られた国家主導の重工業化は、確かに人類史上初の社会主義建設という自負を生み、帝国期から連綿と続く大国主義の誇りを満たした。また農民国ロシアに少なくとも工業国の外見を与え、カードル（基幹要員）養成で必要とされたとはいえ、教育水準を向上させ、一定の物質的生活を保障した。しかし、この過程があまりに多大な人的犠牲と人間の尊厳の無視を伴ったことは否定のしようがなく、社会主義が、一九世紀、二〇世紀に人びとに与えた希望にそうものではなかった。「ロマン主義的空想」

の対価は、あまりに大きかったといわねばならない。

「改革社会主義」がスターリン死後に現れたのは、自然なことであったと思われる。国家が社会と個人に最大限に関与しようとする体制は、資本主義にヴァリエーションがあるように、変化が必要であったし、一つのシステムが永遠に継続することは、人間の歴史においてなかったからである。変化が国家の社会への関与を縮小しようという方向をとったことも自然であった。それは、人間の選択を保証するという意味で、政治的にも経済的にも「市場」の復活を図るものとなった。そしてそれは、変革の方法としては、当然にも、「革命」方式を排除した。しかし、チェコスロヴァキアの場合は、「社会主義共同体」の圧力で、ソ連の場合は硬直した社会主義原理主義、大国主義、ナショナリズムの圧力で改革は挫折した。ここには体制移行の難しさがよく現れている。解体後ロシアは、一九九二年の急進的な市場経済移行、九三年一〇月のモスクワ騒乱に見られたように、ボリシェヴィキ的手段を採用したのである。

こうして二〇世紀にロシアで行われた社会主義の壮大な実験は終わった。それと共に強まった新自由主義の潮流は、しかし、ソ連社会主義がそうであったように、今度は「自由」の名の下で人間の尊厳をないがしろにする世界を拡げ、逆方向の極端が強まっている。「専制と自由」、「啓発と奴隷根性」の同時的行動の求めがロシアの解決されない謎、「政治的円積問題《クヴァドゥラトゥラ》」だとロシアの歴史家クリュチェフスキーはかつて述べたが（クリュチェフスキー 1983:261）、この言葉を借りれば、人間の自由と尊厳がいかに調和するのか、個人と共同体がどこで折り合えるのか、この問題は、現在二一世紀の世界で問われる「政治的円積問題」であるといえよう。

参考文献・引用文献一覧

※本文中では原則として、〔著者・執筆者・資料集名等　発行年：参照頁数〕の形式で表示した。また、資史料や文献等の性格によって、適宜、表示形式は変化していることをお断りしておく。

邦語文献

青木節也 1977：「『民族革命』の運命」菊地昌典編『ロシア革命論――歴史の復権』田畑書店。
青木節也 1980：「ユーラシア革命の現代史によせて」『ロシア史研究』三一号。
アバルキン、レオニード 1992：『失われたチャンス』（岡田進訳）新評論。
アファナーシエフ、ユーリー 1989：『ペレストロイカの思想』（和田春樹ほか訳）群像社。
アフトルハーノフ、A 1979：『ブレジネフの秘密』（鈴木博信訳）サイマル出版会。
池田嘉郎 1993：「ロシア共産党第一二回大会民族問題部会の考察」ソビエト史研究会編『旧ソ連の民族問題』木鐸社。
池本今日子 2006：『ロシア皇帝アレクサンドル一世の外交政策』風行社。
石井規衛 1995：『文明としてのソ連』山川出版社。
ウェルズ、H・G 1978：『影のなかのロシア』（生松敬三ほか訳）みすず書房。
宇多文雄 1983：「これがクレムリン新世代の性格だ」『臨時増刊中央公論―ソ連の何が怖いのか』。
岡稔ほか編 1976：『〈第2版経済学全集31〉社会主義計画経済論』筑摩書房。
奥田　央 1996：『ヴォルガの革命――スターリン統治下の農村』東京大学出版会。
帯谷知可 1993：「ウズベキスタン人民戦線『ビルリク』」ソビエト史研究会編『旧ソ連の民族問題』木鐸社。
カー、E・H 1967‒1：『ボリシェヴィキ革命――1917‒1923』第1巻（原田三郎ほか訳）みすず書房。
カー、E・H 1967‒2：『ボリシェヴィキ革命――1917‒1923』第2巻（宇高基輔訳）みすず書房。
カー、E・H 1969：『ロシア革命の考察』（南塚信吾訳）みすず書房。

カー、E・H 1974：『一国社会主義――政治 1924-1926』（南塚信吾訳）みすず書房。
カー、E・H 1977：『一国社会主義――経済 1924-1926』（南塚信吾訳）みすず書房。
カー、E・H 1979：『ロシア革命――レーニンからスターリンへ、1917-1929年』（塩川伸明訳）岩波現代選書。
梶川伸一 1993：「食糧人民委員」の社会主義革命」ソビエト史研究会編『ロシア農村の革命』木鐸社。
梶川伸一 1998：『ボリシェヴィキ権力とロシア農民』ミネルヴァ書房。
加藤一郎編 1975：『ナロードの革命党史』鹿砦社。
加藤一郎 1979：『ロシア社会民主労働党史』五月社。
金光不二夫・森本良男編 1987：『モスクワのテレビはなぜ火を噴くのか』築地書館。
加納　格 1984：「第一・第二国会における「辺境」・民族問題」『ロシア史研究』三九号。
加納　格 1989：「歴史学のペレストロイカ」菊地昌典編『社会主義と現代政界3―社会主義の現実Ⅱ』山川出版社。
加納　格 2004：「ソ連崩壊・解体論をめぐって――その序論的覚書」『法政大学文学部紀要』四九号。
菊地昌典 1964：『ロシア農奴解放の研究』御茶の水書房。
倉持俊一編 1994：『〈世界歴史大系〉ロシア史2』山川出版社。
クリュチェフスキー、B・O 1983：『ロシア史講話4』恒文社。
ゲイ、ピーター 1980：『ベルンシュタイン』（長尾克子訳）木鐸社。
コーエン、S・F 1979：『ブハーリンとボリシェヴィキ革命』（塩川伸明訳）未來社。
コッツ、D・M 2000：『上からの革命――ソ連体制の終焉』（角田安正訳）新評論。
小松久男 1986：「アンディジャン蜂起とイシャーン」『東洋史研究』四四号。
ゴルバチョフ、ミハイル 1990：「社会主義の理念と革命的ペレストロイカ」（中村裕訳）『臨時増刊世界　東欧革命』。
ゴルバチョフ、ミハイル 1991：『世界を震撼させた三日間』（福田素子訳・和田春樹解説）徳間書店。

ゴルバチョフ、ミハイル 1996：『回想録（上）』（工藤精一郎・鈴木康雄訳）新潮社。
コンクェスト、ロバート 1976：『スターリンの恐怖政治（上下）』（片山さとし訳）三一書房。
嵯峨冽 1989：『ソ連の試練』サイマル出版会。
佐藤経明 1983：「ソ連経済――改革の展望」『世界』1983年10月号。
佐藤芳行 2000：『帝政ロシアの農業問題――土地不足・村落共同体・農村工業』未來社。
シェワルナゼ、エドワルド 1991：『希望』（朝日新聞外報部訳）朝日新聞社。
塩川伸明 1985：『スターリン体制下の労働者階級』東京大学出版会。
塩川伸明 1993：『終焉の中のソ連史』朝日選書。
塩川伸明 2004：『民族と言語』岩波書店。
塩川伸明 2007：『国家の構築と解体』岩波書店。
志水速雄 1977：『フルシチョフ秘密報告「スターリン批判」』講談社学術文庫。
下斗米伸夫 1988：『ゴルバチョフの時代』岩波新書。
下斗米伸夫 1990：『ソ連現代政治［第2版］』東京大学出版会。
下斗米伸夫 1992：『独立国家共同体への道』時事通信社。
鈴木義一 1993：「ソヴィエト政権初期における計画化の試み」ソビエト史研究会編『ロシア農村の革命』木鐸社。
ジョージタウン戦略研究所 1984：『ソビエト・マニュアル（上下）』（伊藤憲一監訳）PHP研究所。
スムルコフスキー、ヨゼフ 1976：『スムルコフスキー回想録』（山崎功訳）読売新聞社。
ソルジェニーツィン、アレクサンドル 1990：『甦れ、わがロシアよ』（木村浩訳）、日本放送出版協会。
高田和夫 2007：『近代ロシア農民文化史研究――人の移動と文化の変容』岩波書店。
高橋清治 1977：「革命・地域・民族」菊地昌典編『ロシア革命論―歴史の復権』田畑書店。
高橋清治 1994：『民族の問題とペレストロイカ』平凡社。

竹浪祥一郎編著 1987：『ソ連紙で読むソビエト社会の実態』ＰＨＰ研究所。
田坂昂編訳 1976：『人民の中へⅡ』新泉社。
渓内　謙 1978：『現代社会主義の省察』岩波現代選書。
渓内　謙 1988：『現代社会主義を考える』岩波新書。
渓内　謙 2004：『上からの革命』岩波書店。
ダニエルズ、Ｒ 1967：『ロシア共産党党内闘争史』（国際社会主義運動研究会訳）現代思潮社。
チェルニャーエフ、アナトーリー・Ｓ 1994：『ゴルバチョフと運命をともにした二〇〇〇日』（中澤孝之訳）潮出版社。
土屋好古 1984：「労働者の世界」『ロシア史研究』四〇号。
デイヴィス、Ｒ・Ｗ 1990：『ペレストロイカと歴史像の転換』（富田武・下斗米伸夫・永綱憲悟他訳）岩波書店。
ドプチェク、Ａ 1993：『ドプチェク自伝』（森泉淳訳）講談社。
ドッブ、Ｍ 1976：『社会主義計画経済論』（佐藤経明訳）合同出版。
富田　武 1996：『スターリニズムの統治構造』岩波書店。
中井和夫 1973：「マフノシチナ」、アルシーノフ『マフノ叛乱軍史』（奥野路介訳）鹿砦社。
中井和夫 1977：「穀物をめぐる二つの道」菊地昌典編『ロシア革命論――歴史の復権』田畑書店。
中井和夫 1988：『ソヴィエト民族政策史』御茶の水書房。
長尾　久 1968：「二月革命から七月事件へ」江口朴郎編『ロシア革命の研究』中央公論社。
長縄光男 2012：『評伝ゲルツェン』成文社。
中村　裕 1993：「ロシア・ナショナリズム」ソビエト史研究会編『旧ソ連の民族問題』木鐸社。
中山弘正 1988：『帝政ロシアと外国資本』岩波書店。
ノーヴ、アレク 1982：『ソ連経済史』（石井規衛、奥田央、村上範明ほか訳）岩波書店。
ノーヴ、アレク 1983：『スターリンからブレジネフまで』（和田春樹、中井和夫訳）刀水書房。

パイプス、R 1972:『レーニン主義の起源』（桂木健二ほか訳）河出書房新社。
長谷川毅 1989:『ロシア革命下ペトログラードの市民生活』中公新書。
バロン、サミュエル・H 1978:『プレハーノフ――ロシア・マルクス主義の父』（白石治朗ほか訳）恒文社。
日南田静眞 1966:『ロシア農政史研究』御茶の水書房。
フェイト、F 1978:『スターリン以後の東欧』（熊田亨訳）岩波現代選書。
フォン・ラウエ、T・H 1969:『ロシア革命論』（倉持俊一訳）紀伊国屋書店。
フォン・ラウエ、T・H 1977:『セルゲイ・ヴィッテとロシアの工業化』（菅原崇光訳）勁草書房。
藤田　勇 1968:「ロシア革命における国家と法」江口朴朗編『ロシア革命の研究』中央公論社。
藤田　勇他 1983:『ソビエト法概論』有斐閣双書。
藤田　勇 1984:「ソ連における自由権思想の史的展開」藤田勇編『社会主義と自由権』法律文化社。
ブハーリン、ニコライ 1978:『経済学者の手記』（和田敏雄、辻義昌訳）現代思潮社。
ベルンシュタイン、エドヴァルド 1974:『社会主義の諸前提と社会民主主義の任務』（佐瀬昌盛訳）ダイヤモンド社。
松戸清裕 2011:『ソ連史』ちくま新書。
マルトフ、Λ1976:『ロシア社会民主党史』（加藤一郎訳）新泉社。
みすず書房編集部編 1968:『戦車と自由――チェコスロヴァキア事件資料集ⅠⅡ』みすず書房。
メドヴェーデェフ、ロイ 1989:『一〇月革命』（石井規衛訳）未來社。
森下敏男 1984:『ソビエト憲法理論の研究』創文社。
ヤコヴレフ、アレクサンドル 1993:『歴史の幻影』（月出皎司訳）日本経済新聞社。
山内昌之 2009:『スルタンガリエフの夢』岩波現代文庫（元、東京大学出版会「シリーズ新しい世界史②」として刊行されたもの）。
山本俊朗 1987:『アレクサンドル一世時代史の研究』早稲田大学出版部。

横手慎二 1982：「二〇年代ソ連外交の一断面――一九二七年のウォー・スケアーを中心にして」『スラブ研究』二九号。
リガチョフ、エゴール 1993：『ゴルバチョフの謎』（大熊秀治監訳）東京新聞出版部。
リード、ジョン 1957：『世界をゆるがした十日間（下）』（原光雄訳）岩波文庫。
レヴィン、M 1969：『レーニンの最後の闘争』（河合秀和訳）岩波書店。
和田春樹 1968：「近代ロシア社会の法的構造」東京大学社会科学研究所編『基本的人権3』東京大学出版会。
和田春樹 1971：「ロシアの『大改革』時代」『岩波講座世界歴史二〇』岩波書店。
和田春樹 1974：「一八九六年ペテルブルグ綿工業労働者のゼネスト」『社会科学研究』二五巻四号。
和田春樹 1978：『農民革命の世界』東京大学出版会。
和田春樹 1982：「国家の時代における革命」ソビエト史研究会編『ネップからスターリン時代へ』木鐸社。
和田春樹編 1987：『ペレストロイカを読む』御茶の水書房。
和田春樹 1992：『歴史としての社会主義』岩波新書。
和田春樹編 1997：『〈世界歴史大系〉ロシア史3』山川出版社。

邦語全集

レーニン全集、大月書店（「レーニン」として後ろに「巻」を示す）
スターリン全集、大月書店（「スターリン」として後ろに「巻」を示す）。但し、左の露語版を参照。
Сталин И.В. *Сочинения. Т.1-13*. М., Институт Маркса – Энгельса – Ленина при ЦК ВКП (б), 1946–1952 гг. Библиотека Михаила Грачева : http://grachev62.narod.ru/catalog.htm による。

英文文献

Cohen, Stephen F., 1999: Russian Studies Without Russia, *Post-Soviet Affairs*, 1999, vol. 15, no. 1.

Dawisha, Karen, 2004:The Question of Questions:Was the Soviet Union Worth Saving? *Slavic Review*, 2004, vol. 63. no. 3.

Fitzpatrick, Sheila, 1984:Cultural Revolution as Civil War, in: Sheila Fitzpatrick, ed., *Cultural Revolution in Russia, 1928–1931*. Bloomington, Indiana University Press.

Levin, Moshe, 1984:Society, State and Ideology during the First Five-Year Plan, in: Sheila Fitzpatrick, ed., *Cultural Revolution in Russia, 1928–1931*. Bloomington, Indiana University Press.

Jennings, Jeremy, 2003:Socialism:An Introduction, in Book:Jeremy Jennings. ed., *Socialism:Critical Concepts in Political Science. Vol.1*. London, Ruotledge.

Levada, Yuri, and Sheinis, Victor, 1988:1953–1964. Why Reform Didn't Work Then. *Moscow News*, 1988, No. 18.

Mawdsley, Evan, 1987:*The Russian Civil War*, Boston,Allen & Unwin.

Navrátil, Jaromír, ed., 2006:*Prague '68*, Central University Press.

Tucker, Robert C., 1977:Stalinism and Comparative Communism, in:Robert C. Tucker, ed., *Stalinism—Essays in Historical Interpretation*, New York, Norton.

Tucker, Robert C., 1992:Sovietology and Russian History, *Post-Soviet Affairs*, vol. 8, no. 3. 1992.

Totz, Vera, 1992:*The USSR in 1990. A Record of Events*. Boulder, Westview Press.

Von Laue, Theodore H., 1964:Russian Labor between and Factory, 1892–1903, *California Slavic Studies*, vol. 3.

露文文献

Барсенков. А. С., 2002: *Введение в современную российскую историю: 1985–1991*. М., Аспект пресс.

С.Бертолисси и другие. Ред. 2000:*Конституционные проекты в России. XVIII-начало XX в*. М.

Берхин,И.В., 1990:Так что же такое «военный коммунизм»? *История СССР*, 1990, №4.

Валка, С.Н. Ред. 1961:*М. М. Сперанский. Проекты и записки*. М.-Л.

Васин, Н., 1906: *Политические партии. Сборник программы*. СПб.

Витте, С.Ю., 2006: *Собрание сочинений и документальных материалов*. Т.4, М., Наука.

Волобуев, О.В. и другие. Ред. 1996–2000: *Партия Социалистов-Революционеров.Документы и материалы.* 1900–1925 гг. В3 томах. М., РОССПЭН.（Волобчев として巻を示す）

Горбачев, М.С., 1987–1990: *Избранные речи и статьи*. М., Издательство политической литературы（Горбачев として巻数を表す）.

Гурвич, Г.С., 1923: *История советской конституции*. М., Издание Социалитической Академии.

Данилов, В. и другие. Ред. 1999–2001: *Трагедия советской деревни. Коллектизация и раскулачивание. Документы и материалы в 5 томах*. М., РОССПЭН（Данилов として巻を示す）.

Доронченков, А.И., 1991: *К союзу суверенных народов*. М.,ИТИС.

Ермолин, Е.А. и другий. Сост., 2007: *Ярославское восстание 1918*. М., Материк.

Залевский, К., 1914: Национальные партии. В кн.: *Общественное движение в России в начале XX века*.Т.3. СПб.

Залевский, К., 1912: Национальные движения. В кн.: *Общественное движение в России в начале XX века*. Т.4.Ч.2 СПб.

Заславская, Т.И., 1991: Социализм,Перестройка и общественное мнение, *СОЦИС*, 1991, №8.

Зубкова, Е.Ю., 1988: Опыт и уроки незапущенных поворотов 1956 и 1965 годов, *Вопросы истории КПСС*, 1988, №4.

Зубкова, Е.Ю. Купниянов, Александр,1999: Возвращение к русской идее; кризис идентичности и национальная история, В кн.; К. Аймерманов и другие. Ред. *Национальные истории в советском и постсоветских государствах*. М., «АИРО-XX».

Кастелянский, А.И. Ред. 1910: *Формы нацирнального движения в современных государствах*. СПб.

Прокопович. С., 1928 : Десять лет опыта. *Русский экономический сборник*, т.12.
Маляновский, А.Д., 1981 : *Крестьянское движеине в России в 1917 г.. Март-октябрь*.М., Наука.
Милюков, П.Н., 1955 : *Воспоминания* (*1859–1917*). Т2.Нью-Йорк, Издательство имени Чехова.
Нежинский, Л.Н., 1990 : Была ли военная угроза СССР в конце 20-х – начале 30-х годов? *История СССР*, 1990, №6.
Поляков. Ю.А. Ред. 2000 : *Население России в XX веке. Исторические очерки*. Т.1, 1900–1939 гг. М., РОССПЭН.
Рогачевская, Л.С., 1993 : Как составлялся план перврый пятилетки. *Вопросы истории*, 1993, №8.
Медведев, Рой, 1988 : Из реки по имени факта. *Собеседник*, 1988/4/28.
Российский международный фонд культуры,1992 : *Тайны национальной политики ЦК РКП*. М., ИНСАН. (Тайны と示す)
Скрипилев, Е.А., 1982 : *Всероссийское учредительное собрание*, М., Наука.
Степанский, А.Д. и дргие. Ред. 1996 : *Февральская 1917 революция. Сборник документов*. М., Российский государственный гуманитарный университет.
Томилин, Н.Г. и другие, Ред. 2010 : *«Пражская весна» и международный кризис 1968 года. Документы*.М., МФД.
Ципко, А., 1989 : Истоки Сталинизма. *Наука и жизнь*, 1989, №2.
Шафрай, С.М. и другие. 2011 : *История современной России. Документы и материалы* (*1985 : –1999*). *Ч. 1–2*. М., Издательство Московского университета.
Шелохаев, В.В. и другие. Ред. 1995 : *Программы политических партий России.Конец X1X-начало XX вв*. М., РОССПЭН.
Шепелёв, Л.Е., Ред. 1999 : *Судьбы России. Доклады и записки государственных деятелей императорам о*

проблемах экономического развития страны (*вторая половина XIX в.*). СПб., Лики России.

Черняев, А, и другие,2006: *В политбюро ЦК КПСС...По записами Анарофия Черняева, Вадим Мелвелева, Георгия Шафназарова* (*1985–1991*). М., Горбачев-Фонд.

Черняев,А. и другий, 2007: *Союз можно было сохранить*. Издаине второе, переработанное и дополнительное. М., Горбачев Фонд.

Чибиряев, С.А., 1993: *Великий русский раформатор*. М., Воскресенье.

Чистов, К.В., 2003: *Русская народная утопия*. СПб., Двитрий Буланин.

Шубин, А., 2005: *Парадоксы Перестройки-Упущенный шанс СССР*. М., Вече.

Шубин, А., Ред. 2006: *Распад СССР. Документы*. М., Институт всеобщей истории РАН.

Яковлев, А.А. сост. 2008: *Перестройка: 1985–1991*. М., МФД.

Яковлев, А.Н., 2003: *Сумерки. М., Материк.*

法令集・条約集

Декреты советской власти. М., Государственное издательство политичекой литературы, 1957–（*Декреты* として次に巻を示す）.

МИД СССР. *Документы внешней политики СССР*. М., Издательство политической литературы, 1959–1976（МИД СССР として巻を示す）.

決議集・議事録

Егоров, А.Г. и другий. Ред. 1983-1989: *КПСС в резолюциях и решениях съездов, конфененций и пленумов ЦК* (*1898–1986*). М.（Егоров として次に巻を示す）

XIX Всесоюзная конференций Коммунистический Партии Советского Союза. 28 июня – 1 июля 1988 года.

Стенографический отчёт в двух томах. М., 1988.（XIX ВК КП СС と略記。次に巻を示す）
Первый съезд народных депутатов СССР. 25 мая -9 июня 1989 г. Стенографический отчет. М, Издание Верховного Совета, 1989.（I съезд НД と略記。次に巻を示す）
Второй съезд народных депутатов СССР. 12–24 декабря 1989 г. Стенографический отчет. М., Издание Верховного Совета, 1990.（II съезд НД と略記。次に巻を示す）
Внеочередной Третий съезд народных депутатов СССР. 12–15 марта 1990 г. Стенографический отчет. М., Издание Верховного Совета, 1990（III съезд НД と略記。次に巻を示す）.
Материалы Пленума Центрального Комитета КПСС, 5–7 февраля 1990 г. М., Политиздат, 1990（Материалы фев.1990 と略記）. М., 1990.
Материалы Пленума Центрального Комитета КПСС, 11, 14, 16 марта 1990г. М., Политиздат, 1990（Материалы марта 1990 と略記）.
КПСС. Съезд. XXVIII съезд Коммунистической Партии Советского Союза, 2–13 июля 1990 г: Стенографический отчет. Т.2. М., Издательство политической лптературы, 1991（XXVIII съезд と略記）.

百科事典

Большая российская энциклопедия. *Большая российская энциклопедия.* М., 2005-.（БРЭ として次に巻を示す）
Горкин, А.П. и другие. Ред. 1998：*Россия.Энциклопедический справочник.* М., Дрофа.
Энциклопедический словарь. Ф. А. Брокгауз, И. А. Ефрон, СПб., 1894–1907（Брокгауз として次に巻を示す）.
Шелохаев, В.В. и другие. Ред. 1996：*политичческие партии России. Конец XIX- первая треть XX.* М., РОССПЭН.

人名事典

Залесский, К.А., 2011: *Кто есть кто в истории СССР*. М., Вече.

Нечкина, М.В.Ред. 1988: *Декабристы*. М., Наука.

Чернев, А.Д., 1996: 229 *кремлевских вождей. Политбюро, Оргбюро, Секретариат ЦК Коммунистической партии в лицах и цифрах*. М., Родина.

統計集

Анфимов,А.М. и другие. Ред. 1995: *Россия. 1913 год. Статистико-документальный справочник*. СПб., БЛИЦ.

Государственный комитет СССР по статистике, 1987: *Народное хозяйство СССР за 70 лет*. М., Фитансы и статистика.

雑誌・新聞の略記（本文中で雑誌は、雑誌名、刊行年／号、新聞は、紙名、発行年／月／日で示す）

АиФ: *Аргумены и Факты*

ВИ: *Вопросы Истории*

ВИКПСС: *Вопросы истории КПСС*

ИзЦК: *Известия ЦК КПСС*

ИА: *Исторический архив*

ИС: *История СССР*

Ком: *Коммунист*

ЛГ: *Литературная газета*

НМ: *Новый миф*
НС: *Наш современник*
Осв: *Освобождение*
ОИ: *Отечественная История*
СОЦИС: Социологические исследования
Из: *Известия*
Пр: *Правда*
СР: *Советская Россия*

利用サイト（二〇一二年四月閲覧確認）
Библиотека Михаила Грачева : http://grachev62.narod.ru/catalog.htm
Великая Страна СССР: http://www.great-country.ru/
Военная литература: http://militera.lib.ru/index.html
Коммунистическая партия Советского Союза : http://www.kpss.su/
Музей разрушения СССР: http://soveticus5.narod.ru/rs.htm
СОВЕТСКИЙ СОЮЗ: http://www.sovunion.info/index.

第2部　毛沢東主義の意識構造と冷戦

奥村　哲

はじめに

本稿では、中国の外交・内政の基礎にあった毛沢東らの意識の構造に着目して、文化大革命に至る歴史過程を東アジアの冷戦の中で捉え直したい。そのことによって、体制としての社会主義の実質が何であったかということも、より明確になるからである。

本稿の観点を提示しよう。まず確認したいのは、冷戦の基軸は世界的には米ソ対立だが、東アジアではむしろ米中対立だったことである（高木 2001）。朝鮮戦争でアメリカへの矢面に立ったのは中国だった。ベトナムでも、第一次インドシナ戦争では「中国はベトナム側に軍事援助を提供した唯一の国で」、それを「フランスに対するベトナムの勝利の決定的な要因」だとみる研究者もいる（朱 2001:17）。六〇年代のベトナム支援でも、フルシチョフは消極的だったが中国は終始積極的だった。そして何よりも、東アジアにおける冷戦の解体は、まず米中の関係改善から始まったのである。

第二にこれに対応して、文化大革命の勃発までは中国の最大の脅威はアメリカであり、毛沢東ら指導者の危機意識の中心はそこにあった。従来、中ソ論争のため、一九六〇年代前半はアメリカに劣らずソ連も中国の大きな脅威だったとされてきた（最近では［久保 2011］）。確かに中ソの対立が激しくなり、それが文化大革命の要因になったのは事実であり、その意味でソ連に対する危機意識も強かった。しかし明確にする必要があるのは、危機意識の質的違いである。アメリカに対する中国の危機意識は、なによりも軍事的脅威であった。他方、ソ連との対立は社会主義の正統性や変質（修正主義）の問題であって、国家の存亡に直接関わる軍事的脅威とは明確に区別されねばならない。激しい論争は必ずしも軍事的対立に直結せず、ソ連との軍事的対立が深刻になったのは、むしろ文化大革命が勃発してからである。それまでは、中国に最大の危機意識をもたらしたのは、何よりもアメリカの軍事的脅威であり、朱建栄の画期的な研究*が明確に示したように、文化大革命とベトナム戦争は密接に連関していた。

＊ 本稿のとくに第五章は、この研究に大きく依拠している。朱の著作［2001］の意義と問題点については、［奥村2010］を参照されたい。

第三に、冷戦の下ではアメリカとソ連に対する意識が別個ではありえず、強く連関することである。中ソの最大の対立は世界戦略をめぐるものだから、アメリカの脅威を最大の危機意識で捉えるならば、当然、対米認識が対ソ認識さらには対ソ関係を強く規定し、逆に対ソ認識が対米認識を変えることもある。一九五〇年代末、フルシチョフ下のソ連に対する認識の変化が対米認識を変え、それがさらにソ連に対する見方を厳しくして、その「修正主義的変質」を深刻に捉えるようになるのである。

第四に、対外意識とりわけ対ソ意識が国内意識と強く連関することである。中国が社会主義体制を築く過程ではソ連はお手本であり、その内実がスターリン批判で暴かれると、ソ連を戒めの鑑とする中国独自の建設によって飛躍的に発展する、という発想を生む。その後、ソ連がアメリカの策動で変質するのならば、中国に対しても同様な策動があり、中国も変質しかねないと考えるようになる。こうした意識構造を背景にすれば、内政上の意見の違いも対外関係と結びつけられ、対外的危機感を強めるとともに、外の勢力に操られた内部の敵の強大化を想定するようになる。これが結局、毛沢東を文化大革命に向かわせるのである。

第五に、従来、文化大革命で毛沢東が劉少奇・鄧小平らを「実権派」として打倒したことから、そこに至る過程も急進派・穏健派の対立という図式で描かれることが多かった。しかし、毛沢東に対抗する「実権派」という強固な派閥が実態としては存在しなかったことは、今日明らかではなかろうか？各時期に急進的な動きと相対的に穏健な動きがあり、全体としては毛沢東が急進的だったことは確かだが、それが必ずしも二つの対立する流れが人脈的に一貫して存在していたことを示すわけでもない。文化大革命時の毛沢東の説明や造反派の論理から離れて、まず指導者たちに共有されていた意識・認識も理解した上で、個々人の違いやズレを把握する必要があると思う。タイトルに「毛沢東主義」という語を入れたのは、現在の史料状況では困難は多いが、毛沢東個人だけでなく、できる限り他の指導者たちも含めて捉えたいからである。

最後に、「意識構造」についても一言しておこう。政治家も含む個々人の行動は状況認識に基づく対応であり、歴史的状況下での毛沢東らの行動を捉えるには、思想よりは認識という語の方がふさわしい。ただ、心理・感情をともなう意識が思想などの回路を通って認識に至るとすれば、意識の構造を重視する必要がある。とは言っても、意識は文献を通して認識や行動から窺うしかなく、認識と厳密な区別はできない。

本文で主要に依拠するのは、毛沢東の比較的近くにおり、有能な経済官僚の一人として多くの政策に関与し、その決定過程をも知りうる位置にいた、薄一波（最近失脚した薄熙来の父親）の回想録（薄1997）である（以下、〈　〉で示した数字は回想録の頁数）。これについては、「回想録ではあるけれども、リーダーシップ内の対立や抗争をこれまでになく詳細かつ客観的に描いており、貴重な文献である」、と評価されている（毛里2012：巻末23）。薄一波自身が「本書は、個人の回想と文書資料を結びつけて検討した産物だ」〈前言5〉というように、執筆には多くの工作スタッフが協力するとともに、「中央弁公庁・中央檔案館・中央党校・文献研究室・党史研究室・『求是』雑誌社・社会科学院工業経済研究所などの部門が便宜や援助を提供し」〈1337〉、我々が現在なお見ることのできない多くの一次史料が引用されており、史料的価値もきわめて高い。ただ、経済官僚であることから、国際関係に関する記述はさほど多くはなく、他の研究や史料などで補う必要がある。

第一章

急激な社会主義体制化の歴史的背景と指導部の認識

第1節　社会主義への即時移行開始の提起

朝鮮戦争後の転換

周知のように、本来、毛沢東ら共産党指導部は中国の後進性を根拠に、社会主義への即時移行は不可能で、建国後一〇～一五年以上の期間、「民族的」だと認定した民間企業や土地改革後の個人営農を含む各種経済を国営経済の指導下で併存させつつ工業化していくという、「新民主主義」政策を実施し基礎を確立した上で、社会主義への移行が開始できると考えていた。理念としての社会主義が資本主義の矛盾を克服して共産主義の理想社会につながる以上、かなりの生産力が前提になるはずだからであるが、一〇～一五年という期間にはさほどの根拠はなかったであろう。一九五〇年六月初めには、毛沢東は「計画的に経済建設を行う条件がまだととのっていない」、とさえ言っていたからである（『毛沢東選集』第五巻 :23）。しかし、その直後の朝鮮戦争の勃発と一〇月の中国の参戦が、こうした考えをなし崩し的に放棄させ、社会主義観から次第に理念を剝ぎ取って、現実への対応に追随させていく。

戦争の長期化のため本格的な戦時体制の構築を目指した一九五一年二月、共産党中央は「三年準備、十年計画経済建設」を提起し、政務院の財政経済委員会が五ヵ年計画の初歩的構想に着手する。休戦の見通しが出た翌五二年八月にまとまった輪郭草案は、まだ重要な任務を社会主義に移行できる経済条件を作り出すこととしていた。ソ連の指導と援助を求めるために、周恩来らがこの輪郭草案を携えてモスクワに向かう。

そうした中で、九月二四日の中央書記処会議で、毛沢東が社会主義への即時移行開始を提起したのである。そして、ソ連共産党第一九回大会に参加した劉少奇が、スターリンにこの件についての意見を求め、彼の賛同も得た。こうして一一月、ソ連のゴスプランに相当する国家計画委員会が政務院と同格で設立され、東北人民政府主席の高崗が主席に就任する。さらに翌五三年六月、毛沢東は国家の工業化と農業・手工業・資本主義商工業の社会主義改造（一化三改）を、「過渡期の総路線」として定式化するのである（以上は主に［薄 1997:「十　過渡時期総路線的醞釀和制定」］）。

即時移行開始の歴史的背景

こうした急激な転換に戸惑った他の指導者たちも、結局は「当時の客観的な情勢が発展したことの産物」で、「理に適っている」と肯定したようである。薄一波は「客観的な情勢」の変化として次の五点を挙げている。①土地改革・反革命鎮圧・「三反五反」運動などによる政治的基礎の確立、②国民経済の命脈の掌握と経済の回復・発展、そしてとくに国営経済の主導的地位の確立、③加工・注文や統一買付・統一販売などによる国家の市場への関与・管理の強化と「五反」運動によるブルジョアジーへの打撃、④農業・手工業の合作化の進展、⑤「再度大戦が勃発する可能性を排除できない」が、帝国主義は「短期間内に再び大規模な戦争を起こすのは難しい」こと〈221-224〉。

このうち①は、日中戦争以来の総動員のために権力が社会の個々人を掌握しようとする動きが、共産党下で一応社会の基層にまで達した、ということである。②は日中戦争以降の統制経済に基づく国公営部分の肥大化、③は②を受けての一層の統制経済化が、朝鮮戦争下であい連携しつつさらに進展したものである。④は後に触れるとして、薄はさらに⑤に関連して、「我々は必ず有利なチャンスを勝ち取り、工業化の建設を速め、経済の実力を増強し、国防を強大にし、患いを未然に防がねばならなかった」、と記している〈224〉。要するに社会主義改造とは、日中戦争から開始され国共内戦によって進んだ政治・経済・社会の国家による一元的掌握という流れが、朝鮮戦争を契機にさらに急激に進展したものを、将来大規模な戦争が起こりうるという国際情勢認識の下で、マルクス主義イデオロギーをスターリン的に解釈することによって、意識的に全面化しようとしたものに他ならない。ここでの社会主義の実質は、まぎれもなく繰返された総力戦の結果を基礎にした、将来の総力戦に対処する体制以外の何物でもなく、実質的には、総力戦によって否応なしに進む強制的均質化の後進的な中国における現象だ、と捉えるべきである。* 後の展開からみて、ここで当面大規模な戦争はないと想定した「短期間」は、数年程度であろう。

＊ 以上の記述はあまりに簡略で、さしあたり［奥村 1999］［奥村 2008］と近刊予定の奥村哲編『変革期の基層社会――総力戦と中国・日本――』（創土社）を参照していただきたい。

第2節　急激な社会主義改造

「纏足した女の歩み」

「過渡期の総路線」は、独自の新民主主義時期として想定した期間をほぼそのまま社会主義への移行（過渡）期間とし、三回の五ヵ年計画で社会主義改造を完成させる予定だった。最終の一九六七年度にソ連の三七年の生産力水準に到達することを目標にしており、ソ連がドイツを撃退する際の基礎とした工業力と軍事力を先例としていた。しかし現実には、またもわずか数年で社会主義改造がなされてしまう。それを主導したのは、最も重要だが困難だと思われた、農業の社会主義改造＝集団化であった。

「社会主義改造が加速的に進んだ転換点は、五五年夏に党内で展開された所謂「纏足した女の歩み」に対する批判である」〈337〉。七月末、毛沢東は「農業合作化問題について」という講話をし、中央農村工作部の部長の鄧子恢に対し、「全国の農村には、新しい社会主義的大衆運動の高まりがおとずれようとしている。ところが、われわれの一部の同志ときたら、まるで纏足をした女のようによろよろと歩きながら、はやすぎる、はやすぎる、と愚痴ばかりこぼしている」（『毛沢東選集』第五巻 :261）と批判した。ここから農業の集団化が急激に加速されるのだが、注意すべきは、少し前の五五年春までは、毛沢東は農業の集団化に対して慎重で、むしろ鄧子恢にブレーキさえかけていたことである。薄一波はいくつか例を挙げており、たとえば次のように証言している。

「一九五四年一二月、中央は批准した第四回全国互助合作会議の建議の中で、一九五七年までに全国の合作社に入った農家が農家総数に占める割合が五〇％に達するよう、努力することを提起している。毛主席は三月三日の緊急指示を署名して出す前後に、鄧子恢同志に話をし、一九五七年に合作社に入った農家が農家総数の三分の一を占めるまで発展すればそれでよく、必ずしも五〇％でなければならないというのではない、と彼に告げた。〔鄧〕子恢同志は当時まだ五〇％という考えを堅持していたが、毛沢東同志は反対で、食糧の強制買付はすでに限界に達しており、強制買付の任務は九〇〇億斤で、一斤でも多くては駄目で、合作化の速度も緩慢にしなければならない、と考えていることを表明した」〈378〉。

「五月変化」

毛の転換がわかるのは、五月五日夜、浙江省の合作社を縮小した鄧子恢を厳しく批判してからである。後に「五月変化」と呼ばれたこの逆転が、なぜ起こったのか？　薄一波は、農村の情勢に対する毛沢東の評価が変わったからだと考えている。彼によれば、五五年春には農村は非常に厳しい状況にあった。南部の冷害・旱魃などの自然災害もあったが、事態をさらに切迫させたのは、食糧の統一買付（後述）の量が多かったことと乱暴な集団化だった。これが農民に生産意欲を失わせ、騒動を起こし家畜を屠殺させた。この状況は鄧子恢や農村工作部から毛沢東にも報告され、毛は「生産関係は生産力の発展に適応せねばならず、そうしなければ生産力が暴動を起こすだろうから、最近農民が豚や牛を屠殺するのは、生産力が暴動を起こしているのだ」、と語ったという。こうした認識から、三月には毛が鄧子恢にブレーキをかけたのである。

しかし、四〜五月に毛は地方に視察に行った結果、認識が大きく転換した。「次のように認識したのだ。「農民が生産に消極的だと言うのは、ただの小部分でしかない。私は道中、麦が人の半分の高さまで育っているのを見たが、生産は消極的だろうか?」「食糧不足なるものは、大部分が偽りで、地主・富農および富裕中農が叫んでいる」のであり、「ブルジョアジーが食糧問題を口実にして我々に攻撃をかけているのであ」って、農村工作部が一部の合作社はうまくやっていないと報告しているのは、「デマを飛ばしている」のだ、と」。

薄はこのように記し、さらに次のように続ける。

「ここで私はある問題、つまり道中で毛主席に報告した資料は、疑いなく大多数は真実だったろうが、中にはおそらくそれほど真実ではないもの、あるいは報告者の何がしかの主観的な要素を含むもの、あるいはいくつかは偏ったもので全体を総括したものがあったのではないか、あるいは大げさなものさえあったのではないか、という問題に思い至る」〈383-386〉。

「五月変化」の重要な背景には、下からの虚偽報告があった。さらにその背景を追究すれば、日中戦争以来の「大衆運動」の積重ねと組織化が、「お上」に逆らえなくなった圧倒的な民衆とともに、淘汰が繰返された結果、地域の実態よりも上の意向に敏感で業績主義に走る各層の党幹部、という政治構造を生み出していた。毛沢東らはこうした政治構造に基づく人びとの動きを、大衆や幹部の積極性の現れだと見誤り続けたのである。

食糧問題——統一買付・統一販売

ただ、薄一波の次の証言にも注意せねばならない。「この時の〔鄧子恢に対する〕誤った批判の原因に話が及ぶ際には、食糧問題が我々に圧力をかけていたという、もう一つの事実を軽視してはならない」。「毛主席の『農業合作化問題について』という報告は、中央の政治局と拡大七期六中全会の一致した支持を得た。皆がなぜ支持できたのか？……毛主席の農村の階級分析に関する見方が皆を説得した以外に、皆が合作化の過程を加速してわが国の食糧・綿花などの供給の問題を解決したいと願っていたからだ」〈374-376〉と。社会主義の理念ではなく、食糧問題こそが農業の集団化、ひいては社会主義改造全体を加速させたのである。さらに言えば、この時期の食糧問題は土地改革と第一次五ヵ年計画がもたらしたものだった。

薄一波は、「食糧の生産と需要の厳しい矛盾が大規模な農業の合作化の展開を促進した動因の一つだと言うのならば、一九五三年に実施した食糧の統一買付・統一販売は、当時の食糧の需要と供給の矛盾が発展した産物なのだ」、と記す。奇妙なのは、五二年が空前の大豊作だったのに翌五三年に食糧の需給が逼迫し、その結果、現物の農業税以外に、民間の食糧交易を禁止して国家が農民から強制的に食糧を買上げて一手販売するという、統一買付・統一販売という政策が実施されたことである。その主な原因として薄は、経済の回復と大規模な建設の開始による都市人口の急増と、土地改革による生活改善で農民自身の食糧消費が増加したことを挙げている〈263-265〉。しかし少なくとも、薄が「当時は食糧を輸入できなかっただけでなく、一部の食糧を絞り出して輸出して、建設資材に換えなければならなかった」、と記している点も見逃せない。中国は近代以降ずっと食糧の輸入国だった。ところが、五ヵ年計画が開始された一九五三年以後大躍進の失敗で数千万人ともいわれる餓死者を出した後の六一年まで、毎年一〇〇万～五〇〇万トンの食糧を輸出し、翌六二年からは一転して数百万トンの輸入に転じている（松村 2005）。輸出の時期がソ連などからの有償援助の返済時期と一致することや、大躍進期の文字通りの飢餓輸出から見ても、この食糧輸出の多くが第一次五ヵ年計画に関わる援助の見返りだったことは明らかであろう。これも食糧を逼迫させ、統一買付・統一販売を導いた、重要な要因であった（奥村 2008）。

この政策を主導した陳雲は、「私は今一担（＝五〇キログラム）の「爆薬」を担いでおり、前は「黒色火薬」、後は「黄色火薬」だ。もし食糧を入手できなければ、市場全体が変動するだろうし、買上げという方法を採用すれば、農民はまた反対するだろう。二つのうち一つを選ばねばならないが、どちらも危険な奴だ」〈273-274〉* と語った上で、「危険性はやや少ない」統一買付・統一販売を選んだのである。陳雲が同様な食糧強制買上政策の事例として、日中戦争期の「満州国」の「出荷」と国民政府の「田賦徴実・徴購徴借」を挙げたのは〈271〉*、戦時の食糧政策として示唆的であろう。そして、この政策を有効に機能させるために、農業の集団化が強行された。薄一波は、「こうして合作化の後には、国家はもはや農家と食糧を直接やりとりすることはなくなった。国家が農村で統一買付・統一販売を行なう口座〔戸頭〕は、もとの一億数千万の農家から数十万の合作社に簡素化された。このことは、食糧の買付速度の加速化、買付と販売の手段の簡素化、契約による予約買付の推進の、いずれをも便利にした」〈285〉、と記している。

＊ 薄は『陳雲文選』第二巻からの引用としているが、刊行された同書の当該部分にはこのような表現はない。

社会主義改造の完成と指導部の認識

ともあれ、困難だと思われた農業の集団化は、またしてもきわめて短期間に実現し、それが商工業・

手工業の集団化も牽引した。商工業では、一五年かけて国営部門の一層の発展を基礎に民間企業の公私合営化（国家資本主義の高級形態）を進めるはずだったが、実際には、農業の合作化に引きずられて五五年秋以後一挙に達成される。資金を握る金融部門はすでに朝鮮戦争中に事実上国公営化が完了しており、商工業の主要な企業の経営権は、「三反五反」運動によって労働組合を通して党が掌握していた。さらに五三年秋からの主要商品の統一買付・統一販売によって、民間商業の活動の余地が大きく狭まるとともに、主要工業の原料供給と生産物販売の両端を国家が押さえることになった。もはや、掛け声一つで全面的改造ができる状況になっていたのである（薄 1997:「一七　資本主義工商業全行業公私合営」）。手工業もまた農業の合作化と商工業の国公営化に引きずられ、五五年冬から合作化が一気に進められるとともに、多くが地方国営工場に再編された（同:「一八　加快手工業改造的得失」）。

こうして見れば、急激な社会主義改造が実現した背景もまた、結局は薄一波があげた先の要因に帰せられる。社会主義観を変えるだけで移行開始を可能にする条件は、そのまま即時実現をも可能にする条件でもあったのである。

このように、過去の運動の積重ねによって抵抗の手段を失い幹部に従わざるをえない基層の民衆と、繰返される組織再編によって上の意向にのみ敏感にならざるをえない各層幹部の下で、社会主義改造が「必然」になった。日中戦争以来の総力戦と冷戦が、社会主義体制を作り出したのである。しかし、毛沢東ら指導部はそれを人民の積極性と党支持によるものだと誤認し、自らの路線に強い自信を持つようになった。そして毛沢東は、そうした「人民の積極性」に冷水を浴びせることを恐れるようになる。

第二章

「戒めの鑑」としてのソ連と独自の社会主義建設

第1節　スターリン批判と『十大関係論』

高崗・饒漱石事件

中国の社会主義体制化は、基本的にスターリンが指導したソ連の経験を踏襲したのだが、皮肉にも、それはちょうど一九五三年三月のスターリン没後の、ソ連の政局の転変と同時進行だった。薄一波は次のように記している。

「スターリンが死去した後は、ベリヤが告発され、一連の重要な冤罪・でっちあげ事件で名誉の回復がなされ、農業に対するしめつけ、重工業を中心とする方針をめぐって発生した論争、ユーゴスラビアに対する態度の転変、スターリンが探しだした後継者が速やかに交替させられたことなどを含む、ソ連で起きた事柄が、わが党中央にスターリンとソ連の経験に存在する若干の問題をすでに続々と気づかせていた。私の記憶では、毛主席は一九五五年末に「ソ連を戒めとする」という問題を提起した」〈488〉。

一九五四年二月、「党の団結を強化することに関する決議」が出された。「帝国主義者と反革命分子が我々を破壊する最も重要な方法の一つは、まずわが党の団結を破壊し、同時にわが党内に彼らの代理人を探すことだ。わが党内に張国燾を生み、ソ連の党内にベリヤを生んだという、このような歴史的教訓は、敵が必ずわが党内に彼らの代理人を探そうとするだけでなく、かつて探し出し、今後もまたしっかりしない、忠実でない、さらには他に企みがある分子を、彼らの代理人として探し出すかもしれず、これは我々が必ず厳重に警戒しなければならないことだということを、はっきり示している」(『建国以来重要文献選編』第五冊 :127)。

一月余り後の党全国代表会議で高崗・饒漱石の二人が処分され、失脚した。高崗・饒漱石事件である。当時中国の地方統治は、内戦後の軍政に起因して党(中央局)・政(大行政区)・軍(軍区)が一体化した、東北・華北・華東・中南・西北・西南の六つの地域ブロックに分けられていた。高崗は党の東北局書記、饒漱石は華東局書記であり、両者ともに中央政治局委員で、高崗が国家計画委員会主席になるなど、中央の要職も兼ねていた。この事件について磯部靖は、指導体制の変革や経済建設の新方針での対立を背景に、二人が党内序列で彼らの上にいて毛沢東の不満を買っていた劉少奇や周恩来らを追い落とそうとした権力闘争であり、毛沢東は党の分裂や「軍閥化」を危惧して二人を処分したのだ、としている(磯部 1997)。

ただ後の展開から見ると、磯部が註で「一九四九年七月に訪ソした際、高崗はスターリンに対し、東北三省をソ連の一七番目の共和国にすることや、ソ連海軍が山東半島に駐留することを提案した。そのほかにも高崗はスターリンに取り入るため、中共内部の秘密情報を電報で送ったが、それらは毛沢東に送り返され、高崗の一連の行動が暴露された」、と記していることを重視する必要がある。高崗のこれらの行動は、ソ連への配慮であろうが、彼の自殺をソ連に通報した文（『建国以来毛沢東文稿』第四冊：537-38）も、翌年三月に公表された「高崗・饒漱石の反党活動に関する決議」（『新中国資料集成』第四巻）も触れていない。しかし、高崗がスターリンの歓心を買おうとしたことについて、毛沢東が神経を尖らせたことは疑いないであろう。後に中国がソ連と対立すると、高崗がソ連の「代理人」だったことが事件の背景にある、と非難されるようになる。そしてこの時に、国防部部長の彭徳懐が、毛沢東が高らを支持していると考えて高らの提案に同意したとされることも（磯部 1997）、毛の内心に彭への重大な疑惑を生んでいた。これが後の大きな火種となる。

五つの問題点

さて、社会主義改造が急激に進んだ一九五五年一二月、劉少奇は八全大会報告の起草のために、各部・委員会に総括報告を命じた。調査旅行から帰った毛沢東はこの聴取り調査の話に非常な興味を示して、薄一波にとりまとめを命じた。こうして二月一四日から、三四の部・委員会の毛沢東らに対する報告が開始された。奇しくもこの日は、ソ連共産党第二〇回大会が開幕した日であり、その閉幕の前日の二四日に、有名な「スターリン批判」がなされたのである。その結果、部・委員会の報告で問題とされた点が、ただちにスターリン批判の内容と結びつけられることになった。

薄は部・委員会の報告で提出された主要な問題点を、五つ挙げている。「第一は産業構造に関する問題であり、主要には農業・軽工業と重工業の割合の問題で」、重工業偏重の矛盾である。「第二は生産力の配置の問題であり、主要には沿海工業と内陸工業の関係の問題で」、内陸部偏重の矛盾である。これらはいずれも経済の論理以上に国防の観点を重視したことから生じた矛盾であり、第三はその「国防工業の建設の規模と速度の問題で」、「国防工業の建設規模が過大で、要求が速過ぎることが、工業建設全体を逼迫させること、これが三四の部・委員会の報告の中で提起された最も尖鋭な問題であった」。「第四は経済体制の問題であり、主要には国家・集団・個人の権利・責任・利益の分配の問題で」、企業や農業生産合作社の自主権のなさや、労働生産性の向上に比しての職員・労働者の実質賃金上昇の低さ、などが問題とされた。「第五は経済とその他の事業に対する国家の管理体制の問題であり、主要には中央と地方の関係の問題で」、過度の中央集権のために地方の積極性が発揮できないことである。毛沢東が後に、「十大関係の中では、工業と農業、沿海と内陸部、中央と地方、国家・集団と個人、国防建設と経済建設の、この五つが主要なものだ」と語ったように、これらの問題の提出が彼の『十大関係論』になっていくのである。

「戒めの鑑」としてのソ連

そして、「上に述べた五つの問題以外に、報告において提起されたその他の問題で比較的集中していたのは、今後ソ連に学ぶべきか否か、どのように学ぶのかという問題であった」〈499〉。明らかに、スターリン批判が大きな影響を及ぼしていた。

「三四の部・委員会の報告とソ連共産党第二〇回大会は、いずれもちょうど二月一四日に開始された。フルシチョフのスターリン問題に関する報告は、第二〇回大会の閉幕の前日、つまり二月二四日の深夜に行なわれた。当時、彼らは厳格に機密を保持し、会議後に初めて我々の代表団に通知した。その後、またミコヤンを派遣して専用機で報告文書を送ってきた。ソ連共産党二〇回大会でのスターリン批判のニュースを知り得た後、わが党中央は政治局拡大会議を招集して、専門的に討論をした以外に、〔三四の部・委員会の〕報告の中でスターリンとソ連の経験に関連することも多々出てきて、「ソ連を戒めの鑑とする」という思想が一層明確になった」〈489〉。

中国の急激な社会主義体制化が大きな問題を生んだことが明らかにされたまさにその時に、ソ連から伝えられたスターリン批判が、決定的に、問題の根源を社会主義体制化それ自体にではなく、ソ連の誤りと結びつけて捉えることに導いたのである。なぜなら、急激な社会主義体制化自体については、先述のように、毛沢東らは「人民大衆の強い支持と積極性によってスムーズに進んだのだ」と解釈していたからである。薄一波は、「早くも一九五六年に三四の部・委員会の報告を聴取した時、毛主席は何度も中国経済の発展速度がソ連を超えられる理由は、主に「我々には大衆工作の伝統があり、大衆路線がある」からだ、と語っていた」、と証言している〈747〉。ソ連はここから中国にとって尊敬すべき先輩という地位を次第に失い、プラス・マイナス双方の鑑というよりは、むしろ矛盾が顕在化した際の反面教師の役を負わされることになっていく。中国はここから、「ソ連を戒めとして、わが国がすでに持つ経験を総括」し、「国情に合った社会主義」に突き進んでいくのである。

楽観的な国際情勢認識

ただし、毛沢東らがソ連を「戒めの鑑」に転落させたのは、アメリカの脅威に対する楽観的な見方とも関連していた。三四の部・委員会の報告が終わった後の政治局会議の討論は、報告から導かれること以外に、「中心は国際情勢の分析であり、戦争勃発の可能性を見積もる問題であった」。薄一波は次のように証言している。

「〔インドシナの停戦が実現した五四年四～七月のジュネーヴ会議と、「平和十原則」が提起された五五年四月のバンドン会議の〕両会議が成功したので、世界の平和と協力を求める勢力の影響が徐々に強くなり、帝国主義に軽々しく武力を用いさせなくした。一九五五年末から一九五六年初め、わが党中央は次第に国際情勢が緩和に向かっていると感じるようになった。政治局会議は、新たな対中侵略戦争あるいは世界大戦は短期間内には起こらず、おそらく一〇年ないしそれ以上の平和な時期が出現するだろうと考えた。周総理が一九五六年一一月一〇日に八期二中全会の報告で伝えたところによると、このような分析に基づいて、毛沢東同志は政治局会議で、現在は国防工業のペースを落とし、重点的に冶金工業・機械工業と化学工業を強化し、基礎を固め、他方で原子爆弾・ミサイル・リモートコントローラー・長距離飛行機を手に入れて、他はちょっとやるだけでいい、と提起した」〈501-502〉。

この楽観的な情勢分析には、薄があげた二つの国際会議以外に、一九五五年八月から米中の大使級会談がジュネーヴで開かれるようになったことも（山際 1997:284-87）、大きく影響したであろう。毛沢東も、「現在全世界でどこでも軍事費を減らして平和な経済を発展させる問題を議論しており、イギリス・フランスが最も多く、アメリカも時にはしぶしぶ少し議論をしている。現在は平和な時期であり、軍事行政の費用の割合が大きすぎるのはよくない」と語っている〈503-504〉。こうした情勢認識に基づいて、「政治局会議は、国防工業の発展のペースを緩やかにして、各類の経済の割合をかなり良く按配することを決定した。これが十大関係の配置であり、特にはじめの五大経済関係の重要な一環である」〈502〉。

『十大関係論』と双百運動の提唱

こうして①重工業と軽工業・農業、②沿海工業と内陸工業、③経済建設と国防建設、④国家・生産単位・個人、⑤中央と地方、⑥漢族と少数民族、⑦党と党外、⑧革命と反革命、⑨是と非、⑩中国と外国という十大関係について、毛沢東が二回の講話を行ない、その後二度の整理を経て『毛沢東選集』第五巻に収録された。薄一波は特に一回目の講話でスターリン批判が多かったことと、「ソ連を戒めとすることと国際情勢に関する問題について話した内容について、いくつか」未発表の資料を補足している。

毛沢東らが国際情勢についてかなり楽観的だったことは、学術・文化面の思想解放である「百花斉放・百家争鳴」（双百）を提起したことにも現れている。遺伝学のルイセンコ学説やミチューリン農法など、何事にも絶対的だったスターリンやソ連の権威が失われた時、新たな思想・理論が模索されねばならず、それは「国際的休戦期間」だと考えられた今こそ本格的に開始されねばならなかった。*

「一九五六年四月二八日の『十大関係論』を討論する政治局拡大会議において」、毛沢東は「「百花斉放・百家争鳴」を、我々の方針にすべきだと思う。芸術問題における百花斉放、学術問題における百家争鳴だ。学術を語るなら、こんな学術でもよいし、あんな学術でもよく、ある学術で他の学術を圧倒してはいけない」、と提起した〈509〉。こうして五月二六日、中央宣伝部部長の陸定一が科学者や文芸家を招き、双百運動を呼びかけたのである。

＊　拙著（奥村 1999）の一四七頁では、双百運動がポーランド・ハンガリーの事件を受けて提起されたと記しているが、最初に提起されたのはそれ以前であり、誤った記述である。

第2節　大躍進への道

多く早く立派に無駄なく

一九五六年九月に開催された八全大会にも、こうした毛沢東らの自信と余裕が現れている。八全大会は従来、周恩来ら実務官僚が中心になって猛進を抑え、相対的に穏健な経済建設を提起したと、比較的高い評価がなされている。しかし、八全大会の決定がなされた国内外の背景と、毛沢東が決定に対してどう考えどう関わっていたのかについては、必ずしも明確ではなく、その結果、後の事態からの類推による、単純な毛沢東ら猛進派と周恩来ら反猛進派の対立として描く傾向が見られる。

薄一波は「猛進傾向」の発生を、一九五五年一二月五日の座談会で、劉少奇が「右傾保守思想を批判し過渡期の総任務の繰上げ達成を勝ち取ることに関する」毛沢東の指示を伝達したことから記述している。この時毛沢東は、「我々は当面の国際的休戦の期間を利用し、この国際的に平和な時期を利用し、さらに我々の努力を加えて、我々の発展を加速して、社会主義工業化と社会主義改造を繰上げ達成しなければならない」、「中心思想は、右傾思想に反対を唱え、保守主義に反対しなければならないというものだ」、と提起したという。薄は、「社会主義改造の高揚が形成されたことが、農業、工業、交通運輸業、商業、科学・文教、衛生事業の発展に対して、すでに強大な圧力になっていた。今これらの領域の「右傾保守」思想をまた批判したので、圧力は当然一層大きくなったのだ」、と記している〈539-41〉。

しかし、これは必ずしも毛沢東個人に帰することはできず、周恩来らもまたこうした考えから自由だったわけではない。後の大躍進のスローガンになった「多く早く立派に無駄なく」〔多快好省〕について、薄一波は次のように証言している。

「私の理解では、「多快好省」が提起された過程は、次のとおり。〔劉少奇が毛沢東の指示を伝達した〕一九五五年一二月五日の前に、周総理と私が「多」・「快」・「省」の三字を提起し、毛主席は全面的に同意し、そこでくっ付けて「早くなければならず、立派でなければならず、多くなければならない」〔「要快、要好、要多」〕と提起した。李富春同志が後に「省」という一字を補充した。すぐ後で、中華全国総工会が出した文献の中に、「早く、多く、立派に、無駄なく」〔「快、多、好、省」〕という言い方が現われた。『人民日報』の〔五六年元日の「五ヵ年計画を全面的に繰上げ達成し超過達成するために奮闘しよう」という〕社説は、文字の調整をした後、また「多・快・好・省」の順で発表したのだ。この社説は、表題から内容まですべて、情勢がそう迫っているのだという気炎に満ちていた」〈544〉。

大躍進のスローガンは、周恩来ら経済の実務官僚が提起していたのである。また、次の証言もある。

「周総理も一九五五年第四・四半期には、他の指導者同様、起こったばかりの生産建設の高揚に喜び勇んだ。一二月五日の座談会において、〔劉〕少奇同志が各方面で「右傾保守」を批判することに関する毛主席の指示の意義を伝達し終わった後、彼は、各方面の工作すべてで現実に遅れていることを認識することに関する毛主席の批判を擁護する、と表明している。彼は新たに作った対句を読むことで、毛主席の批判を体得していることを表現した。対句の上の句は、客観的可能性は主観的認識を超える、であり、下の句は、主観的努力は客観的必要に遅れる、だった。彼はまた、「新大陸はつとに存在していたが、我々が発見したのは非常に遅かった」と語っている。一二月二一日に招集した国務院の全体会議において、彼は『農業一七条』を「推進力」だとみなし、各部に一九六七年に一兆斤の食糧生産という精神に基づいて、もとの立案計画の目標を修正するよう求めた」〈549〉。

この時に周恩来が「推進力」だとみなした『農業一七条』とは、国家計画委員会の将来計画構想に不満だった毛沢東が一一月中旬に導き出したもので、「一九六七年になると、食糧の畝当り年平均生産量は、黄河・秦嶺・白龍江・黄河（青海省内）以北の地域は、一九五五年の一五〇斤余から四〇〇斤に増産すること。黄河以南・淮河以北の地域は、二〇八斤から五〇〇斤に増産すること。淮河・秦嶺・白龍江以南の地域は、四〇〇斤から八〇〇斤に増産すること。綿花の畝当り生産量は、それぞれ六〇斤・八〇斤・一〇〇斤に到達すること」等が掲げられていた〈541–42〉。周恩来らも「他の指導者同様、起こったばかりの生産建設の高揚に喜び勇んだ」のである。

ソ連認識の変化にともなう自己認識の変化も、さらに猛進に拍車をかけた。先述の三四の部・委員会の報告では、毛沢東はしばしば口を挟み、「我々の工業の発展速度はソ連の当初いくつかの五ヵ年計画に束縛されてはならず、我々の速度はソ連の当初いくつかの五ヵ年を超えられる」と語った。この時に、有名な「一窮二白」論（中国は一に貧乏、二にまっさらで、なんの重荷も負っていないからこそ発展が速いのだ、という議論〕を提起している〈546〉。

猛進反対

しかし、一九五六年初めの「各部の専門会議は、一五年の将来構想と『農業四〇条』〔『農業一七条』が拡大したもの〕が規定している一二年あるいは八年の任務を、五年、極端な場合三年で繰上げ達成するよう、次々に要求した」。ここにいたって初めて、「このようにしては駄目だと彼〔周恩来〕に感じさせ、そこで経済工作を主管する何人かの副総理とともに、猛進防止から猛進反対へと進んだ」のである〈549〉。

こうして、第二次五ヵ年計画の最終年度である一九六二年の食糧・綿花・鋼の生産目標について、それぞれ六四〇〇億斤、七〇〇〇万担、一五〇〇万トンという数字が議論されるほどの猛進傾向に、周恩来ら実務官僚が抵抗し、結局、八全大会ではそれぞれ五〇〇〇億斤、四八〇〇万担、一〇五〇～一二〇〇万トンになった。薄一波によれば、これらの数字に対して、毛沢東は食糧と綿花については受け入れたが、鋼など工業の目標には一致できなかったものもあり、その場合は「上限と下限の融通が利く幅とした」という〈561–65〉。上限は毛が主張したようだが、押し通すことはなかった。

ハンガリー事件後の八期二中全会でも、周恩来らは一九五七年の計画に関する各省・市・自治区からの猛進の動きを抑えたが、毛沢東は前後して次のように語ったという。

「〔五七年は〕いくつかの方面では必ず一九五六年より適当に縮小しなければならない。国内の階級矛盾はすでに基本的に解決したが、一部の反革命分子の活動にはなお注意すべきだ」。

「今年の予算で不適切な使用だった二〇～三〇億元を含めて、第一次五ヵ年計画の八三〇項目にどんな根本的な誤りがあるのか、現在はまだわからない。前進というのは突然進むのではなく、波状的に前進するのだ。退いたり進んだりするが、主要にはやはり進むのだ。幹部と人民の積極性を守らねばならず、彼らの頭に冷水を浴びせてはならない」。

これらの発言から、薄一波は「今回の会議の反猛進に、毛主席が異なる意見を持っていたことを見取れる」と記しているが、「異なる意見」というほどではないし、「当時は批判を提起することはなく、また五七年には「重点を保証し適当に縮小する」という方針に同意していた」という〈578〉。毛が「この全会を反猛進の「集中的現われ」と見なした」のは後の時期であることに〈575〉、注意すべきであろう。八全大会や二中全会の決定に対し、毛沢東は「幹部と人民の積極性」を挫くことを危惧していたが、周恩来らとの違いを強調し過ぎるのも、後の過程に引きずられた議論ではなかろうか。

取り上げるべきもう一つは、国内の主要矛盾の問題である。八全大会は次のように規定した。「わが国のプロレタリアートとブルジョアジーの間の矛盾はすでに基本的に解決し」、「国内の主要矛盾はすでに、先進的な工業国家を建立するという人民の要求と遅れた農業国としての現実との間の矛盾であり、すでに経済・文化の急速な発展に対する人民の需要と当面の経済・文化が人民の需要を満足させられない状況との間の矛盾である」。「党と全国人民の当面の主要任務は、力を集中してこの矛盾を解決し、わが国をできるだけ早く遅れた農業国から先進的工業国に変えることである」、と。この規定についても、毛沢東と他の指導者の距離は、当時は大きくはなかった。一二月四日の黄炎培宛の手紙で、毛自身も「我々の国家内部の階級矛盾はすでに基本的に解決し」た、と記している（郭徳宏他 1997:「提出正確処理人民内部矛盾理論」:386)。

要するに、八全大会の時点では、「当面の国際的休戦の期間」という楽観的な国際情勢認識と社会主義改造の順調さから指導部は自信を持ち、それが改造に基づく急激な経済発展を志向させ、さらにはソ連を「戒めの鑑」とする中国独自の方法がそれを促進させると考えていた点では、それほどの差はなかった。猛進と反猛進は現実性の程度問題であって、八全大会の決定も後の現実からみれば猛進だったのである。

人民内部の矛盾

こうした毛沢東らの自信や楽観は、八全大会と同じ頃から起こった国内のいくつかの合作社脱退騒動や労働者・学生のストライキ事件〈589-90〉、さらには一〇月のハンガリー事件によっても、まださほど動揺はしなかった。急激な社会主義改造自体が問題なのだとは考えもしない毛沢東らは、これらを人民内部の矛盾が現れたものであり、敵・味方の矛盾とは明確に区別して、正しく処理さえすれば解決できる問題だと捉えた。ポーランドの場合は党がポズナム事件後には正しく処理したから収拾したのに対して、ハンガリーの場合は二つの矛盾を正しく区別して処理できなかったために動乱を引き起こしたのだ、と捉えたのである。一九五六年一一月、ハンガリー事件直後の共産党八期二中全会で、毛沢東は「来年全党で新たな整風運動を展開しなければならない、と明確に宣言した」〈626〉。党自体を大衆から遊離しないよう整頓すれば、人民内部の矛盾を正しく処理できる、と考えたからである。

こうした考えが一九五七年二月の毛沢東の「人民内部の矛盾をどう処理するか」という講話になり、

その後一四回もの修正を経て、最終的には六月に公表される『人民内部の矛盾を正しく処理する問題について』になっていく。しかし、その最終的な修正結果は、講話では分量が多かったスターリンとソ連に対する批判が一句もなくなるとともに、①社会主義期の階級闘争の状況に関する分析、②「社会主義だけが中国を救える」という論断、③香ばしい花と毒草〈社会主義と共産党にとって良いものと悪いもの〉を区分する六ヵ条の規準、が増やされることになった〈610-15〉。公表の一一日前に開始された反右派闘争が、そうした修正に大きく作用したのである。

反右派闘争

先述したように、『十大関係論』に関する議論とともに双百運動が呼び掛けられたが、党内には消極的な者がいた。知識人たちもまた過去に「武訓伝」批判、『紅楼夢』批判、胡風批判などのイデオロギー闘争を経験して、慎重にならざるをえなかった。しかし、繰返しなされる党の呼びかけによって、一九五七年春には次第に重い口を開き始めていた。

他方、八期二中全会で提起された党の整風は、本来、党内の批判と自己批判の運動だった。しかし、四月三〇日、毛沢東らは所謂民主党派を含む党外人士を招き、「彼らが共産党の整風を支援することを熱烈に歓迎すると表明した」。また五月四日には、毛沢東は「ここ二ヵ月来、各種の党外人士が参加した会議や新聞・刊行物において展開されている、人民内部の矛盾に関する分析ならびに党と政府が犯した誤りや欠点に対する批判は、党と人民政府が誤りを正し威信を高めるのに極めて有益であり、引き続き展開し、批判を掘り下げるべきで、停滞あるいは中断すべきではない」、と指示した〈629-30〉。これらを契機に共産党批判が噴出するのだが、党外人士に対して党批判を要請したのは、むしろこの段階での毛沢東らの自信を示すものだったのである。

しかし、現実には社会主義体制化による矛盾は大きく、個々の問題を突き詰めると結局、根源は党による政治・経済・社会の一元的掌握ということになる。こうして「党の天下」（儲安平）や「マルクス・レーニン主義の小知識人が小ブルジョアジーの大知識人を指導している」（羅隆基）ことが批判され、党以外の政治勢力も含む政治協商会議などを政治分野の設計院にするという提言（章伯鈞）も現れた。この状況は、「整風を開始することを決定した時には、予想もしていないことだった」〈634〉。

これに驚愕した毛沢東は、党批判を要請した僅か二週間後の五月一五日、事態を「右派の進攻」だとする「事はまさに変化しつつある」という文を高級幹部に配った。その中で、「現在右派の進攻はまだ頂点に達しておらず、彼らは機嫌良く有頂天で」、「我々はまだ彼らを一定期間血迷わせなければならず、彼らを頂点に到達させなければならない。彼らが血迷えば血迷うほど、我々にとってますます有益になる」、と書いている。こうして六月八日に反右派闘争が発動される。「漏れ落しを恐れ」て「「深く掘り下げる」ことを強調し」、「機械的にパーセンテージを決め、割合が十分でなければ無理やり掻き集め」られた結果、当初毛沢東が北京で約四〇〇人、全国で約四〇〇〇人と見込んだ「右派」は〈642〉、党が公表した数字でさえ知識人を中心に五五万人余りとされ、自殺に追い込まれたり職を奪われたりし、後の政治闘争でも吊るしあげられた。

主要矛盾と敵・味方の矛盾

反右派闘争は毛沢東らの自信をやや弱め、国内状況に対する意識を変え、ひいては国際的な警戒心も若干強める契機になった。この点は、八全大会の決定が次第に修正されていったことに現れている。八全大会では先述のように、「わが国のプロレタリアートとブルジョアジーの間の矛盾はすでに基本的に解決し」た、としていた。これに対して、反右派闘争後の一九五七年九〜一〇月に開かれた党の八期三中全会で毛沢東は、「去年所有制は変えてしまったが、人は決して変えておらず、改造していない。労働者階級とブルジョアジーの矛盾、社会主義と資本主義の矛盾が過渡期全体の主要矛盾だ」と語り、多くの参加者を驚かせた〈647〉。

ただし薄一波が、「けっしてまだプロレタリアートとブルジョアジーの矛盾を敵・味方の矛盾だと見なしてはおらず、ただブルジョア右派との矛盾は敵・味方の矛盾だと考えていただけだ」と強調していることには、注意する必要がある。事実、毛沢東は「ブルジョアジーは人民内部の矛盾だが、闘争において彼ら（右派）が区切った一部を、敵・味方の矛盾とした」、と語り、また次のように説明している〈649-50〉。

「基本的に解決したというのは、決して完全に解決したというのではなく、所有制は解決したが、政治・思想上はまだ解決していない。ブルジョアジーやブルジョア的知識人・富裕中農の一部の人が承服していないことを、八全大会でははっきりわかっておらず、だから当時階級闘争について十分に強調できなかったのは、彼らが従順さを示していたからだ。今彼らはまた謀反を起こしたので、また強調せねばならず、……」。

大躍進へ

要するにこの時期の毛沢東は、ブルジョアジーとプロレタリアートの矛盾は政治・思想上はまだ解決しておらず、主要矛盾ではあるが、一部（右派）を除けば敵・味方の矛盾ではないと考える一方で、「先進的社会制度と遅れた社会的生産力の間の矛盾」も重視していた。国内の一部勢力とその背後にいると考える帝国主義に対する警戒は若干強まったが、他方で第一次五ヵ年計画も繰上げ・超過達成されており、社会主義改造に対する自信もむしろ強まっていたのである。そして、次第に「戒めの鑑」になり下がりつつあったソ連が、アメリカに先駆けて、八月に大陸間弾道弾（ＩＣＢＭ）の発射、一〇月に人工衛星の打ち上げに成功したことが、さらに自信を強めさせた。独自のやり方をすれば、中国はそれ以上に発展できると。

こうした考えの下で、一一月のモスクワの共産党・労働者党代表会議で、フルシチョフがソ連は一五年でアメリカを追い越すと言ったのを受けて、毛沢東も一五年でイギリスに追いつき追い越すとぶちあげた。すでに農村では、集団化を大前提とした人海戦術の冬季田畑水利建設運動に、何千万もの農民が動員されていた。こうして、猛進は止められなくなり、「大躍進」に突き進んでいく。そもそも主要矛盾を「先進的社会制度と遅れた社会的生産力の間」に求めた八全大会の提起自体が、きっかけさえあれば容易に猛進に向かいうるものだったのである。

第三章　廬山会議と認識の転換

第1節　大躍進と廬山会議

大躍進

一九五八年五月、実質的な党大会のやり直しである八全大会第二回会議が開催され、「大いに意気込み、高い目標を目指し、多く早く立派に無駄なく社会主義を建設する」という、総路線〔基本政策方針〕が提起された。これに基づいて「大躍進」政策が発動され、より一層の動員による人海戦術を支えるために、平均五千余戸からなり行政権力と農業合作社が合体した人民公社が組織され、私生活が奪われて食事さえも公的にされていく（公共食堂）。各地は競い合って次々に「衛星の打上げ」とか「元帥」と呼ばれた、異常に高い生産の数字（たとえば水稲の最高は畝当り一三万斤余〈710〉）を発表し、これに引きずられて目標はさらに引上げられ、鋼生産では六月には僅か「二年でイギリスを追越す」ことも提起された〈724〉。共産主義の実現さえも語られた。

これがいかに現実と乖離していたかは、今さら語るまでもないが、ここでは毛沢東が「大躍進」を発動した際の認識を示す、薄一波の次の証言に注目しよう。

「一九五七年一一月のモスクワ会議の後、毛主席は何度も講話をして繰返し次のように明らかにした。我々のこの国は、法螺を吹くようになってきて、たいしたものだ。土地は広く物は豊かで、人口は多く、歴史は悠久で、炎帝・黄帝の子孫だ等々と。しかし残念ながら鋼はベルギーに及ばず、食糧の畝当り生産量はとても低く、字を知っている人はかくもちょっぴりでしかない。このために、過去に帝国主義が我々を侮り、今もアメリカのダレスなど世界の何人かは、我々が眼中にないのだ、と。毛主席が「大躍進」を発動した理由は、つまりはできるだけ早い期間に、国家を富裕にし、強大にして、当面のこうした受動的で世界で権利がない状況を脱しようとするものだったのだ」〈742-43〉。

「たいしたものだ」という自信とともに、「帝国主義」に対する危機感が弱かったことが窺える。読者には、ここでの「我々が眼中にないのだ」という、ダレス（アイゼンハワー政権の国務長官）に対する言及の仕方を覚えておいて欲しい。

廬山会議

「大躍進」運動は九〜一〇月に頂点に達するが、それは当然、現実との矛盾が隠しようもなく露わになって行く過程でもあった。以後毛沢東も次第に冷静さを取り戻し、一一月の鄭州会議以後、より現実的な建設への軌道修正を指導していった（薄 1997:「一九　鄭州会議開始糾「左」」）。翌一九五九年二〜三月の第二次鄭州会議以後、人民公社のあり方が検討され、四月初めの中央政治局上海拡大会議の

「人民公社の一八の問題について」という会議紀要では、「生産隊を基本計算単位とし、生産隊の下の生産小隊が生産請負単位だ。このレベルの組織の積極性や責任感を強めるために、生産請負単位としての生産小隊も部分的な所有制と一定の管理の権限を持つべきだ」、と規定された。薄一波は「人民公社の基本所有制は、実質的には元の高級合作社あるいは一部の初級合作社の規模に戻され、問題も比較的うまく解決されたのだ」、と評価している〈854〉。鉄鋼の生産目標を引下げることも、具体的な検討が進められていった。

こうして、一九五九年七月から開催された廬山会議は、本来は、より現実的な建設に軌道修正することを目指したものだった。しかし終了直前に彭徳懐が毛沢東に私信を送り、「『大躍進』と人民公社化運動の経験・教訓をまじめに総括するよう求め」、毛はそれに「彭徳懐同志の意見書」という題を付けて参会者に配布した。これを契機にムードは一変して「左傾」から「右傾」へという批判対象の転換の中で、「大躍進」へのブレーキが再び急激なアクセルへ切替えられてしまうのである。彭徳懐・黄克誠・張聞天・周小舟らは、「軍事クラブ」という「反党集団」を結成したとして、失脚させられる。

この急転換については、薄一波も「相当長期間、私も困惑を感じた」〈894〉、と当惑を隠せない。毛沢東の反応は多くの人にとって意外だったのだが、薄の次の記述がこの転換の鍵を提供してくれる。「彭徳懐同志の手紙は毛主席の不満を引き起こした。彼は、手紙には別に何か新しいものなどなく、中に列挙された「大躍進」の様々な問題は、中央が八〜九ヵ月間何度も話してきたことを超えるものは別になく、過去の何回もの会議で「意見を出さず」、今「このようなやり方をする」のは、動機が不純だと思った」〈886〉。

つまり毛は私信の内容ではなく、彭徳懐がこの時期に提起したことに対して、「動機が不純」だと感じたというのである。この時期とはどんな時期なのか?

第2節　彭徳懐失脚の背景

国防の独自化

これまでも指摘されているように（宇野他 1986）、問題の鍵は当時の中ソ関係、およびそれと彭徳懐との関連に求められるであろう。スターリン批判以後、中ソ関係は次第にぎくしゃくしていった。以下、周知の過程をここでも確認しておきたい。

スターリン批判以後鮮明になった中国独自の経済建設は、核兵器の自給を含めた独自の国防とも結びつく。『十大関係論』でも、「原子爆弾も持たなければならない。こんにちの世界で、他人の侮りをうけたくなければ、これをもたないわけにはいかないのだ」、と言っている（『毛沢東選集』:417）。しかし自力開発には多大の資金と時間がかかり、まだ関係は良好なソ連の援助に頼ろうとし、ソ連もこれを了承した。これが核兵器のサンプルをソ連が中国に供与することを約束した、一九五七年一〇月の「国防新技術協定」になる。しかし、毛沢東が「一五年でイギリスに追付き追越す」と気勢をあげた翌一一月のモスクワ会議では、革命の平和的移行の問題などで激しい論戦になり、「モスクワ宣言」は結局両論併記にとどまった。そして翌「五八年前半には米ソ間の部分的核実験停止協定に進展がみられ、中国への技術援助に早くも暗影がさし始めた」。こうした中で、大躍進に向かう社会主義建設の総路線が提起された八全大会第二回会議の直後、五〜七月に開かれた中央軍事委員会拡大会議で、「朝鮮戦争以後、彭徳懐を中心に推進されてきた軍の現代化は「教条主義的傾向」「ブルジョア主義的軍事路線」として批判され、毛沢東の軍事路線および延安の経験に回帰すべきことが強調された」(宇野他 1986:168–69)。毛沢東らは独自の国防に舵をきったのであり、この頃に金門島への砲撃も決定された。その直後の七月末にフルシチョフが中国を秘密訪問し、通信連絡用の長波転送基地の共同建設と連合艦隊の編成を提案したが、*ソ連が中国を従属させようとしていると見た毛沢東は拒否した。そして、フルシチョフに通知しないまま、八月二三日から金門島砲撃を決行して、台湾海峡に緊張をもたらした。**

＊　この件について、毛里和子は次のように分析している。
「五八年当時ソ連は、アジアにおいて中国との間に、ヨーロッパでのワルシャワ条約機構と同じような、ソ連を盟主とする共同防衛体制をつくりあげようとしていたと思われる。それを背景にした、対米平和共存、ひいてはパックス・ルッソ・アメリカーナこそ、フルシチョフ構想であり、彼の新しい国際戦略だったのである」(毛里 1987:106)。

＊＊　ただしこの行動は、これによってアメリカとの戦争になることはない、という判断を前提としていた。この時期、毛沢東は国際情勢を分析して次のように語っている。
「誰が誰をより多く恐れているか？　アメリカ人は戦争を恐れていると思う。我々も戦争を恐れている。問題は結局どちらがより恐れているかだ。……私の見方によれば、ダレスが我々を恐れている方が多く、英米独仏という西方国家の方が我々をより多く恐れているのだ」(『毛沢東文集』第七巻):「関於国際形勢問題（一九五八年九月五日、八日）」:407–08)。

このように、軍事面での中国の独自化の動きがソ連とのひび割れを拡大し、また一二月にフルシチョフが人民公社を批判したが、翌五九年二月にソ連が中国に五〇億旧ルーブル相当の経済援助を与える協定を締結しているように、中ソ関係はまだひび割れ程度に思われた。こうした中で、彭徳懐は廬山会議直前の六月にソ連・東欧を訪問し、フルシチョフとも面会している。そして彼が帰国して僅か一週間後の六月二〇日、ソ連は「国防新技術協定」を破棄し、原爆生産の技術提供を拒否したのである。*

＊　この件について、毛里和子は次のように分析している。「ソ連との軍事同盟再編の要求を拒み、他方でソ連の望まない対米緊張を強めている中国を、自己の新戦略構想に組み込むことはできないと判断したフルシチョフ指導部が、はっきり中国をその構想からはずしたことを示している」（毛里 1987:108）。

ソ連への疑念と高崗事件の蒸返し

薄一波は、次のように証言している。

「彭徳懐同志は廬山会議の前に、命令を受けてソ連と東ヨーロッパを訪問したのに、ゆえなく「国際から経典を取得した」と言われ、「外国と通じている」とさえ言われた」（廬山会議の後に引続き招集された軍事委員会拡大会議は、彭徳懐同志に無理矢理この罪名を加えた）〈908〉。*

明らかに、ここでの「外国」・「国際」はソ連や東欧を指している。これと同時に注目すべきは、会議で毛沢東が次のような文書を配布していたことである。

「右傾日和見主義分子は、中央委員会の中にもおり、つまりは軍事クラブのあの同志たちで、……この集団の主要な部分は、もともとは高崗陰謀反党集団の重要メンバーであり、……網を逃れた高崗集団の残党どもが、今また風波を引き起こさんと、矢も盾もたまらず、やみくもに攻撃してきたのだ」（『建国以来毛沢東文稿』第八冊：431。また［石川 2010］参照）。

また会議が通した「彭徳懐同志を頭とする反党集団の誤りに関する決議」では、「彭徳懐同志を頭とする反党集団の、廬山会議期間と廬山会議以前の活動は、目的があり、準備があり、組織がある活動だ。この活動は高・饒反党連盟事件の継承・発展だ」としている（『建国以来毛沢東文稿』第八冊：602）。彭徳懐は、高崗の事件への関与が蒸し返され、ソ連との関係が疑われたのである。

＊ なお、薄一波自身はなぜか国防新技術協定の破棄を五九年一月と記しており（一一七六～一一七七頁）、そのため か廬山会議と国際関係についての記述は、この引用文のみである。

それは当然ソ連に対する重大な疑念になり、疑念は九月九日にインドとの国境紛争に際してソ連が中立的立場を表明したことで増幅された。さらにその直後、フルシチョフが訪米してアイゼンハワーとキャンプ・デーヴィッド会談を行ない、平和共存政策を進めたことが、ソ連の変質を決定的に疑わせることになる。その直後訪中したフルシチョフとの間では、共同声明さえ発表されなかった。そしてこうしたソ連に対する疑念は、同時に、その変質の背後にはアメリカの策動があるという、強い疑念をも導くことになる。楽観的だった国際情勢観が根本的に転換していったのである。

第3節　対米認識の転換

ダレスの「平和的変質戦略」

薄一波は次のように記している。

「一九五三年一月、アメリカの国務長官のダレスは「平和的変質」(「和平演変」)の戦略を際立って強調した。彼は、社会主義国家の「奴隷のように使われる人民」を解放し、「自由な人民」にしなければならず、「解放は戦争以外の方法で達成でき」、「それは必ず平和的な方法でなければならないし、またそうなるだろう」、と提起した。彼はいくつかの社会主義国家の内部に出現した「自由化を求める力」に満足し、また社会主義国家の第三世代・第四世代の者に希望を託し、社会主義国家の指導者は「もし彼が子供を引続き持とうとするならば、彼らはまた子供の子供を持つし、彼の子孫は自由を獲得するだろう」、と言った。彼はまた、「中国の共産主義は致命的な危険で」、「消滅しなければならない現象だ」と攻撃し、アメリカと同盟国の責任は「あらゆる可能性を尽くしてこうした現象を消滅させ」ねばならず、「平和的な方法で全中国に自由を得させ」ねばならないことだ、と公言した」〈1174-75〉。

ただし事実関係では、「ダレス国務長官は「巻き返し政策」「解放政策」などつぎつぎに強硬なスローガンを口にしたが、実質的には、その中国政策は民主党政府の「封じ込め」政策にほかならなかった」(山際 1997:42)。「平和的変質」もそうしたスローガンの一つで、その中ではむしろ消極的なものであろう。毛沢東らも楽観的な国際情勢観の中で、とくに気にしてはいなかったようである。先述のように、毛は大躍進の前には、「ダレスなど世界の何人かは、我々が眼中にないのだ」、とさえ語っていた。

「平和的変質」への警戒

毛沢東がダレスの「平和的変質」論を重視したのは、廬山会議・中印国境紛争、キャンプ・デーヴィッド会談の後の一九五九年一一月である。国際情勢を議論する杭州での小型会議で、毛は秘書の林克に集めさせたダレスの関係する三篇の講話にコメントをつけて、参会者に配布した。以下、やや長いが、薄一波の証言を引用する〈1178〉。

「毛主席の談話に基づいて起草した三つのコメントは、ダレスの各篇の講話の急所をはっきりさせ、アメリカの「平和的変質」に警戒しなければならないことを指摘している。最初のコメントは、次のように指摘している。アメリカは実力政策を放棄するつもりがないだけでなく、実力政策の補充として、また浸透・転覆の所謂「平和的勝利戦略」を利用してアメリカ帝国主義が「容赦のない包囲に陥る」という前途から抜け出そうとし、それによって自己を保存（資本主義を保存）し漸次敵を消滅させる（社会主義を消滅させる）という野心に達しようと考えている。第二のコメントでは、ダレス証言の主旨を指摘した後に、次のように述べている。これはアメリカ帝国主義がソ連を腐食させたやり方で、密かに資本主義をソ連に復活させるよう謀り、アメリカ帝国主義が戦争という方法では到達できない侵略的目的を達成しようとしていることを表明している。第三のコメントは、「法律と正義」で武力に代替しなければならないが、「武力の使用を放棄することはけっして現状を維持することを意味せず、平和的な転変を意味する」というダレスの話を引用した後に、次のように指摘している。ダレスのこのくだりの話は、全世界の社会主義の力が日増しに強大になり、世界の帝国主義の力がますます孤立と困難の境遇に陥ったために、アメリカは当面はあえて軽率に世界大戦を引き起こそうとはしない、ということを表明している。だから、アメリカはさらに欺瞞性に富んだ策略を利用してその侵略と拡張の野心を推進する。アメリカは平和を希望していると標榜すると同時に、まさしく浸透・腐食・転覆の種々の陰謀的手段をますます利用して、帝国主義の衰勢を挽回し、その侵略的野心の目的を実現しつつある」。

修正主義になってしまったのか？

この年一二月付の、毛沢東の「国際情勢に関する講話要綱」というメモがある。そこではまず「敵の策略は何か？」と問い、「第一の手」は「平和の旗を掲げ、おおいに弾道弾を作り、大いに基地を作り、戦争という方法で社会主義を消滅させる準備をする」もので、第二の手は「平和の旗を掲げ、文化が往来し、人間が往来し、腐食・変質という方法で社会主義を消滅させる準備をする」ものだという。そして、「修正主義はすでに体系になってしまったのかどうか」と問い、「まだ変えられるかもしれない」、「長期間堅持しようとするかもしれない（たとえば一〇年以上）」、「短期間しか堅持できないかもしれない（たとえば一、二、三、四年）」という三つの可能性を示す。続いて中ソ関係について、「中ソの根本的利益が、この二大国が結局は団結せねばならないことを決定する。なにがしかの不団結は、ただ一時的な現象に過ぎず、依然九本の指と一本の指の関係だ（関係の九割がよく、悪いのは一割）」とする。その悪い一割の例の中に、「一九五三年、高崗・饒漱石・彭徳懐・黄克誠がモスクワの支持の下で、転覆活動を進めた」ことや、五九年「高崗・饒漱石の残党がまた友達（ソ連）の支持の下で転覆活動を進めた」ことを挙げている。またフルシチョフについては、「とても幼稚だ。彼はマルクス・レーニン主義がわかっておらず、帝国主義に騙されやすい」などと批判しながら、同じメモの中でチトーには用いた修正主義という語は、まだ彼には使っていない。そして、「世界のあらゆる事物で逆の方に向かって歩まないものはない。わが国も逆の方に向かって歩み、その後また逆の逆、つまり正面に向かって歩むだろう。不断の革命だ」、としている（『建国以来毛沢東文稿』第八冊 :599-602）。

つまり、廬山会議前後の中ソ関係が悪化する過程で、毛沢東は国際情勢に対する意識を大きく変化させ、アメリカの「平和的変質」策がソ連を腐食させて資本主義を復活させようとしている、と認識するようになったのである。さらに、「わが国も逆の方に向かって歩」むというように、それが国内への危機意識をも強めることになる。アメリカの策動でソ連が変質するということは、中国もまた厳重な警戒をしなければ変質するということであり、そこから内部の敵の勢力に対する評価が肥大化していくことになるのである。そして、六〇年代のベトナム戦争が、こうした意識ないし認識の構造的連関を強めさせ、フルシチョフやソ連を明確に修正主義として捉えさせるとともに、国内の階級闘争を厳しく見させ、ついには文化大革命につながっていく。

第四章　調整政策と社会主義教育運動

第1節　調整政策

廬山会議の後、中国は「大躍進」に再びアクセルを踏んだが、それは多数の餓死者を出す深刻な飢餓と破綻に瀕した経済以外の、何物をももたらさなかった。このため、「中央の指導者である同志の頭が次第に冷静になってきて、一連の会議で教訓を総括し始めた」〈1048〉。そこには、冷静の程度差はあれ、毛沢東も含まれていた。一九六一年五〜六月の中央工作会議で、毛沢東は次のように語ったという*。

「客観法則に背いたら、必ず罰を受けねばならず、我々はつまりは罰を受けたのであって、最近三年大きな罰を受けてしまい、土地が痩せ、人が痩せ、家畜が痩せてしまったが、「三つの痩せ」が罰でなかったら何なのだ?この社会主義は誰もやったことがなく、社会主義の具体的政策を先に習得した後に社会主義をやったことはなかった。我々は一一年やったので、今経験を総括せねばならない」〈1048〉。

＊『毛沢東文集』第八巻所収の「総結経験、教育幹部」がこの会議での講話であり、二七六頁に引用文の「この社会主義」以下と同様な文章があるが、前半の部分はない。

これより前の一九六〇年七～九月、翌年の国民経済計画の方針として「調整・強化・充実・向上」の「八字方針＊」が提起され、党中央の承認を経て実施に移される〈920-22〉。この調整政策の動きは、六二年一～二月の拡大中央工作会議（通称「七千人大会」）やその二週間後の中央政治局常務委員会拡大会議（通称「西楼会議」）などを経て、より具体化され本格化していく。この過程は、全面的ではないにせよ大躍進を総括し、それが引起した悲惨な現実を直視しようとするものでもあった（薄 1997：「三五「七千人大会」的召開」「三六 西楼会議和進一歩調整国民経済的措施」）。「七千人大会」では、毛沢東は講話の中で次のような自己批判をしている。

「およそ中央が犯した誤りは、直接的には私の責任であり、間接的にも相応の責任があるのは、私が中央の主席だからだ。私は他人に責任をなすりつけようとしているのではなく、他の何人かの同志にも責任はあるが、第一の責任は私が負うべきだ」（『建国以来毛沢東文稿』第一〇冊：「在拡大的中央工作会議上的講話」:24）。

＊「調整を中心とし、国民経済の各部門間の不均衡な比率関係を調整し、生産建設が取得した成果を強化し、新興産業や不足生産品の項目を充実させ、生産品の質と経済効率を向上させる」。

こうして劉少奇・鄧小平・陳雲らが主導し、薄一波が「非常時期の非常措置」という〈1091〉、経済の一定の自由化を認める調整政策が進められていく。基本建設投資を抑えつつ、農業・重工業・軽工業など各部門間のバランスと連携を図る。農村では人民公社の規模を郷程度に縮小し（平均約二〇〇〇戸）、集落レベルの生産隊を基本計算単位とし、耕地の五％に限って各農家の自留地として、自由な経営と生産物の自由市場での販売を許し、公社の土地も各農家や集団に自己責任で請け負わせる。都市でも企業の自主性を強め（工場長責任制）、経営の合理化を図る。そして食糧問題を緩和するために、多くの都市の青年を農村に移住させた（下放）。毛沢東は後にこの下放に言及して、「我々の人民はいいなあ！　数千万人が招いたらすぐ来て、手を振ればすぐ去る」と、感慨を込めて語ったという〈1094〉。毛は党に逆らえぬ「人民の動向」を、あくまで彼らの主体性と自分たちへの信頼で捉えていたのである。

第2節　八期一〇中全会

「暗黒風」批判

調整政策の実施やこの年から食糧を輸入できるようになったことなどによって、一九六二年下半期には経済は好転の兆しが見え始めた。この状況を背景に、八期一〇中全会に向けて、七月末から中央工作会議（北戴河会議）と準備会議が開かれた。これらの会議は、従来、劉少奇・鄧小平らの調整政策に対する、毛沢東の反撃の開始として捉えられている。確かに、「私はながいこと諸君から圧力を受けてきた。一九六〇年以来二年以上もだ。だから少しは諸君に反撃してもかまわないだろう」（東京大学近代中国史研究会 1975：下巻「北戴河会議における中央工作会議での講話」：43）という毛の発言からも、そうした面は否定できない。ただ、毛沢東は調整政策の全体を否定したのではないし、むしろ人民公社制度を見直し、規模を縮小して生産隊を基本計算単位にするなどの『農村六〇条』の制定は彼自身が主導しており（薄 1997:「三二『農村六〇条』的制定」）、工場長責任制を規定した『工業七〇条』も肯定していた〈1107〉ことにも、注意を払う必要があろう。薄一波も、「国民経済の調整の面ではなお引続き八字の方針が貫徹・執行され、経済工作が受けた衝撃は大きくはなく、国民経済の調整工作を一九六五年になって基本的に完成させた」〈1138–39〉としている。

この時に毛沢東が批判したのは、主要に「暗黒風」「単幹風」「翻案風」とされる風潮であり、ここに彼の意識が現れている。「暗黒風」は現状の困難さを強調する議論で、毛は「現在一部の同志は状況をまったくの暗黒で、光明はそれほどないと見なして、若干の同志の思想を混乱させ、前途を失わせ、自信をなくさせてしまった」、と批判したのである。この批判には、「七千人大会」の後の視察旅行で、「何人かの地方の責任者がいずれも状況は去年は一昨年より良く、今年はまた去年より良く、かなり楽観的だと語るのを聴いた」ことも関係していた。ただ、「『官場現形記』などのいくつかの小説が暗黒を暴露したが、人びとは読みたがらず、魯迅がそれを譴責小説と呼んだようなものだ。『紅楼夢』『西遊記』を人びとが愛読するのは、希望があるからだよ。『金瓶梅』が広まらないのは、それが猥褻だからというだけでなく、主要には暗黒を暴露しただけだからだ」という毛沢東の発言から、彼が暗黒面を見ようとしなかったのではなく、それればかりを強調して幹部や大衆の主体的意気込みを萎えさせてしまうことを恐れたという点に、彼の主観的意図があったことがわかる〈1107–12〉。

「単幹風」批判

「単幹風」は、主要には調整政策によって当時約二〇%を占めていたと推計されている〈1112〉、個別農家の生産請負制（包産到戸）を指す。この制度は農民の生産意欲を喚起し、鄧子恢（中央農村工作部部長）・田家英（毛沢東の秘書）らが推進を主張し、劉少奇は好意的で、鄧小平や陳雲らは明確に支持した。鄧小平の「黒猫でも白猫（実際は黄色い猫）でも鼠をとるのがよい猫だ」という有名なセリフも、この時である。これに対し毛沢東は、とりわけ鄧子恢について、一九五五年の農業集団化の時の彼の態度ももちだして、「資本主義農業の専門家だ」として厳しく批判したのである。結局、劉少奇らも追随せざるをえず、中央農村工作部は廃止された〈1112-23〉。

確かに経済合理性からすれば、後の改革開放期を見るまでもなく「包産到戸」の優位は明らかだが、事柄は冷戦という歴史状況の中で捉えるべきであろう。そもそも農業の集団化自体が冷戦の産物であり、後に見る当時の緊張した国際状況を考えれば、個人経営に近く集団性が弱い「包産到戸」を毛沢東が警戒し、社会主義に反する資本主義的なものだと捉えたのは、きわめて自然だと思われる。そう見れば、ここからは国防と外交を専管事項として国際情勢に敏感な最高指導者と、経済合理性に傾きがちな実務官僚という、指導者間の意識のずれを垣間見るべきであるように思われる。

「翻案風」批判

「翻案」は判決や処分・評価などを覆すことであり、ここでは過去の政治闘争で批判された者の名誉回復に相当する。「七千人大会」後、劉少奇・鄧小平らは「「反右傾」闘争で失脚した党員、幹部の名誉回復を積極的におしすすめ」、「大会の前後に「大躍進」期以来の失脚幹部のほとんどが名誉回復されたが、その数は一千万人にものぼり、家族を含めれば影響は数千万人にも及ぶとされている」（宇野他

1986:202)。毛沢東の「翻案風」批判は、これらすべてを問題にしている訳ではない。

問題は、彭徳懐に対しては「七千人大会」でも名誉回復を否定していることである。

「〔劉〕少奇同志は四点の理由を列挙した。一つは党内に小集団があり、高〔崗〕・饒〔漱石〕反党集団の主要メンバーだったこと。毛主席が口を挿み、彭〔徳懐〕と高崗では、実質的な領袖は彭だ、と補充した。二つには、彭と高にはいずれも国際的なバックがあり、何人かの外国人が中国で転覆活動をやっているのと関係があること。三つには、党を簒奪しようとする陰謀をたくらみ、中央に背いて党内で派閥活動をやったこと。四つには、彼の一九五九年の手紙は早く書かず遅く書かず、まさに彼が軍事代表団を率いて数ヵ月外国を訪問して帰国した後にすごく急いで書いているのは、工作での欠点・誤りを利用して党に進攻するチャンス到来と考えたのだということ」〈1125〉。

彭徳懐はソ連との関連で名誉回復が拒否されたのであり、実質的にはこれに反論する形で、彭は六月に名誉回復を求めた上申書（『八万言の書』）を提出した。高崗事件については、彭は高崗の劉少奇批判を聴いてすぐに中央に報告しなかったのは誤りだったと認めつつ、「彭高連盟」の存在は否定している。

毛沢東が批判したのは主にこの彭徳懐の件であり、それは薄一波の次の証言からも明瞭であろう。

「北戴河会議の期間、毛主席はすでに何度も講話や口を挿む形で彭徳懐同志を批判していた。八月五日、毛主席は次のように語った。五九年の反右傾闘争では、大多数は間違ってしまった。彭徳懐が評価の覆しを求め名誉回復を求めているが、私は五九年の反右傾は一切を帳消しにしてはならないと思う、と。八月一一日、毛主席は中心グループの会議で、東風が西風を圧倒しなければ、西風が東風を圧倒するのであって、彭徳懐は手紙を書いて、昔言ったことを全部ご破算にしている、と語った。八月一三日にもまた、我々はただ背後にある悪巧みに断固反対しているだけで、陽謀[*]をやったって平気だ、と語った」〈1127〉。

＊「反右派闘争」の時に、「公然とやっているから陰謀ではない」という理由づけをして毛沢東が作った物語。

こうしたことから、毛沢東の「翻案風」批判は大躍進の評価に対してというよりも、彭徳懐の名誉回復の動きに対する批判であり、ソ連への警戒と連関していることがわかる。この時同じく高崗との関連で、小説『劉志丹』が厳しく批判され、胡錦濤の次の最高指導者になった習近平の父親の習仲勲が、「彭・高・習反党集団」に祭り上げられていることも〈1130〉、同様であろう（[石川 2010] を参照）。

階級闘争の強調

「暗黒」・「単幹」・「翻案」の風潮に対する批判は、結局は国内の修正主義と闘うための階級闘争の強調に帰結する。八期一〇中全会公報は、次のように記している。

「八期一〇中全会は、プロレタリア革命とプロレタリア独裁の歴史的時期全体で、**資本主義から共産主義に移行する歴史的時期全体で**（**この時期は数十年かさらに長い時間さえも必要とする**）、プロレタリアートとブルジョアジーの階級闘争が存在しており、社会主義と資本主義の二つの道の闘争が存在していることを指摘した。**覆された反動的支配階級は滅亡に甘んじることなく、いつも復活を企図している。同時に、社会にはまだブルジョアジーの影響や旧社会に慣れた勢力が存在し、一部の小生産者の自然発生的な資本主義的傾向が存在しており、このため、人民の中には、まだ社会主義改造を受けていない人が若干おり、彼らの人数は多くなく、人口の数%しか占めていない**

が、ひとたびチャンスがあれば、すぐに社会主義の道を離れて、資本主義の道を歩もうとする。こうした状況の下では、階級闘争は不可避である。これはマルクス・レーニン主義が早くから明らかにしている歴史法則であり、我々はけっして忘れてはならない。このような階級闘争は錯綜し複雑で、曲折し、高くなったり低くなったりし、時に非常に激烈でさえある。このような階級闘争は、不可避的に党内にも反映するはずだ。国外の帝国主義の圧力と国内のブルジョアジーの影響の存在は、党内に修正主義思想が生まれる社会的根源だ。国内外の階級の敵に対し闘争すると同時に、我々は必ず党内の各種の日和見主義の思想傾向に時を移さず警戒し、断固反対しなければならない。一九五九年八月に廬山で開かれた八期八中全会の重大な歴史的意義は、それが右傾日和見主義つまり修正主義の進攻を勝利のうちに粉砕し、党の路線と党の団結を守ったことにある」（『建国以来重要文献選編』第一五冊 :653–54）。

太字部分は毛沢東が修正・挿入した所である（『建国以来毛沢東文稿』第一〇冊 :196–98）。毛はこれ以前に、「中国は必ず修正主義は出ないのか？　これも言い難い。子供は出ないが、孫は出て、しかし大丈夫で、孫で修正主義が出ても、孫の孫はきっとマルクス・レーニン主義が出るだろう。弁証法に基づけば、事物はすべてその反対側に行こうとするもので、我々も必ずしも反対側に向かわないこともないのだ」、「我々は以前それを右傾日和見主義と呼んだが、今思えば、名前を改めて、中国の修正主義と呼ぶのがよいのではないか」、とも語っている〈1134〉。廬山会議後の、国の内外に対する意識の変化が、永久革命論につながる階級闘争の強調をもたらしたのである。

第3節　一九六〇年代初めの国際情勢

「三尼一鉄」会社

その意味では、薄一波が次のように記していることに注意すべきであろう。

「毛主席が階級闘争の問題をこのような高さにまで引上げたのには、歴史的原因がある。国際的には、一九六〇年から、わが党はソ連に修正主義が現れたと認識し、どのように「修正主義に反対し防ぐ」かという問題を考えることがとても多かった。一九六二年四～五月、ソ連は直接介入して新疆のイリの騒乱や塔城など三県の辺疆住民の外国逃亡などの事件を醸成し、またある国家がわが国の辺疆地区で衝突を挑発したのを〔インドとの国境紛争を指す〕密かに後押しした。わが国の海峡両岸の情勢も非常に緊張した。蔣介石集団は「大陸反攻」をせねばならぬとがなりたてた。アメリカは絶えずスパイ飛行機を派遣してわが国の内陸（北京を含む）領空を侵犯した。敵対分子の破壊活動や深刻な経済・刑事犯罪活動など、国内の一定範囲内の階級闘争も、比較的激烈に現れた。さらに主要なのは、毛主席が党内の認識上の違いも深刻な階級闘争と見做したことだ。毛主席が階級闘争を強調したことは、とても早く全党に受け入れられた。準備会議から八期一〇中全会まで、皆が発言して毛主席の観点を支持することを表明し、「毛主席が提起したこれらの問題は、長期間、階級が消滅するまでずっと役に立つ」、と考えた。このことは、当時存在した「左」傾の思想傾向が偶然ではなく、個々人の責任ではなく、全党的な思想・認識の問題だ、ということを物語っている」。

当時の内外の状況から、階級闘争を強調する毛沢東の議論は、かなり早く受容れられたというのである。先述の「翻案風」批判では、彭徳懐は反中国の「三人の尼」に呼応したのだという批判がなされた。「三人の尼」とはアメリカのケネディ（中国語で肯尼迪）、ソ連のニキータ（尼基塔）・フルシチョフとインドのネルー（尼赫魯）を指し、これに中国が修正主義だと非難したユーゴのチトー（鉄托）を加えて、当時「三尼一鉄」会社*と略称していたという〈1128〉。ここに当時の国際情勢に対する意識がよく示されており、それが毛沢東の階級闘争論の強調を受容れさせたのである。

＊ 音訳に使われる「尼」は「泥」と発音が同じで、「水泥」はセメントを指すから「会社」なのであろう。あるいは「硬い頭」のあてこすりであろうか？

ベトナムの動き

ただ当時の国際情勢では、ベトナムの動きを重視しなければならない。一九五四年のジュネーヴ協定でベトナムは北緯一七度線で南北に分けられ、二年後に統一選挙が実施されるはずであった。しかしアメリカは南北分断を固定化し、南のサイゴン政権を支援した。他方、ベトナム労働党は六〇年一二月に南ベトナム解放民族戦線を結成させ、サイゴン政権に対するゲリラ活動を拡大していった。こうした事態に、アイゼンハワーに替わったケネディの政権は、「米側が武器・戦費・顧問を出し、サイゴン政権が第一線で戦う「特殊戦争」を発動し、六二年二月、南ベトナム駐在米援助軍司令部が設置され」た（朱2001）。六二年末には顧問は一万一〇〇〇人に達している（古田 1991）。

これに対して、アメリカとの平和共存を掲げるソ連はベトナム支援には消極的で、一九六二年に北ベトナムがソ連に武器の提供を申し入れたが、ソ連は拒否したという。これと対照的に、中国は南部でのゲリラ活動に対して「六〇年から、全力支持の姿勢を鮮明にした」。そして、「中越両国の指導者は六二年夏、北京で、南ベトナムにおける戦場情勢と米軍の北ベトナム攻撃の可能性を検討し、軍事的協力関係を一段と推進することで合意し、ベトナム人民軍の作戦能力を強化するために、中国はただちに、二三〇個の歩兵大隊を装備する武器の無償援助を決定した」という（朱 2001）。朝鮮と同様、直接に地を接するベトナムの動きに、中国は敏感に反応したのである。

ここで「米軍の北ベトナム攻撃の可能性を検討」していることは、アメリカが「戦争という方法で社会主義を消滅させる」策をとる可能性と結びつくものであり、アメリカに対する軍事的な危機意識を強めざるをえない。他方で、ベトナム援助に消極的なソ連に対しては、アメリカの「平和的変質」策の効果をより一層強く感じることになる。それらがさらに、国内情勢（階級闘争）に対する見方を厳しくさせたのである。

「三和一少」批判と中ソ公開論争

こうした状況が対外政策にあい対立する二つの選択肢を生む。朱建栄によれば次のとおりである。

「六二年春、党中央対外連絡部の王稼祥部長は、困難の時期を乗り切るため、対外関係において低姿勢外交の実施を党政治局に提案した。彼は具体的に、平和的外交政策を確認する対外声明を発表すること、国際闘争で米国の矛先が全部中国に向けられることをかわし、インドとは関係を打開し、ソ連とは決裂を回避し、対外援助では力相応の程度にとどめるなどの政策提案を行なった」。しかし、「同年八月の北戴河会議以降、毛沢東は王稼祥の主張を「三和一少*」として批判し、ソ連との理論論争に踏み切ることになった」。北ベトナムへの支援が強められ、多額の外貨交付とともに、「六二年からの二年間、中国は南ベトナムの解放戦線に、銃九万丁、弾丸二一〇三万発、大砲四四六門、砲弾七万発余りを無償供与した」。同時に、中ソの公開論争が本格的に開始されるのである（以上［朱 2001］より）。毛沢東らにとっては、もはや修正主義以外の何物でもないソ連を叩く論客に、抜擢されたのが鄧小平であった。

＊　帝国主義、修正主義、各国の反動派の三者に宥和的で、民族解放運動への支持を減少させる、という意味。

第4節　社会主義教育運動

「三和一少」批判は、国内の修正主義に対するより厳しい闘争をも導く。それが一九六三年から本格化する社会主義教育運動であり、「毛沢東はソ連の路線に全面的に反論する『二五項目提案』の執筆を指導している最中に、農村の社会主義教育運動を発動することに関する『前十条』を起草したのである」（朱 2001:60）。薄一波はその必要性を説く毛沢東の意見を、「当時誰もが支持した」という〈1142〉。農村では帳簿・倉庫・財務・労働点数に対する幹部の不正の点検が主要で、「四清」と略称され、都市では汚職・窃盗、投機・買占、派手・浪費、分散主義、官僚主義への反対が主要で、「五反」と略称された。五月に制定された「当面の農村工作における若干の問題に関する中共中央の決定（草案）」（『前十条』）では、「目下の中国社会に深刻で尖鋭な階級闘争が現れて」おり、「いくつかの公社や隊の指導権は、実質的には彼ら〔地主・富農〕の手に落ちている」として、社会主義教育を進め、貧農・下層中農を組織して依拠し、「九五％以上の農民・大衆や農村幹部と団結して、ともに社会主義の敵に対処」することと、具体的には「四清」を進め、幹部を集団の生産労働に参加させることを指示した。そうしなければ、「それほどの時間をかけずに、短ければ数年・十数年で、長ければ数十年で、不可避的に全国的な反革命の復活が現れ、マルクス・レーニン主義の党は必ず修正主義の党に変質し、ファシズムの党に変質し、中国全体が容貌を変えてしまうはずだ」、としている（『建国以来重要文献選編』第一六冊:310–29)。

運動が開始されると、すぐに各地で様々な暴力や「行き過ぎ」が現れ、多くの自殺・逃亡事件を引起した。こうした事態に対処し『前十条』を補うため、毛沢東らは一一月に、「農村の社会主義教育運動におけるいくつかの具体的政策に関する中共中央の規定（草案）」（『後十条』）を発布した。『後十条』はとくに『前十条』にある「九五％以上の農民・大衆や農村幹部と団結」することについての、多くの政策規定をして暴走を防ごうとしている。しかし暴走は防げなかったどころか、むしろ翌六四年に入ると、指導者たちは暴走を容認さえするようになる。社会主義教育運動の推進が、指導者たちの対外危機意識と連動していたからである。

第五章

激動の一九六四年——文化大革命への傾斜

第1節　国際的緊張の高まり

ベトナム戦争への傾斜

一九六三年一一月、アメリカの黙認の下に、軍事クーデタによって南ベトナムのジェム政権は倒されたが、その三週間後にケネディが暗殺された。後を継いだジョンソンは、翌年すぐに大統領選挙を控えていたこともあって、ケネディの「悪しき遺産」ともいうべき南ベトナムでの戦争を引きずり、泥沼的に介入を深めていった。大統領就任後まもなく、北ベトナムに対する秘密工作（「三四A作戦」）の開始を承認し、翌六四年三月には北ベトナム爆撃計画の準備を命じた（高松 1998:176）。他方ベトナム労働党は、六三年一二月、南ベトナムでの武装闘争を飛躍的に拡大することを決定した。「「ベトナム戦争のカギとなる転換点の一つ」とも評されたその決議に中越両国首脳部の密接な協議があったと見られ」る（朱 2001:24）。したがって、「毛沢東は「三四A」や「デソート・パトロール*」など米側の具体的な作戦計画を知らなかったかもしれないが、北ベトナムの作戦構想を把握しており、それに対する米国の更なるリアクションを当然予想していた」のである（同 :82）。

＊ 海軍駆逐艦によるトンキン湾巡航や北ベトナムの沿岸防御陣地・警戒レーダー網に対する電子偵察など。

中ソ論争

ベトナムでの戦闘の激化と比例して、中ソの論争も激しくなっていった。山際晃と毛里和子によってまとめておこう。八期一〇中全会直後の「一九六二年一〇月に起こった中印武力紛争とキューバ危機をめぐって、中ソの見解はまったく対立した」（山際 1987）。しかし、六二年末から六三年前半までは、まだ中ソともに「対立が直接的になるのをできるだけ避けようとし、ソ共は中共に近いアルバニア労働党を、中共はユーゴやイタリア、フランスの共産党を理論的に批判している。主要な論点は、ソ共第二〇回党大会とその後のフルシチョフの平和共存外交をめぐって、スターリンの評価、平和共存の可能性、革命の平和移行の可能性、現代における戦争と平和の問題、などである。……一九六三年七月五日から二〇日にかけて、ソ共と中共の意見を調整するため最後の中ソ両党会談が開かれた。……この会談は結局実りのないまま決裂したが、決裂後両党間の対立は争って公開され、党の間だけでなく国家間の過去のさまざまな矛盾や軋轢も暴露された」（毛里 1987）。会談決裂直後の「七月二五日に米英ソ三国は、部分核停条約に仮調印した。中国はこれにきわめて厳しい反応を示した」（山際 1987）。そして、「会談決裂後九月六日から翌年七月一四日まで、九回にわたる詳細なソ連批判書簡（いわゆる〝九評〟）がいずれも公表された。全面的なイデオロギー対立である。この時期には、これまでの論点に加えて、社会主義段階の性格をどう見るか、具体的には社会主義社会での階級矛盾と階級闘争という問題が中心になった」(毛里 1987)。そして、「九評」最後の「第九論文では、「フルシチョフはソ連のプロレタリア独裁をなくし、彼をはじめとする修正主義集団の独裁、つまりソ連のブルジョア特権階層の独裁を打ち立てた。彼のいわゆる「全人民の国家」は確かにプロレタリア独裁の国家ではなくて、一握りのフルシチョフ修正主義集団がソ連の広範な労働者、農民、革命的知識人に対して独裁を行なっている国家である」と断じた。こうして中ソ論争は敵対の段階に入ってしまった」(山際 1987)。

「三自一包」批判

このように一九六四年に入ると、ベトナムをめぐるアメリカとの緊張の高まりとともに、中ソ論争も激しさを増していった。こうした状況が国内の修正主義への警戒をさらに強めた結果、調整政策が帯びる自由主義的傾向に対する見方を厳しくする。先述のように、六二年の北戴河会議以後、毛沢東は外交に関する王稼祥の提案を「三和一少」だとして批判していたが、六四年二月の金日成との会談では、外交の「三和一少」を修正主義だとするとともに、「これらの人は国内でも三自一包を主張している」とし、鄧子恢の名を挙げて非難した(叢進 1996:584-87)。「三自」とは自留地・自由市場と損益自己責任を、「一包」は農家の生産請負(包産到戸)を指す。北戴河会議後の八期一〇中全会では、毛沢東は「包産到戸」の問題では鄧子恢を厳しく批判しているが、「三自」については、生産隊を基本計算単位とすることとともに、この会議で修正された「農村六〇条」の重要な中身として通している。その「農村六〇条」自体、毛自身が主導して制定しており、もとになった鄧子恢が起草した『農村人民公社内務条例(修正稿)』についても、六一年当時の毛は激賞しているのである(同 :942-43)。要するに、六四年に入ってからの「三自一包」批判は、明らかに毛の意識の変化の産物であり、「三和一少」との語呂合わせとともに、情勢が緊迫する下での経済の自由化に対する恐れを表明したものと考えられる。

三線建設の提起

一九六四年四月二五日、軍事委員会総参謀部作戦部が、経済建設において敵の突然の襲撃をいかに防ぐかという観点から、工業・人口・インフラが沿海の大都市に集中しすぎていることや、ダムの危険性を指摘した。これを受けて毛沢東は六月六日の会議で、「戦争の準備をすること」を強調し、「三線の工業基地の建設をしなければならず、一・二線も軍事工業をちょっとやらねばならない。各省はみな軍事工業を持たねばならず、自分たちでライフル・自動小銃、軽重の機関銃、迫撃砲・銃弾・火薬を作らねばならない」、と提起した。一線は想定される敵の侵攻の前線に当り、三線は内陸の侵攻しにくい所、二線はその中間であり、とくに三線に位置する四川省攀枝花の鉄鋼工業基地の早期建設を促したのである。この提起に対して、他の指導者の反応は鈍かったようで、毛沢東は「諸君らが攀枝花をやらないなら、私は小さな驢馬にのってそこで会議を開き、金がなかったら自分の原稿料でやるよ」、と皮肉っている。薄一波は、「毛主席のこの話は、参会した同志の共鳴を引き起こした。みな一致して彼の主張を支持し、農業生産を強化し人民の食・衣・用を解決すると同時に、迅速に三線建設を展開し、戦争の準備を強化せねばならないと考えた。これ以来、全国で戦争準備の空気が日増しに濃くなった」と記しているが〈1236〉、筆者が引いた傍線部分に表れているように、実務官僚にはこの段階でもまだ調整政策を継続しようとする志向も強かったのである。

国防戦略の転換

国防戦略も大きく転換しようとしていた。朱建栄によれば、毛沢東は六月一六日の「十三陵会議」で、次の点を求めたという。①米国の侵略に備える正面について、五〇年代の朝鮮半島・台湾・インドシナ半島という三方向に限らず、他の沿海地域に対する侵入を含めたより多くの対戦コースを想定すること。②六〇年に林彪の直接指導で制定された「北頂南放」（北をしっかり防ぎ、南を敵の勝手にさせる）の防御方針に対し、あらゆる方向を「放」にして、「敵を深く誘い入れる」方針を実施すること。③中ソ軍事同盟に頼らず、完全に独立した対米作戦構想を制定すること（朱 2001:78-79）。この頃、ソ連に対する軍事的警戒も始まってはいたが、軍事的脅威の中心はやはりアメリカであり、アメリカとの対立が深まり戦争になった時に、「ソ連修正主義はもはや当てにならない」と判断したことが、こうした国防戦略の転換を促したのである。

「革命の後継者」問題と社会主義教育運動の急進化

国防戦略の転換と同時に、毛沢東は「革命の後継者」の問題を提起した。薄一波によれば、六月の「十三陵会議」で、毛沢東は次のように語ったという。*

「帝国主義は我々第一世代・第二世代には希望がなく、第三世代・第四世代がどのようであるかには希望があると言うが、帝国主義のこの話は霊験があるかね？　私は霊験があるとは願ってはいないが、可能性もある。フルシチョフみたいなのは、レーニン・スターリンが希望したかね？　まだ出てはいない！　修正主義をどう防ぐか、私は数条あると思う。……全部で五点で、マルクス・レーニン主義、人民、多数、民主、自己批判だ」〈1196–97〉。

一ヵ月後のソ連に対する「九評」の第九論文にも、後継者の養成が修正主義を防止し「平和的変質」を防止する重要な措置だとして、この五条件を書き入れている。アメリカの「平和的変質」への警戒が内外の修正主義防止を強く意識させ、不測の事態にも備えて「革命の後継者」育成の問題にも注目させたのであり、劉少奇ら他の指導者も当然これを意識して行動したはずである。そしてその具体化こそ、社会主義教育運動であった。

＊　後に成文化されたものが、『建国以来重要文献選編』第一八冊に収録されているが、内容はやや異なる。

先に記したように、社会主義教育運動の暴走を防ぐために、一九六三年一一月に『後十条』が制定された。しかし、六四年に入ると、「中央の主要な指導者の見方にも変化が生じ、農村に存在する問題を非常に深刻だと見て、上の方の根源を追及せねばならないと強調した」という。しかも、ここで注意すべきは、毛沢東以上に、劉少奇やその妻の王光美の方が突出してきたことである。薄一波は変化の事例を、六四年の春節期に劉少奇が、当時一緒に河北省撫寧県盧王庄公社桃園大隊で住込み調査をしていた妻の王光美（後述）と交した会話から始めている。そして、五〜六月の「中央工作会議以後、運動全体が明らかに「左」に転じた」。薄一波は次のように証言している。

「六月二日に〔劉〕少奇同志は会議の講話の中で、「平和的変質」はすでに高級機関の中の何人かの者まで変質させ、省委員会・市委員会には皆彼らの人間がいる、と提起した。彼はもはや基層幹部に依拠することを強調せず、いくつかの地区の「四不清」幹部の工作隊に対するやり方は「餌をやる、見せかけをやる、引き延ばす、ごまかす」で、手立てを考えて彼らから逃れようとするのだと考え、また「四清」に抵抗すれば「反党」で、破壊すれば「反革命」で、党籍を除かねばならない、と語った。大衆を十分立ち上がらせてはいないそれ以前には、九五％以上の幹部と団結して基層に依拠することを強調することはできないのだ、と。六月八日に毛主席が会議で修正主義を防止する問題に言及した際、国家は三分の一の権力は我々が掌握しておらず、白銀廠*・小站**のごときは修正主義をやっている、と言った。中国に修正主義が現れてしまったらどうするか、という問題を提起したのだ」〈1151–52〉。

三分の一の権力が奪われているという深刻な状況認識の下で、暴走を防ごうとした『後十条』の修正が不可避となり、劉少奇がその任に当たることになった。

＊　甘粛省蘭州の白銀有色金属会社のこと。甘粛省委員会の報告をもとに、薄一波が実質的にブルジョアジーに簒奪されていると報告し、周恩来の指示の下で工作組による「権力奪取」が行なわれていた。

＊＊　小站は天津の地区の名で、陳伯達が同地区の権力を握ったとされる「三つの反革命集団」について報告し、同じく「権力奪取闘争」が行なわれた。

こうして一九六四年に入り、ベトナムでの緊張が強まる中で中ソ論争が激化し、それが対内認識も厳しくして、社会主義教育運動を急進化させた。そして、指導者たちの危機感を一気に強めたのが、トンキン湾事件であった。

第2節　トンキン湾事件の衝撃

国防三線建設

一九六四年八月四日、ワシントンはアメリカの駆逐艦二隻がトンキン湾で北ベトナムの魚雷艇に二度目の奇襲攻撃を受けたと発表した。トンキン湾事件の発生である。ジョンソンはすぐ北ベトナムへの報復爆撃を命令し、議会の上下両院は実質的な戦闘拡大の白紙委任をジョンソンに与えた。「今日では、トンキン湾事件がアメリカ側の挑発行為によるものであったことはよく知られている」（白井 2006:65）が、以後、アメリカはベトナム戦争の泥沼に踏み込んでいくことになる。

トンキン湾事件は、中国にも大きな衝撃を与えた。アメリカ軍の動き次第では、ベトナムで中国軍とアメリカ軍が激突する朝鮮戦争の再現、ひいては全面的な米中戦争に発展しかねないからである。これによって、空海軍と広州・昆明両軍区が厳戒態勢に入る（朱 2001:119）とともに、先に毛沢東が提起した三線建設が本格的に開始された。先述のように、三線とは国防に関わる戦略地域概念であり、敵に侵攻されにくい奥地（三線）に大規模な軍需主導の重工業建設を行なって、「一線、二線の工業が完全に破壊されても、三線地域だけで長期にわたって軍用品を供給し続け、戦争を継続していく能力を形成すること」を目指したのであり、言わば、抗日戦争期の大後方の核兵器時代における再現であった。この時期、最も敵の攻撃を受けやすい一線として議論されていたのは主要には沿海部で〈1237〉、他方三線は四川・貴州・雲南の西南を中心に、「ソ連を背後に控える伝統的な後方地域」である西北（陝西・

甘粛・青海・寧夏）も重視されており（朱 2001:132）、明らかにアメリカの侵攻を想定した対応であった。* 三線地域に対して、六五年から七五年までに約一二七〇億元（基本建設投資の四三・五％）の巨額が注がれ、「二〇〇〇余りの大型・中型企業と研究機関が建設され、四五の生産・研究基地、三〇余りの新興工業都市が誕生した」（丸川 1993）。こうして、基本建設投資を抑えて農業・重工業・軽工業など各部門間のバランスと連携を図るという、調整政策の基軸は失われたが、それが誤った路線だったとして放棄されたのではないことには注意が必要であろう。

* その後の経過を辿ると、一九六五年五月中旬にアメリカとの全面的軍事衝突が当面回避できると判断されてから投資規模が縮小し、文化大革命の発動で停滞した（これまでが第一段階）。再び大規模に進められたのは六九年で、今度の契機は中ソ国境での武力衝突であった（第二段階）。従来、米ソに対する危機意識の違いが曖昧だったため、第一段階と第二段階の違いはあまり重視されなかったが、歴史学としては、仮想敵として第一段階の中心は対米で、第二段階で対ソが重要になったことを峻別する必要がある（奥村 2010）。この点は三線の配置の変遷に現れており、第二段階ではソ連からの攻撃を想定した結果、「三西」（河南・湖北・湖南各省の西部）に重点が移っている（丸川 1993）。

社会主義教育運動の過激化

こうした状況の中で、社会主義教育運動は劉少奇の主導下でさらに過激化していく。劉は七〜八月に各地で運動の調査と講話をしており、薄一波は次のように証言する。

「彼はこれらの講話の中で、指導幹部は下りて住込み調査をしなければならないこと、上の方の根源（中央にまで至る）を追いかけねばならないこと、三分の一の権力が我々の掌中にはないことを際立って強調した他、次の三点を特に強調した。一点は『後十条』の九五％以上の幹部を団結させることに関する規定はそれほど妥当ではなく、大衆を思い切って立ち上がらせることを強調するのが不十分で、修正せねばならないこと。農村の基層幹部については、最初は依拠することはできず、問題を探りはっきりさせた後にようやく依拠できること。二点目は「四清」の範囲を拡大せねばならず、「四清」は経済面の問題を清めるだけでなく、経済・政治・思想・組織の四つの面に存在する問題は、すべてきれいにしなければならないこと。三点目は、運動においては精力を集中して殲滅戦をしなければならないこと」〈1154〉。問題の根源は「中央にまで至」るとし、大衆を思い切って立ち上がらせて殲滅戦をやる、これは後の文化大革命で劉少奇自身がやられたことであった。

九月一八日、劉少奇は「『後十条』修正草案」（『修正後十条』）に署名・発布した。これより先の七月、妻の王光美が住込み調査に基づいて、地元幹部を激しく糾弾する闘争を展開した「桃園の経験」を報告していた。この「桃園の経験」を採り入れて、「『後十条』が運動を基層組織と末端の幹部に依拠して進めるべきだとしていたのに対して、それでは大衆の立上りを妨げるということで、『修正後十条』では、工作隊が大衆の中にひそかに根を下して横のつながりを広げる（扎根串連）方式で大衆を立ち上がらせて、党員、幹部を厳しく審査すべきものとしていた」（宇野他 1986:210）。これについて薄一波は、次のように記している。

「こうして、実質的には基層組織と幹部を一方に捨ててしまった。これが農村社会主義運動を急速に「左」に向かわせ、打撃面を深刻に拡大させた、重要な措置とステップだったことは、実践が証明している」。

「『後十条』修正草案が下に配布される前後に、〔劉〕少奇同志はまた以下に列挙するような〔本文では略す〕、運動を激化させて「左」に転じさせざるをえない措置を採ってしまった」〈1157〉。これが劉少奇とも関係が深く、彼を尊敬する、薄一波の評価である。しかし、彼自身も周恩来とともに、白銀廠の「権力奪取闘争」に関与していた。

社会主義教育運動はこの後さらに過激化していくが、ここで特に注意したいのは、後に見るこの年一二月の会議までは、毛沢東は劉少奇のやり方を積極的に支持こそすれ、批判した形跡がないことである。おそらく、アメリカやソ連に対する危機意識を背景に、中央にまで根源があり権力の三分の一は失われているというほど、国内の修正主義の危険性を深刻に見た点では、両者は共通する、あるいは劉は毛の考えを実際に受容れていた、ということではなかろうか。

第3節　中ソ関係改善の失敗と毛・劉の衝突

モスクワ会議

一九六四年一〇月半ば、中国にとって大きな出来事が相次いだ。一六日に中国は初めて核実験に成功したが、その前日、フルシチョフが第一書記を解任されたのである。中国にとっては、トンキン湾事件によってアメリカの軍事的脅威を強く感じる中で、修正主義を体現していると考えた人物が打倒されたのであり、毛沢東を含めた指導部は当然のごとくソ連の新たな体制に強く期待した。「ソ連が変わるかもしれない」と感じたのである（朱 2001:160）。こうして一一月初めのロシア革命記念日に、周恩来を団長とする代表団をモスクワに派遣し、会談を行なうことになった。

しかし、歓迎の宴で酔ったソ連の国防大臣マリノフスキーが、周恩来らに毛沢東の排除を求めたことによって、和解ムードは壊れてしまう（マリノフスキー事件）。この事件について、朱建栄は「その時点でソ連首脳部全体が中国指導部の内部分裂を画策・扇動しようとしていたとは考えにくい」、としている（同上 :164）。また下斗米伸夫によれば、中ソ対立を招いたことがフルシチョフ失脚の一因とされ（下斗米 2004:114）、新政権は「フルシチョフが毀損した対中改善に動くことでは意見は一致していた」、という（同上 :128）。したがって事件そのものは個人的な偶発性が強いが、それが重大事件に発展した要因の一つとして、朱建栄が「扇動の言葉を聞いた周恩来と賀龍の二人は「ソ連と密通している」という濡れ衣を着せられないためにも、激しい抗議をせざるをえなかった」ことを挙げているのは（朱 2001）、炯眼であろう。下手をすれば、新たな高崗・彭徳懐にされかねなかった。その後の会談で、周恩来は報告を聞いて興奮した毛沢東の指示に基づき、フルシチョフの非スターリン化路線の見直しを迫り、その象徴である共産党綱領を破棄することまで強硬に求めた。ソ連の新首脳部はこれを「無条件降伏」の要求と捉え、会談は決裂して和解のチャンスは失われたのである（朱 2001:165–66、下斗米 2004:129）。期待が大きかっただけに、反動も強かった。

毛・劉の衝突

モスクワ会談の決裂は、ブレジネフの体制を「フルシチョフなきフルシチョフ主義」だとして、ソ連に対する不信感を決定的にしただけでなく、対ソ意識が対内意識と強く連動する意識構造の下では、国内への危機感も決定的に強めることになる。薄一波は次のように証言している。

「一九六四年一二月一二日、毛主席は私が送った陳正人同志の洛陽トラクター工場での住込み活動報告に対する書面指示で、すでに「官僚主義者階級」が形成されており、この階級は「労働者の血を吸うブルジョア分子にすでに変身したかまさに変身しつつあり」、「闘争の対象、革命の対象だ、と認識していた」〈1164〉。

だから社会主義教育運動は絶対に「これらの資本主義の道を歩む指導者」に依拠してはならない、と指示したのである。同じ日、毛沢東は別の書面指示の中で、「我々の多くの官僚ブルジョアジーの悪幹部」という表現をしている（叢進 1996:607）。これらの「官僚主義者階級」、「資本主義の道を歩む指導者」、「官僚ブルジョアジー」という表現は、国内の状況をソ連やユーゴと同じように見始めたことを示している。

また、マリノフスキー事件は毛沢東に、「ソ連指導部が米帝国主義と同じ敵対勢力に成り下がり、また、中国内部の勢力と手を結んで自分の失脚をたくらんでいることを確信させた」（朱 2001:173）。疑惑の眼は、党の中央指導部にも向けられるようになる。

こうした中で、一二月、農村社会主義運動のための新たな文書を制定することを主要任務とした、中央政治局工作会議が開催された。まさしく「この時に、毛主席と〔劉〕少奇同志の間に深刻な不一致が発生した」のである。「不一致は主要には二つの問題に現れており、一つは当時の主要矛盾と社会主義教育運動の性格で、もう一つは運動のやり方だった」。前者については、毛沢東が社会主義と資本主義の矛盾だとするのに対して、劉少奇は「「四清」と「四不清」の矛盾が主要矛盾であり、運動の性格は人民内部の矛盾が敵・味方の矛盾といっしょくたに混じっているのだ」、と主張した。後者については、薄一波は次のように証言している。

「〔劉〕少奇同志は、密かに根を張って連絡を取り合い、大兵団作戦を実行し、幹部については初めは依拠できないこと等々を強調し、その結果一連の「左」のやり方を導いた。〔劉〕少奇同志のこれらの主張に対して、毛主席は会議で最初から異なる意見を表明した。一二月二〇日の中央の政治局拡大会議で、毛主席は「現在はまだ反右で」、「冷水を浴びせてはならない」と語りはしたが、また「打撃面が広すぎるほどやってはならず」、〔汚職相当額が〕「数十元、百元、百数十元の大多数の四不清幹部をまず解放」しなければならない、ということを強調した。彼は、「私がこの問題を提起するのは、若干「右」だ。私はつまりはやりすぎるのを恐れているのであって、そんなにも多い地主・富農・国民党・反革命・平和的変質をやっつけ、十数~二〇%を区分して、二〇%だとしたら七億の人口では一億四千万で、それなら「左」の潮流が発生しそうだろう。その結果は敵を多く作りすぎ、最後には人民に不利だ」、と言った」〈1166〉。

注目すべきは、毛沢東が劉少奇より自分が「右」だと認めていることである。* つまり、主要矛盾と運動の性格では毛沢東の方が厳しい見方であるが、現地での実際の運動のやり方では、劉少奇の方がむしろ過激だったとも言えよう。ただ、劉少奇は先述のように、問題の根源を中央にまで求めることは主張しているが、それは現地の「四清・四不清」という具体的な問題から追及していくものだった。他方、毛沢東は問題の根源は党の上層部にあるとし、「地主・富農・反革命・悪質分子の奴らはすでに一度やっつけてやったから、下層をかまう必要はなく、つまりは大衆を立ち上がらせて我々のこの党をこらしめなければならず、先に山犬や狼〔党内の実権派〕をやり、後に狐狸〔地主ら〕をやる」のが正しいのだ、と主張したのである〈1165〉。

問題は、毛沢東が言う「党の上層部」、「党内の実権派」が、この時点ではどのレベルだったかである。朱建栄は「「三自一包」「三和一少」だと批判された党中央と国務院の部長（大臣級）ないし副首相クラスを指していた」（朱 2001:177）と考えている。これまで記してきた流れから、私もこの見解を支持したい。この時に、劉少奇は毛沢東の批判に対して断固反論した。この運動に対する劉の「主体性」が窺えるが、それが毛沢東に、彼こそ最大の根源であると感じさせるようになったのである。

＊　後の「左」がもてはやされた文化大革命では、劉少奇の方針は「形は「左」だが、実際は右」だと非難された。「右」「左」というレッテルの恣意性を象徴する事実である。

結局、この時に作られた農村社会主義運動のための新たな文書（『二七条』と略称）は、毛沢東に従い、運動の性格に関して劉少奇の意見も併記したうえで、社会主義と資本主義の矛盾という「提起の仕方が比較的適切で、問題の性格を概括しており」、「重点は資本主義の道（汚職・窃盗、投機・買占めを含む）を歩むあの実権派をやっつけることだ」、とした〈1165〉。しかし毛はこの『二七条』にも不満で、大きく修正されて翌年一月に『農村社会主義教育運動で当面提起するいくつかの問題』（略称『二三条』）として発布された。そこでは「四清・四不清なるものは……マルクス・レーニン主義的ではない」と、露骨に劉少奇の考え方を批判している〈1168〉。

薄一波は、この時に「「文化大革命」を発動する種が蒔かれた」、としている。

「毛主席は一九六六年八月五日に八期一一中全会で書いたあの『司令部を砲撃せよ―私の大字報』の中で、「一九六四年の形は「左」で実は右の誤った傾向」を、〔劉〕少奇同志の罪状の一つにした。一〇月二五日、毛主席は中央工作会議でまた回想して、『二三条』を制定した時に、彼の「警戒心」が引起こされたのだ、と語った。一九七〇年一二月一八日、〔エドガー〕スノーが毛主席に、いつから必ず劉少奇を政治的にやっつけてしまわねばならないとはっきり感じるようになったのかと尋ねた時、毛主席はまた『二三条』を制定した時だ、と答えている」〈1169-70〉。

アメリカの「平和的変質」によって、修正主義が劉少奇まで捉えるようになったのなら、その裾野は広く、もはや体制全体の問題になっており、個々の指導者の更迭どころか「反党集団の摘発」や党機構に依拠した整風運動でも解決できず、周到に準備した上での、大衆に依拠した各地域・各部門での根底的な革命が必要になるであろう。

文化大革命へ

このように、毛沢東に文化大革命の発動を決意させる状況は、直接にはこの一九六四年末から翌年初めにかけて形成されたが、ベトナム戦争の全面化が革命の即時発動を不可能にした。この頃から、南ベトナムでの戦争は南ベトナム政府軍と北ベトナム・解放戦線合同軍の双方が直接戦火を交える、地上戦の様相を呈するようになった。アメリカでは、議会の決議によって大統領ジョンソンはベトナムに本格的に軍事介入できる白紙委任状を得ており、一一月の大統領選圧勝は、その最後のハードルをも乗り越えさせたのである。翌六五年二月、アメリカは北ベトナムを再度爆撃し、三月からは北爆を恒常化させるとともに、海兵隊を南ベトナムに上陸させ、以後増強された米軍勢力は、六五年末には一八万人を越えるにいたった（高松 1998:177；白井 2006:81）。

こうした事態は、中国にアメリカ軍の北ベトナム侵攻とそれによる米中衝突の可能性を考慮させ、中ソ対立の拡大を抑制して中ソ同盟を対米牽制の「カカシ」（朱建栄の表現）として使わざるをえなくさせた。ただし米中双方とも、相手の動きを読み違えて大衝突に至った、朝鮮戦争の再現は是非とも避けねばならない。「米側はベトナム戦争を「局地戦争」に限定し、「南打北炸」（北は爆撃だけで地上戦は南に限定する）の軍事戦略を決めた。一方の中国は北ベトナムにのみ支援部隊を送り、米地上軍との直接交戦をしない方針を実施した」（朱 2001:560）。こうした中で、五月中旬以降、中国は米中戦争の当面の可能性はなくなったと判断するようになった。しかしそれはけっして将来の戦争の可能性まで否定するものではなく、だからこその前に修正主義を一掃して、国内を固めておく必要があると考えられた。こうして、「六五年秋以降、今度は、毛沢東はベトナム戦争や中ソ対立といった外部条件を利用して国内の政治的緊張を作り、劉少奇らへの政治・権力闘争を正式に開始し」、「ついに六六年夏以降、軍の支持を背景に、大衆動員による「党内のブルジョア司令部」を打倒する」文化大革命に突入していく（朱 2001:563）。この過程に関しては、私は権力闘争が彭徳懐の名誉回復を求めたとされる「海瑞免官」の批判から始まったことに読者の注意を喚起するだけで、朱建栄の詳細な研究に付け加えるものは何もない。

おわりに

文化大革命の発動によって、劉少奇ら「実権派」とされた人びとは、なすすべもなく打倒された。そもそも「造反派」と「実権派」という二つの陣営というのは、毛沢東の認識でしかなく、常に一貫しているわけではない。また論理的というよりは感覚的に示される毛の意図を理解できずについていけなかった人びと、あるいは毛が戦略的意図から排除した人びと、場合によっては単に気に食わない人びとなどを、マリノフスキー事件を直接の契機として極端に肥大化した危機感から、毛が自分に敵対する陣営として一括したのである。そのように「敵」を大きく設定するからこそ、「北京は針一本さすことはできない」と感じるし、実質的に共産党そのものを大きく壊す動きに出たのである。そこには個人的資質の問題がないわけではないが、やはり冷戦下で形成された意識構造の中で最高指導者が陥っていった心理として、理解すべきではなかろうか。

当時の権力構造は毛沢東の下に一元化されており、路線闘争が存在する余地はほとんどなかった。ただ個人の能力には限界があるから、毛沢東は重要事項（特に国防・外交）に専念し、自分の考えを忠実に実行してくれるという前提の下で、日常的なことは劉少奇・周恩来・鄧小平らの実務責任者に委ねた。一九五九年に国家主席を劉少奇に譲ったのもそのためであって、けっして大躍進運動の失敗の責任をとったのではない。したがって、意識構造もかなりの程度共有されていたはずであるが、最高指導者にとって最大の関心は国家の安全保障の問題だから、国際問題と連関した危機意識は毛沢東に突出することになり、ここから実務責任者とのズレも生まれる。そして廬山会議を契機に形成された、アメリカの平和的変質政策→ソ連の修正主義化→中国の修正主義化という意識の連関の構図が、一九六〇年代にアメリカがベトナムに軍事的介入を強めるに従って、ソ連との対立をさらに深めるとともに、国内への危機感と劉少奇ら実務責任者への疑惑をも深めさせ、文化大革命に突入していくのである。

以後の過程を簡単に示して本稿を閉じたい。

毛沢東が文化大革命に踏み切ったそのことが、ソ連との対立を決定的にし、軍事的緊張も高めることになった。文化大革命そのものは、「中国のフルシチョフ」らを打倒してソ連のような修正主義化を防ごうとするものであり、その意味では反米以上に反ソが前面に出るからである。そしてその軍事的緊張が国境地域での武力衝突を起こし、双方が核戦争を恐れるようになった時、大きな転換が開始される。二つの超大国に対抗する軍事戦略など不可能であり、ベトナムでの衝突を避ける過程で形成されたアメリカとのチャネルをとおして、関係改善が図られる。他方、ベトナムで泥沼に陥ったアメリカも中国の取り込みを図り、こうして七〇年代に入って米中の関係改善がなされ、東アジアにおける冷戦の解体が始まるのである。

このように見るならば、毛沢東や中国を動かしていたのは、社会主義の理想などではなく、戦争と戦争の危機であったといえよう。

参考文献・引用文献一覧

※本文中では、原則として当該箇所に、［著者・執筆者名・史料名　著書・論文・史料の発行年：引用文タイトル・参照頁数］の形式で掲出した。

①日本語文献

石川禎浩 2010：「小説『劉志丹』事件の歴史的背景」、石川禎浩編『中国社会主義文化の研究』京都大学人文科学研究所。

磯部　靖 1997：「中国における高崗・饒漱石事件と大行政区の廃止」、『アジア研究』第四三巻三号。

宇野重昭・小林弘二・矢吹晋 1986：『現代中国の歴史　一九四九～一九八五』有斐閣選書。

奥村　哲 1999：『中国の現代史――戦争と社会主義』青木書店。

奥村　哲 2008：「歴史としての毛沢東時代」、『現代中国』第八二号。

奥村　哲 2010：「文化大革命からみた中国の社会主義体制」、メトロポリタン史学会編『いま社会主義を考える―歴史からの眼差し』桜井書店。

久保　亨 2011：『シリーズ中国近現代史④　社会主義への挑戦』岩波新書。

下斗米伸夫 2004：『アジア冷戦史』中公新書。

朱　建栄 2001：『毛沢東のベトナム戦争――中国外交の大転換と文化大革命の起源』東京大学出版会。

白井洋子 2006：『ベトナム戦争のアメリカ――もう一つのアメリカ史』刀水書房。

高木誠一郎 2001：「米中関係の基本構造」、岡部達味編『中国をめぐる国際環境』岩波書店。

高松基之 1998：「冷戦の進展と変質」、有賀貞・宮里政玄編『概説アメリカ外交史』有斐閣選書。

古田元夫 1991：『歴史としてのベトナム戦争』大月書店。

松村史穂 2005：「中華人民共和国期における農産物と化学肥料の流通統制」、田島俊雄編著『二〇世紀の中国化学工業』東京大学社会科学研究所研究シリーズ一八。

丸川知雄 1993：「中国の三線建設」Ⅰ・Ⅱ、『アジア経済』第三四巻第二・三号。
毛里和子 1987：「中ソ対立の構造」、山際晃・毛里和子編『現代中国とソ連』第四章、日本国際問題研究所。
毛里和子 2012：『現代中国政治』第三版、名古屋大学出版会。
山際　晃 1987：「中ソ関係の展開」、山際晃・毛里和子編『現代中国とソ連』第一章、日本国際問題研究所。
山際　晃 1997：『米中関係の歴史的展開』研文出版。

②中国語文献

林蘊暉・范守信・張弓 1996：『凱歌行進的時期』（二〇世紀的中国⑥）河南人民出版社。
叢　進 1996：『曲折発展的歳月』（二〇世紀的中国⑦）河南人民出版社。
薄　一波 1997：『若干重大決策与事件的回顧』（修訂本）上・下巻、人民出版社。
郭徳宏・張湛彬・張樹軍主編 1997：『党和国家重大決策的歴程』第三巻、紅旗出版社。

③史料集

日本国際問題研究所中国部会編『新中国資料集成』第四巻、一九七〇年。

東京大学近代中国史研究会訳『毛沢東思想万歳』下巻、三一書房、一九七五年。

中共中央毛沢東主席著作編輯出版委員会編『毛沢東選集』第五巻、人民出版社、一九七七年（邦訳本は外文出版社、一九七七年）。

中共中央文献研究室編『建国以来毛沢東文稿』第一～一三冊、中央文献出版社、一九八七～一九九八年。

中共中央文献研究室編『建国以来重要文献選編』第一～二〇冊、中央文献出版社、一九九二～一九九八年。

中共中央文献研究室編『毛沢東文集』第一～八巻、人民出版社、一九九三～一九九九年。

第3部

東欧における社会主義と農民

――ハンガリー・オロシュハーザの歴史的経験

南塚信吾

はじめに

二〇〇九年九月と二〇一〇年八月、筆者はハンガリー南部のオロシュハーザ市で、かつての農業生産協同組合のメンバーだった人たち四人に聞き取り調査を行った。四人は口をそろえて、一九七〇年代の社会主義時代の農業と農村社会は「輝ける時代」だったと語った。それより前、筆者が一九九四年から九六年の三年間、ハンガリー南部セゲド市の郊外にある村、ボルダーニに聞き取り調査に入った時も、集中的に聞き取りをさせてもらった二〇家族の人びとは、口をそろえて、社会主義体制下の一九六〇〜七〇年代が自分たちの農業と生活にとって最も安定し豊かだったと言っていた。市場化された後の農業と比べても、また、戦前の農業と比べてもそうだというのである。なぜなのか。

本稿では、一九六八年ごろから一九八〇年ごろまでの「長い一九七〇年代」におけるオロシュハーザの農業生産協同組合を材料に、社会主義体制が農民にもたらしたものを考えてみたい。

本稿は、この「長い一九七〇年代」の社会主義体制を考えるのに、一八世紀にまでさかのぼる歴史過程を検討することにする。その理由は二つある。一つには、オロシュハーザの農民が「長い一九七〇年代」に得た社会的状態は、彼らの長い歴史のなかで見ると何だったのか、それはどのように位置づけられるのかを見たいということ、二つには、オロシュハーザに社会主義を導入した人びと（共産党員に限らない）は、オロシュハーザの長い歴史のなかで貯えられてきた歴史文化というべきものを背負って、自分たちの生活を向上させようと運動していたのではないかと考えられること、この二つである。いわば、客観的な面と主体的な面の両方を、長期的な歴史的展望のなかで考えようというのである。

社会主義はこうした歴史的蓄積の成果として成立し機能したのであり、今度はそれが崩壊したのちも住民に残り続ける一つの歴史的経験として蓄積されて生きるはずなのである。

ただし、オロシュハーザの農民の歴史は決してオロシュハーザやハンガリーの社会的諸勢力の力のみによって動いてきたわけではない。それはいわば、その時代その時代における世界的な諸契機に規定されて、そこに現出してきたという面も考えなければならない。本稿でそれはおりおりに指摘はするが、それ自体を分析の対象にはできていないことをあらかじめお断りしておかねばならない。

さて、先行研究について言えば、C・ハンらの議論（Hann, 1996）が参考になる。また最近の足立芳宏の仕事（足立 2012）も示唆的である。しかし、一九八九年以後に書かれた、オロシュハーザはもちろんハンガリーの、七〇年代社会主義期「農村」の具体的研究は、皆無であり、社会主義時代のオロシュハーザ史研究を読み直すか、一次史料から組み立てるしか道はない。本稿は主に前者によっており、一次史料からの組み立てについては部分的にしかできていない。さしあたりは本稿が、社会主義を歴史的に研究するための一つの視角を提示するということにおいて、何がしかのことを示唆することができていれば幸いである。

地図１　現在のハンガリーとオロシュハーザ

第一章　小農民の村

第1節　自由な小農民の村オロシュハーザ

(1) ルター派の「自由な借地人」――一八世紀

オロシュハーザは、ハンガリー大平原に位置し、ティサ川流域の平地にあって、農業に適した肥沃な土地を持っている。一六世紀中ごろにオスマン帝国がハンガリーを支配するようになる以前、オロシュハーザには、繁栄した市があったという。しかしそこはオスマン期に無人となり、雑草のはえた沼地になった。一七世紀の末にオスマン帝国が撤退したのち、その無人になった土地に集落を作ることが許された。一七二三年にハプスブルク皇帝カール六世（ハンガリー国王カーロイ三世）が、マロシュ＝ケレシュ川間の土地をハルツケルン・ヤーノシュ・ジェルジ男爵に与えたとき、オロシュハーザを含むベーケーシュ県も男爵の所領となった。男爵は、無人の地に農民を導き、おもにスロヴァキアからベーケーシュチャバ、サルヴァシュ、コンドロシュ、トートコムローシュなどへ農民を招き入れた。そこにはルター派のスロヴァキア住民の居住地ができた。それでも人が足りないので、男爵はドナウ川の西、つまりトランスダニューブからも、農民を呼び込んだ。その際にカトリックの領主の支配するトルナ県のゾンバという村から、ルター派の人びとがオロシュハーザに入植した。一七四四年に最初の三〇世帯の家族が入植したことが知られている（Békés, 1988:404-6）。

こういう経緯で入植したので、オロシュハーザの村人らは、「土地に縛られた農奴」ではなく、自由に移動できる借地人であった。初期には領主への賦役も免れていた。しかし、マリア＝テレージアの時代、一七七二年には、彼らも賦役を課されることになった。一人前の土地保有農民（完全分与地保有農という）は、毎週一日二頭の牛と荷車で、また耕作期には四頭の牛でもって、領主直営地で賦役をすることとなった。土地は持たないが家を持つジェレール（無土地農）は、年間一八日の手仕事、土地も家もないジェレールは、年間一二日の手仕事が課された。これらの農民より低い状態にあったのが、領主農場のチェレード（下僕）であった。彼らは、農場に定住する雇農で、農場内の長屋に住み、現物の報酬を受け、領主のために働いた。オロシュハーザでは、このうちジェレールの数がしだいに増大した（Darvas, 1943:16; Darvas, 1963:13-19）。

世界史的に見れば、この時期、イギリスの産業革命の開始によって、穀物需要が高まっており、領主はそのための食糧生産の拡大に強い関心を持っていて、それがオロシュハーザの農民たちに影響を与えていたのだった。

一八世紀後半になるとオロシュハーザ村の住民のようすがいくらか分かる。人口は一七八四～八七年で、四六七六人であった。男子のうちの職業は、聖職者二、貴族とその家族七四、市民四八、農民三八五、市民・農民の後継者三九五、ジェレール四七二、その他八七人であった（Első, 22-23）。この時期の市民というのは領主に賦役義務を負わない村民（商人や手工業者など）と言うことであろう。土地を保有する農民と土地のないジェレールの数に大きな違いはなかったことに注目しておきたい。

村ではルター派の教会と教育の整備が進んだ。一七七七〜八六年にルター派教会が建てられた。だが、長らく司祭ただ一人しかいなかったという。すぐにルター派の学校が作られ、そこでは、四つの教室で四人の先生が教えた。一方、カトリック教徒はルター派が来るまえから散在していて、一四六一年に最初の教会を建てていたが、やがてルター派が来てそれに押されていった。ようやく一七九二年に少数の信者の手で塔のない教会が建てられ、一七九七年にカトリックの学校ができることになった（Békés, 1999:440-46）。

こうして、オロシュハーザ村の歴史は、ルター派の自由な「借地人」たちを中心とする村から始まったのである。

（2）「小農の村」――一九世紀前半

一七七五年に領主が変わった。ハルツケルン男爵が死去し、その娘と結婚していたカーロイ・アンタル伯爵が領主となった。そして一七九一年にカーロイ・アンタル伯が死ぬと、その領地はその未亡人、ついで息子たちが相続した。ただし、このカーロイ家はオロシュハーザで農場経営は行わなかった。

一九世紀の前半になると、オロシュハーザ村のようすがもう少し詳しく分かる（以下［A Békés megyei, 1988:145-63］参照）。一八一三年のオロシュハーザの人口総計は八〇〇〇人で、一七八〇年代の四七〇〇人弱から比べて、急増している。その構成は、以下のようであった。名誉村民（非貴族）四人、親方と手工業者五九人、領主農場のチェレード一七人、分与地を持つ農民三九二人、分与地を持たないジェレール（家持も家なしも）一二〇〇人、これらに扶養される未成年男子二三一五人、女子三七二七人、さらに貴族と家族が二八六人であった。農民とジェレールの比は一対三であるが、一七八〇年代にはこの比率はほぼ一対一であったから、この間に急速にジェレール化が進んだことが分かる。また、チェレードが少ないということは、領主の農場がほとんどないことを意味していた。オロシュハーザが「小農の村」と呼ばれたゆえんである。

一八一五年の史料によると、八〇〇〇人の住民の宗派は以下のように分かれていた。ルター派七七三四人（貴族二八六人も含む）、東方正教一四九人、ローマ・カトリック八九人、カルヴァン派二八人。圧倒的にルター派の世界であった。貴族もカトリックではなく、ルター派であった。東方正教の由来についてはよくわからないが、カルヴァン派は隣のホードメゼーヴァーシャールヘイから移ってきた人びとであった。

このような村民を扱う村の行政は、どのように行われていたのか。この村にはいくらかの自治があった。村は村落共同体として、村会を持ち、土地共同体の管理、土地の割替、土地台帳の管理、裁判を行った。村の行政官は、判事、書記、助役（エシュキュド）であった。一八一五年の記録によると、村には、①県から派遣された司法助役一人、②領主から派遣された役人である収入役一人と執事一人、③判事一人、④副判事（司法判事）一人、⑤助役一二人がいた。判事の役割は、当初は自治の運営であったが、やがて、中央権力の下達になった。判事は、数人の候補の中から、領主の派遣する役人のいる前で、村会が選んだ。書記と助役は、村が自由に選出・罷免できた。全体として見ると、村は一定の自治を持ちながらも、領主に加えて県の支配を受け、両者のやわらかな統制下に組み込まれていたようである。

では、当時のオロシュハーザの経済生活はどうであったか。一八一五年の史料によれば、村の広さは二万六六二八ホルド（一ホルドが〇・五七五ヘクタール）であったが、村人八〇〇〇人の規模にしては狭いと言われる。内、耕地は一万三三一四ホルド、放牧地（葡萄畑も合わせて）一万三三一四ホルドであった。このように耕地と放牧地は五対五であるのが普通であった。産物は、ワイン、とうもろこし、タバコ、小麦、牛、羊、馬、豚であった。だが、畜産のための放牧地の狭さが問題であった。牛の放牧地としては、キシュチャコーという放牧地があるのみであったが、これでは村の牛を養えないので、貴族から土地を借りていた。

この時期にオロシュハーザの北西部に領主から農民が土地を買い取って入植し、独自の集落を作り始めた。これがのちにセンテトルニャという地区（地図2、参照）になる（Ary, 1974:8）。

(3) 活性化する村——一八四八年とその後

このような村に革命の報せがやってきた。一八四八年三月一八日、オロシュハーザにペシュトの三月一五日革命の報が届いた。ペシュトの法学生が家族に書いた手紙が村の司祭のところへ郵便馬車で届いて分かったのである（Erdmann, 1985:22）。四月四日、ルター派教会で集会が開かれ、各区の代表者一〇〇人が参加した。オロシュハーザの農民は、第一に共同放牧地を拡大すること、第二にジェレールに土地を与えることを求めた。第一の要求は土地持ちの農民の要求であり、第二の要求は圧倒的多数をなすジェレールの要求であった。革命の指導者がコシュート・ラヨシュであることも知られてきた。ハプスブルク帝国から独立した政府を守るための国民軍向けの動員が行われ、オロシュハーザからは歩兵や騎馬兵が数百人も送り出された。しかし、一八四九年八月にハンガリーの独立戦争はハプスブブク帝国軍に敗れた。一〇月六日、指導者の多くがアラドで処刑された。

敗戦後、ハプスブルクの委任した郡長が、オロシュハーザの判事、司法判事、助役、二人の書記を任命した。旧来の村の自治体制が維持され利用されたのだ。新体制は、ハプスブルク占領軍の兵站を保証し、小麦、雑穀、豆などを提供しなければならなかった。しかし、住民はハプスブルクの「新絶対主義」に不満を持っていた。敗戦後、オロシュハーザの近くのプスタ（放牧地）に南大平原のベチャール（義賊）たちの拠点ができ、家畜が襲われ、ペシュト＝アラド＝ナジセベン間を走る乗合馬車も襲われた。オロシュハーザの住民は、内相バッハの体制に不満を持っており、バッハ体制に協力的な村判事の家に火がつけられたりした。

一八四九年以後のオロシュハーザの農民の状態はどうであったか。四八年四月の集会での要求は実現しなかった。オロシュハーザの農民構成は、一八四〇年代の末には著しく分化し、一方で富農が現れ、他方で、数ホルド持ちの貧農や土地なしのジェレールが増えていた。これらがまわりの領主地の労働力を提供した。これまでは、住民の生活を支えていたのは畜産であったが、一八五〇年代から穀物生産の重要性が高まった。それは穀物価格の上昇、穀物市場の拡大のせいであった。地価は上昇し、農民の一日の労働時間が増加した。一八五三年にはハプスブルク帝国政府によって「農奴解放」が実施されて、これまでの分与地保有農は土地を所有することになったが、分与地を持たなかったジェレールは土地を手にすることができなかった。したがって、オロシュハーザではこの「農奴解放」の影響は極めて少なかった、といえる。

一方、この時期には農業以外の商工業も成長し始め、一八五二年の時点で、工業者が一四四人、商業者が一三人を数えた。これに伴って宗派も多様になり、それに伴った教育施設の整備も進んだ。ユダヤ教徒が一九世紀の初めごろからオロシュハーザにも入ってきて、一八五二年にユダヤ学校を建てるまでになった。また、カルヴァン派の信徒団が一八五八年にできて、一八六二年にカルヴァン派学校ができた。さらに、一八六一年には私立のギムナジウムもできた（Békés, 1999: 408–10, 416）。

(4) 新しい結びつき——「アウスグライヒ」以後

一八六七年にオーストリアとのあいだに「アウスグライヒ（妥協）」が成立してオーストリア＝ハンガリー二重君主国ができると、地方行政制度も新しく改変された。村の自治は、県の支配下にある郡長の支配に代議制が組み込まれたものとなった。村の執行機関の構成員は、従来どおり判事、司法判事、助役二人、書記であったが、いずれも三年の任期で選出された。一八六八年一月一日に判事などが選挙で選ばれ、一月末に村会議員の選挙が行われた。村会の議長は判事が務めた。村会は四〇人からなり、二〇人は選挙で、二〇人は高額納税者から選ばれた。高額納税者としては地主、富裕農民、商人、自由職業人（聖職者、役人、弁護士、医者）、農場管理人などが選ばれた。反面、貧農・無土地農は代表されなかった（Nagy, 1965: 445–46）。

オロシュハーザ選挙区選出の国会議員の選挙も行われ、一八六九年三月に、一八四八年革命期の「社会主義者」ターンチチ・ミハーイが選ばれた。オロシュハーザの住民の間には、一八四八年革命とターンチチへの支持は強かったが、政治勢力の組み合わせで、七二年に彼は選挙に敗れた。しかしその後も、一八四八年とコシュートへの崇拝は残り続け、一八八九年には村はコシュートを名誉村民に選んだほどである。財産制限があったから、オロシュハーザでは国会議員の選挙権を持っていた人は、一八八一年に一二八七人、一九〇四年に一四一一人で、住民の一〇〜一二%ほどでしかなかった。ターンチチのあと、一八七〇年代は「よそ者」がオロシュハーザ選出の国会議員に当選していたが、一八八一年に地元のルター派司祭が当選し、一九〇六年まで選ばれ続けた。資産を持つ農民を基盤にしたのだった。

このようにオロシュハーザにも議会制度が浸透してきたわけである。と同時に、この時代、オロシュハーザには、住民たちのさまざまなサークルが形成された。市の富裕層の組織である「市民読書サークル」、これに対して貧農や農業労働者らの「オロシュハーザ読書人民クラブ」などである。このような結び付きはこの後も少しずつ広がり深まっていくことになる（Nagy, 1965:405–6, 442–47）。「オロシュハーザ読書人民クラブ」は民族、宗教、地位の違いを超えて、不足する教育を補うことを目指した（Forman, 1984:27）。

(5) 「資本主義」――一九世紀後半

「アウスグライヒ」以後、人口が急増し、一八五〇年の一万〇九一五人から、一八八〇年の一万八〇三二人へと増えた（Békés, 1999:415）。この間、ハンガリー全体での銀行の発展を受けて、オロシュハーザでも一八七一年に在地の小さな金融組織が合体してオロシュハーザ貯蓄銀行ができた。同行は、在地の大土地所有者や大借地農や製粉業者や大商人や富農や農場管理人らの出資に拠っていたが、ブダペシュトの大銀行であるペシュト・ハンガリー商業銀行とペシュト祖国第一貯蓄銀行と連携関係にあった。同行は工業・商業・農業の資本主義化を促進し、一九世紀末にかけて近隣の中小の信用組織を傘下に収めて地域的大金融網を打ち立てた。

工業は「アウスグライヒ」以後、急速に発展し、一八六九年には一七四人の工業者を数えた。一八八四年にはすべての工業者を含めたオロシュハーザ工業団体ができた。小工業が圧倒的に多く、一九〇〇年には七九八人の親方、六四五人の職人、二九一人の徒弟が働くほどになった。さらに、機械化された大工業も芽生えてきて、一八七〇年代初めに製粉工業が蒸気製粉機を導入して、その後機械制製粉所が増えて、オロシュハーザの中心的工業となった。一八九〇年代には製糖工業が始まり、レンガ、タバコ工場が続いた。労働力はまわりの農村から調達された

一方、「アウスグライヒ」以後に始まった鉄道は、農業の発展を促進した。すでに一八六三年にオロシュハーザを通ってセゲド=ベーケーシュチャバ間に鉄道が開通していたが、一八七一年に開通した「大平原=フィウメ鉄道」は、トランシルヴァニアのテメジュヴァール(クルージ)とナジヴァーラド(オラデア)からベーケーシュチャバを経て、オロシュハーザを通り、セゲドからザグレブを経て、アドリア海のフィウメ(リエカ)に至るものであった。この鉄道網はオロシュハーザなど大平原の穀物をペシュトを経由せずにアドリア海まで運んだから、穀物市場が急速に拡大した。しかし、穀物価格と同時に地価も上昇し、その結果農民の間での分化がいっそう進んだ(Nagy, 1965:415–16, 430–40)。

一般に一九世紀後半のハンガリーの農業は、一八七〇年代末までの好況期、七〇年代末から九〇年代

中ごろまでの農業恐慌期、九〇年代中期以後の高揚期に分けられるが、オロシュハーザの農業がこれに対応していたのかどうかは、分からない。だが、おそらく一八八〇年代の農業恐慌期には、海外の農産物の流入や対独保護関税の影響や封建的農業関係のお陰で、オロシュハーザの農業も苦境に立たされ、一部の富農が経営の近代化に進んだと考えられる。この時期のオロシュハーザの農業も農民も、世界的な資本主義の展開という環境の中で、その存在を規定されていたのである。

(6)「土地飢餓」——世紀末の農民

この結果、一八九五年のオロシュハーザ村での土地所有の状態は表1のようになった。村の領域の七二%が五〇ホルド以下の中小零細農民の所有地で、五〇~五〇〇ホルドの富農地は一五%ほどで、一〇〇〇ホルド以上の大土地所有（貴族）の土地は一三%ほどでしかなかった。五〇ホルド以下の経営はベーケーシュ県平均では三〇~三七%であったのに、オロシュハーザでは七二%と格段に多かった。また、五〇~五〇〇ホルドの富農にあたる層も県では平均が二〇%余であるのに対し、ここでは一五%ほどしかなかった。また、五〇〇~一〇〇〇ホルドは皆無であった。富農の資本家的経営の遅れを物語っている。いずれにせよ一〇ホルド以下が圧倒的で、それゆえ、「小農の村」は変らなかった。

オロシュハーザ村にある一〇〇ホルド以上の大規模な経営のデータは、一八九七年について得られる(Gazdaczímtár, 1897 : 326–27)。一〇〇ホルド以上の土地所有者は一二人であるが、経営は一七経営あった。その経営主の職業区分は、地主七、農民六、借地農一、書記一、カトリック司祭一、カルヴァン派牧師一であった。このうちの二件の一〇〇〇ホルド以上は、チャコーにあるゲイストという貴族の所領

表1　土地所有構成：1895 年

規　模	オロシュハーザ村			ベーケーシュ県		
	所有者数	土地面積		所有者数	土地面積	
ホルド	人	ホルド	%	人	ホルド	%
0〜10	2,277	6,248	31.64	18,609	54,547	9.4
10〜50	355	7,989	40.48	7,586	164,857	27.34
50〜100	16	1,174	5.94	4,315	92,818	9.87
100〜500	10	1,714	8.57	360	64,415	10.89
500〜1000	—	—	—	46	33,941	5.65
1000 以上	2	2,622	13.27	66	220,281	36.68

出典：［Nagy, 1965:418-19］より引用.

（一〇二三ホルド）とカカシュセークにあるジェレンスキーという貴族の所領（一六〇〇ホルド）であったが、彼らは農場経営をせず、土地を放牧地などとして貸していた。

ベーケーシュ県オロシュハーザ郡では、貴族のヴェンクハイムのチョルヴァシ領が六〇〇〇ホルド以上、セーナーシにある貴族カーロイの所領が一万ホルド以上、シャームションにあるカーロイ領とヴェンクハイム領がそれぞれ五〇〇〇ホルドほどを占めていて、一〇〇〇ホルド以上が四八％以上を占めていた。当時はオロシュハーザ村に隣接していたプスタセントルニャ村では、一〇〇ホルド以上の土地所有が土地面積の八〇％を占めていたほどである。それに比べて、オロシュハーザ村ではこの比率は小さかった。

こうしてオロシュハーザ村の農民たちは領主の支配がないから恵まれていたかと言うと、逆に全くの「土地飢餓」状態にあった。そのために周りの村や市の領域にある大所領の土地を買い求めようとした。しかし、地価は急速に上昇していた。一八七〇年には一ホルド当たり一三〇〜二〇〇フォリントだったのが、一八八五年には三二〇、一八九五年には四〇〇〜五〇〇フォリントになっていた。したがって、貧農や無土地農が土地を一ホルド買おうとしても、とても無理なことであった。一五〜一〇〇ホルドを持つ中農は、世紀末頃に少しずつ土地を買えるようになり、一〇〇ホルド以上持ちの富農は、近隣の王室地や貴族地や教会地といった大所領の土地をさまざまなルートを通じて購入した。例えば、一八九一年には、ベーケーシュ県各地に合計八〇〇〇ホルド以上の所領のあったトラウトマンスドルフ伯の土地が売却に出され、オロシュハーザ村にあった五〇〇〇ホルドほどの土地も売られた。しかしこれも「小農の村」を変えることはなかった。

このような「小農の村」オロシュハーザでは、結局貴族の大所領ではなく一〇〇ホルド以上持ちの富農らの経営が中心になって商品生産を行っていた。そこで作られた質の良い小麦はオーストリア、ドイツ、スイスに輸出された。このほか、家禽も輸出された。

このような農業の発展に合わせて、商業で生活する人口も急増し、商人の数は一八六九年三三人、一八七年一七五人、九〇年一九六人、一九〇〇年四七〇人と増加し、オロシュハーザは南大平原では一つの商業中心地となった（Nagy, 1965:418–23, 439）。

(7) 教育の世俗化

一九世紀の末になると、教育は教会学校だけでなく世俗化された学校でもおこなわれるようになった。

一八八八年の統計では、三九二六人の学齢期の生徒が学校に通っていた。ルター派の学校に三〇六八人、カトリックの学校に四七二人、カルヴァン派の学校に一九五人、ユダヤ学校に一八一人、ギリシア正教の学校に一〇人という比率であった。圧倒的に多数をなすルター派は一八八六年には一一の小学校を持っていたのである。こういう教会学校が依然として中心的役割を演じていたが、世俗学校も作られ始め、一八九〇年に男子の世俗学校、一八九二年に女子の世俗学校が始まった。そして、一九〇二年に国民小学校が発足して、先生が六人配置され、生徒五四九人を教えた。さらにここに工業科と商業科が増設された。こうして、次第に世俗教育が広がっていくことになる（Békés, 1999: 416）。

このような生徒数の増大は、教育を受ける住民が、土地所有農民や商工業者だけでなく、貧しいジェレール層にも広がっていたことをうかがわせる。このようなジェレールらが、立ち上がる日がやってきた。

第2節　「農業社会主義」――一八九〇年代

(1)　オロシュハーザの農業労働者

一八九〇年の農業の作柄は悪かった。折から一八九〇年一二月には「ハンガリー社会民主党」が創設され、農村の農業労働者のあいだでの宣伝・組織活動が精力的に展開された。こうした活動は、ハンガリー大平原南部の、ティサ川とマロシュ川に狭まれた「嵐のコーナー」と呼ばれる地域（チョングラード県、ベーケーシュ県など）の農業労働者のあいだに大きな反響を見出し、いくつかの市や村では「労働者サークル」が作られた。そういう村の一つがオロシュハーザであった。

オロシュハーザ村の人口は一九〇〇年の時点で、二万一三八五人、隣のセンテトルニャ（地図2、参照）で四八四五人であった。そのうちわけは以下の通りである。

表2　オロシュハーザの農業人口構成：1900年

		オロシュハーザ	センテトルニャ
人　口		21,385	4,845
農業従事者	世帯主	4,601	1,548
	被扶養者	7,860	2,791
内　日雇	世帯主	382	45
	被扶養者	404	44
家内下僕	世帯主	483	58
	被扶養者	49	39
農場下僕	世帯主	356	389
	被扶養者	331	859
農業労働者	世帯主	2,109	557
	被扶養者	4,106	786

出典：［Nagy, 1965:449］より引用.

オロシュハーザの場合、日雇、家内下僕、農場下僕（チェレード）、農業労働者を合わせた八二二〇人は、人口の三八％、農業従事者の六六％にのぼった。ここは領主農場がなかったので、チェレードは少なかった。隣のセンテトルニャでは、その比率は、それぞれ、五七％、六四％であった。ここには領主農場があったので、チェレードが多かった。ともかく、こうした無土地農に、五ホルド以下の貧農と零細農を加えると、「農業プロレタリアート」と称されるような人びとは村の人口の半数近くになった。この大部分がジェレールであった。

(2)　メーデー

オロシュハーザでは、社会民主主義の影響を受けて、一八九〇年五月に労働者サークルが結成され、一二月にブダペシュトで開かれたハンガリー社会民主党第一回大会にはオロシュハーザからも代表が送られた。一八九一年に入って、五月一日のメーデーを祝うことが計画され、その準備のために、彼らは四月一二日に集会を開くことにして近隣の村に呼びかけた。しかし、直前になって、郡長から、集会が政治目的を持っているというので集会の開催を禁じる命令が出て、憲兵が会場を包囲し、集会を解散させてしまった。そこで労働者サークルは、公然たる祝賀行事をあきらめ、労働者サークルの内部でメーデーを祝うことにきめた。

五月一日、オロシュハーザの農業労働者たちは、労働者サークルの建物のなかで声明を読み上げ、中庭で白い絹の旗を掲げた。その旗には赤い字で「自由、平等、博愛」の文字が書かれ、その裏側には、「八時間労働、八時間余暇、八時間睡眠」と書かれていた。

しかし、郡長は、憲兵を送って旗を没収させ、サークルの長と書記と会計係を逮捕させ、サークルの拠点を閉鎖させた。これに対して、五〇〇〇人ほどの労働者が旗の返還と指導者の釈放を求めて警察や郡長の役所へおしかけた。郡長は、兵隊の到着を待って、旗の返還と逮捕者の釈放を拒否した。その間に、「村では革命がおきている」とか、「コシュートがやってきて正義を行おうとしている」といったうわさを聞いて、近くのタニャからも人びとがやってきた。数を増した農業労働者たちとの衝突の中で、警察と軍隊が発砲し、二〇人あまりの流血を見、多くの者が逮捕された。労働者サークルは翌日解散させられた。

逮捕された人びとの例をあげると、四九歳のルター派の日雇ジェレール（子供五人と家を持ち、読み書きができる）、二四歳のルター派の日雇ジェレール（妻のみで、家はないが、読み書きができる）、二八歳のルター派の日雇ジェレール（家族があるが、家は持たない、読み書きができる）といった人びとであった。

以上が、歴史上有名になるオロシュハーザのメーデー事件であった。この事件は全国的な反響を呼んで、この県の他の市での不満の爆発の始まりを画した。

このようなオロシュハーザの農業労働者の背後にあった不満は何であったのか。オロシュハーザの運動に出てきた『労働者の公正なる請願』という綱領は、過去二年の間に、労働者や貧農の生活が苦しくなったとした上で、つぎの四点を請願していた。

第一は、農業労働者の日雇賃金を引き上げ、季節的に画定すること。また、一労働日の長さを、日の出から日没までとすること。

第二は、農業労働者が刈り入れた穀物の一〇分の一を受けとること、労働者が農場から一五キロ以上離れて住んでいるときは、交通費を払うこと。

第三は、農業労働者が自分の種子を雇い主の畑にまいて自分で育てたときには、労働者は生産物の二分の一を受け取り、雇い主が土地を耕やし播種して労働者に与えるときには、労働者は生産物の三分の一を受けとるべきこと。

第四は、チェレードに関するもので、まず、チェレードの年間賃金を現金六〇フォリント、一二マージャ（一マージャは約一〇〇キロ）の小麦、六マージャの大麦、五〇キロの塩、五〇キロのベーコン、五〇キロの香辛料、一足の新しい長靴と一足の修理済みの長靴、一・五ホルドの土地の利用権、牛一頭と豚二頭の飼育権にすること。つぎに、四季の労働時間を定めること、夏の手当、祭日、休日に休みを与えること、児童労働を制限すること。そして最後に、雇い主にチェレードの女房が無償労働（賦役）をしたり、小家畜や卵などを贈ったりする習慣をやめること、以上であった（Nagy, 1965:455-60;Forman, 1984:35-46; 南塚 1985:58-62）。

ここには当時のオロシュハーザの下層の農民の実態が明瞭に示されている。政治的な配慮からであろう、最も根本的な土地分割の要求こそ出ていないが、貧農層の切実な要求が掲げられていた。と同時に、農業労働者の明確な自己意識が表現されていたことも指摘しておきたい。

(3)「嵐のコーナー」

このオロシュハーザのメーデー事件に覚醒されて、大平原では次々と農民たちの暴動が起きた。五月二日には、隣の「市場町」ベーケーシュチャバで農業労働者の暴動が起きた。オロシュハーザとベーケーシュチャバの暴動は、すぐにまわりの村や県に広がった。翌月の二一日には、隣りのチャナード県のバトニャ村で、暴動が起きた。

こうした運動は、やがて同じく「嵐のコーナー」にあるチョングラード県のホードメゼーヴァーシャールヘイという市場町で、一段と盛り上がった。ここでも一八九一年春から土木人夫らを中心に「社会主義サークル」が組織され、サーントー・コヴアーチ・ヤーノシュをリーダーに選んで、急速に組織を拡大し、一八九四年には「全労働者読書協会」となった。同年のメーデーを前にした四月二二日、警察がサーントーを逮捕すると、大衆は警察や憲兵と大衝突を起こした。結局、政府は、直ちに大平原全体に非常事態宣言を発して、マコー、オロシュハーザ、センテシュなどでの同種の暴動を含めて、この運動を厳しく鎮圧した。

ついに社会民主党の中でもこうした農民の運動に取り組むべきだとする一派が現れた。一八九六年に開かれた社会民主党第四回大会以降、ヴァールコニ・イシュトヴァーンを指導者とするグループが形成され、六〜八月に全国的な収穫ストを組織した。ヴァールコニ派は全国的に広がり、一八九七〜九八年には北西部のニールシェーグ地方で土地分割闘争まで起こった。

これに対して危機感を深めた政府は一八九八年三月に「奴隷法」を定め、農業労働者の運動を厳しく弾圧した。この運動はいったん収束するが、その後再燃し、一九〇八年までいろいろな形で継続するのであった。

「農業社会主義」運動は、貧しい農民たちが長年にわたって抱えてきた問題の解決を願った決死の運動であった。彼らはドージャ・ジェルジやコシュート・ラヨシュと社会主義を結び付けたり、宗教異端と社会主義を結び付けたり、社会主義を彼ら流に理解して運動に飛び込んだ。社会民主党主流は農業問題には及び腰であったから、こういう農民運動に関心を持ったのは、本流ではない「異端」の社会主義者であった。しかし、こういう運動こそが、この時期の地主支配を揺るがすことができたのだった。オロシュハーザはこのような重要な意味を持つ運動の出発点であったのである。そしてこの体験は、オロシュハーザの住民に長く生き残ることになる。

実は、このように農民に関心をもった社会主義の運動が起きるのは、この時期のヨーロッパの中でも、ロシアとイタリアとハンガリーにおいてであったが、社会主義を意識しながら、農民の運動を展開しようという農民党の運動も、ブルガリアやクロアチアやポーランドなどで、この時期に高まっていたのである（Nagy, 1965:459–75; 南塚 1985:68–82)。

(4)「最大のハンガリー人村」

ここで世紀の交のオロシュハーザの人口動態を整理しておこう。

オロシュハーザ村はベーケーシュ県オロシュハーザ郡に属していた。郡内には、ベーケーシュシャームション、チョルヴァーシュ、ガードロシュ、ナジセーナーシュ、オロシュハーザ、プスタフェルドヴァール、センテトルニャ、トートコムローシュという八つの村があった。もちろんオロシュハーザ村が一番大きかった。

村の人口は着実に増大していた。一八八〇年に一万八〇三二人であった人口は、一八九〇年に一万九九五六人、一九〇〇年に二万一三八五人、そして一九一〇年には二万二二六四人を数えるにいたった(Békés, 1999:415)。

村域は村外区と村内区に分かれていて、村内区は四つの街区に分かれていた。一九一〇年の時点で、村外区に住む者は、八三六二人(三七・五%)であった。村人の三分の一以上が村の外域に住んでいたのである(Népszámlása, 1912:579)。村外区は散村(タニャ)地域であった。

オロシュハーザのタニャ地域は、三つに分かれていて、一つは、ラーコーツィ・テレプなど、村の西へ延びる地域、二つは、モノルなど村の東へ延びる地域、三つは、北のキシュチャコー地域であった(Szabó Ferenc, 2008:54-55)。のちにこれらの地域において、最初に、社会主義期の生産協同組合ができることになる。

村人の宗教は、ルター派(六六・九%)、カトリック(一八・四%)、カルヴァン派(七・五%)、ユダヤ(四%)、ユニタリアン(二%)、東方正教会(〇・四%)、その他(〇・八%)という分布であった。一八世紀の宗派分布と比べると、ルター派が圧倒的ではなくなったこと、カトリックが増えたこと、カルヴァン派も増えたこと、正教が減ったこと、ユダヤ教とユニタリアンが増えたことが注目される。ユニタリアンというのは、三位一体とキリストの神性を否定する宗派である。

一九一〇年の段階で、村の言語分布は、ハンガリー語話者が九八・七％で、他はスロヴァキア語、ドイツ語、ルーマニア語、セルビア語、クロアチア語の話者であった。ハンガリー語話者が圧倒的であったが、おそらく村人は多言語を話していたであろう。それにもかかわらず、一九世紀末からオロシュハーザは「最大のハンガリー人村」と呼ばれることになる。この時期からオロシュハーザの住民のあいだでも、言語によって「民族」を意識する文化が広がっていたことであろう。

さきに教育のところでも見たように学校が普及していたので、識字率はかなり高く、識字者は七五％を数え、タニャ住民でも七二％に達していた。農業社会主義が広がるための知的地盤は存在したのである（Népsámlása, 1910:278–79, 579）。

第3節　農村探索者と農民

(1) 未解決の土地不足——戦間期

一九一四年七月に始まった第一次世界大戦にさしては、二万二〇〇〇人余の人口のオロシュハーザ村から、八〇〇〇～一〇〇〇〇人が徴集されて戦線で戦った。一九一六年には、二万ホルドの耕地うち、七五〇〇ホルドしか耕作されなくなった。そのわけは主として、労働力の不足にあった。

大戦末期、一九一八年一〇月末に首都で起きたカーロイ・ミハーイの「アスター革命」を支持して、一一月一日、オロシュハーザでも大規模な住民集会が開かれ、民族評議会が結成された（Forman, 1984:43–44）。

大貴族だったカーロイは自ら率先して土地改革を行おうとしたが、休戦交渉に失敗し、間もなくカーロイ政権は崩壊してしまった。

一九一九年三月二一日、今度はクン・ベーラのタナーチ（ソヴェト）共和国が成立した。オロシュハーザでは、二二日に民族評議会が解散され、それまでの指導者は排除された。そして三月二六〜二七日に、企業、金融機関が社会化された。四月七日にタナーチ選挙が行われ、六〇五一人が投票し、村の労兵農タナーチが作られた（Forman, 1984:133-37）。投票者は一八歳以上の住民の五五％にあたった。戦前の選挙では八％の人しか投票できなかったわけだから、これは大きな変化であった。しかし、期待された率より低かったのは、政権が、地主地、鉱山、大企業、銀行、交通の国有化を掲げ、また土地改革を土地分配ではなく社会主義的な生産協同組合によって解決しようとしたためだった。クンの政権は、連合国からの厳しい反共攻撃を受けたうえ、こういう国民の要求に合わない性急な政策をとったために、八月には一三三日の命を終えることになる（南塚 2012:98）。このクン政権の教訓は、その後のハンガリーの共産主義者によって学ばれて行くことになるはずだった。

四月二八日にルーマニア軍が南からやってきてオロシュハーザを占領し、一九二〇年三月二八日まで駐屯した。そのあと、ハンガリー軍人のホルティ・ミクローシュの率いる国民軍が入ってきて、共産主義者狩りの白色テロが始まった。このころからオロシュハーザにも「反ユダヤ主義」の宣伝がやってきた。これまでオロシュハーザにはこのようなものはなかった。ユダヤ教徒は大した役割を演じていなかったからである（Darvas, 1961:36）。

ハンガリーは一九二〇年六月四日にトリアノン条約を結び、国土の七一・九％がまわりの国々に割譲され、人口が一八二〇万から七六〇万に縮小した。これによって、それまでは国のほぼ真ん中にあったオロシュハーザは、ルーマニア国境から三五キロのところにある、南部国境に近い村になった。

一九二〇年代に土地改革が行われたが、土地所有構造には手がつけられなかった。オロシュハーザでは、一九二一年には三三二六人の請求者が、土地を求めていた。しかし結局、わずかに三〇〇家族が〇・五ホルドから三ホルドの土地を手に入れたにとどまった（Darvas, 1961:36）。

したがって依然として農民の土地飢餓は残った。一九二〇年代末に始まる大恐慌の影響下で、ハンガリー経済は停滞し、とくに貧農の状態は悪化した。ハンガリーは「三〇〇万人の乞食」の国と言われた。全国的なレベルの政治の世界では、一九二〇年のトリアノン講和への不満が広がり、「民族の危機」が叫ばれ、「修正主義」ナショナリズムが吹き荒れていたが、オロシュハーザのようなローカルな社会では、問題は土地不足と現地社会の混乱であった。

しかし、この間に多少の明るい歴史もあった。一九二二年に、オロシュハーザに高等農業学校ができた。この地域で最初の中等教育学校であった。だが、普通中等教育を受けるためのギムナジウムへ行きたい子供は、近くのサルヴァシュ、ベーケーシュチャバ、ホードメゼーヴァーシャールヘイ、セゲド、センテシュのギムナジウムへ行くか、ブダペシュトへ出て行った（Békés, 1999:416）。

(2)「土地飢餓」

オロシュハーザの「土地飢餓」はどのようなものであったのだろうか。一九三五年の土地所有統計を見てみよう。オロシュハーザの土地所有件数は総計五三二九件、面積二万〇三四五ホルドであった。

そのうち、一〇〇〇ホルド以上の所有者三人は、貴族であった。だが、彼らはここで大経営は展開していなかった。土地は借地に出していたのである。

オロシュハーザの土地の大部分は農民の手にあったが、いぜんとして零細農が多かった。普通、土地所有農民の場合、地質がよければ五〜六ホルドあればかつかつ一家が食べていけた。だが、オロシュハーザでの土地所有規模は圧倒的にそれ以下であった。五ホルド以下は貧農といってよい。一ホルド以下が三四二一家族、一〜五ホルド所有が一〇二四家族、合わせて四五〇〇家族ほどであったから、全体の八三%を占めた。貧しい農民はタニャに住んでいた。村の農民の中心的存在は、二〇ホルドから一〇〇ホルドを持つ「富農」たちであった。人数的には二〇〇家族ほどであるが、相変らず他の農民たちへの経済的・社会的影響力は大きかった。彼らは、チェレードを雇って、大きな経営を行い、またルター派の教会を支えて、村の指導権を握っていた。富農は村の中とタニャとに二重の拠点を置き、生活は村で、生産はタニャで行っていた（Békés, 1990: 412）。

一方、土地のない農業労働者を見ると、オロシュハーザでは、チェレードは比較的少なかった。貴族経営が少なく、チェレードはほとんど富農の経営で雇われていた。この時期にはその数は三五〇人ほどであった。多いのは、ジェレールである日雇や季節雇や刈入れ人夫たちで、世帯主が二〇六〇人、被扶養者二八九〇人ほどで、オロシュハーザの人口の四〇%ほどにあたった（Darvas, 1961: 50–60）。

貧しい農民は、脱農して工業に職を求めることができたのだろうか。この時期、工業に従事するものは二九〇〇人ほどに増えていたが、二〇人以上の労働者を雇う工業企業はわずか一〇件で、家禽加工、製粉、レンガ工場などであった。基本的には農業と農業関連の工業がオロシュハーザの経済であった。

だが、農業関連工業も労働力を着実に吸収できるほどではなかった（Zilahi, 1974:51;Darvas, 1961:94）。

(3) 「農村探索者」

このような一九三〇年代のオロシュハーザへ「農村探索者」とよばれる作家たちがやってきては、オロシュハーザ村の歴史や実態を本にして紹介した。例えば、この土地出身のダルヴァシュ・ヨージェフは、『最大のハンガリー人村』（一九三七年）や『ある農民家族の歴史』（一九三九年）において、オロシュハーザを取り扱った。これは本稿でも折に触れて利用しているとおりである。また、フェーヤ・ゲーザという作家も、『嵐のコーナー』（一九三七年）という著作の中で、オロシュハーザの農民の現状を紹介した。

ここでは、一九三〇年代のオロシュハーザをもっとも活き活きと紹介したフェーヤ・ゲーザ『嵐のコーナー』に即して、当時の農民の様子を検討してみよう。

農業社会主義に強い関心を抱いていたフェーヤは、それが展開した「嵐のコーナー」を主として調査していた。そして「農業社会主義」が起きた地域での農民の意識の高さに注目して、オロシュハーザでは「小農文化」の繁栄を特に紹介していた。

ここでは、いくつもの農民のサークル（「人民サークル」）が活動していた。その一つは、「農民アリストクラート」の組織であった。フェーヤは、小農から分化が生じて二つの「農民アリストクラート」の階層ができたという。一つは血統派（本家筋）で、かつて移住してきた人の子孫、「歴史的アリストクラート」である。もう一つは「田舎者」で、新しい経営農民である。前者は、居心地の悪い層で、完全に「反社会的」であり、このほうが貧しい。後者は新鮮な血をもつが、前者に対して偏見を持っている。こういう違いはあれ、ともに両者は、営農家の家で集まり、種々の経済的利益について語り合う。彼らの息子たちには、別の組織があって、新聞も出しているが、娯楽、社交がその目的である。

第二のサークルは、「四八年独立サークル」である。一八四八年の精神を汲んだもので、経済的・社会的発展のかげにおかれた人びとが、昔の共同体の思い出を共有する場所である。サークルの台所には、たくさんの鍋があり、集まりのときにここで料理をする。一八六〇〜七〇年代から続いている図書室には、自由主義と独立の精神に満ちた本が集められている。

第三は、「労働者の家」である。これは背の低い、しかし、ブルジョワ的な様式の家であり、農業労働者の集まるところであった。これは村がきちんと整備し、清潔にしていた。ここには経営農家とは違った、多くの農民の利害を代表する場所があった。ちなみに、一八九〇年五月には、「オロシュハーザ労働者サークル」ができていたが、その伝統を受けている。こういうサークルに注目して、フェーヤは元気のある小農民の地としてオロシュハーザを描いた。

フェーヤが注目したもう一つの面が、オロシュハーザにおける教育の普及である。フェーヤは、オロシュハーザの村外区モノル（地図2、参照）にある「農民サークル」に目を付けている。これは「人民サークル」とでもいうべきであるが、タニャ地域の農民だけのサークルである。フェーヤがそこを訪問したときの話題はつぎのようであった。一つは、国民学校のことで、その科目が多すぎて、生徒に無理やり教育しているとか、農業専門の科目がないということが話題になっていた。このモノルは、一九五〇年に早々と農業生産協同組合ができるところである。いま一つはチェレード法のことであった。ここの農民たちは、集約的な経営をしていて、「質のよい労働」を求めていた。だからチェレードとの協力も必要であった。そのチェレードには自分たちと同じ質の労働を求めた。だが、チェレードの労働の質が低いことが不満だった。しかも、チェレード法によって、チェレードの保護が規定されている（体罰禁止など）のは不満であった。三つは、村の役人への不満であった。また村の行政に農民が十分に代表されない不満も語られていた（Féja, 1980:145–54;［Tóth, 1985］所収のBack論文も参照）。いずれも比較的豊かな農民の不満が語られていたわけで、かなりレベルの高い話題であった。フェーヤはこのようなサークルに驚いているのである。

実際、この一九三〇年代には、著しく教育環境の整備が進んだ。フェーヤは触れていないのだが、とくに三三年に私立のギムナジウムができたことを追加しておかねばならない。先生七人、生徒二七人であった。一九三七年に教会がこの学校を買い取って、オロシュハーザ・ルター派ギムナジウムとした。これでオロシュハーザの小学校修了生は他の市のギムナジウムへ行く必要がなくなった*。

＊　一九四八年にこれは国有化され、ターンチチ・ミハーイの名をつけられ、ターンチチ・ミハーイ・ギムナジウムと名付けられた。

このような「農村探索者」は、オロシュハーザだけに現れたのではなかった。一九三〇年代のハンガリーには、イエーシュ・ジュラ、ネーメト・ラースロー、エルデイ・フェレンツ、フェーヤ・ゲーザ、ダルヴァシュ・ヨージェフらを中心とする作家や研究者が農村に入って、全国の農村の実情を世に知らせ、農村と農民を基礎にしたハンガリーの再生を目指す運動を展開したのである。彼らは一九三九年には「民族農民党」を結成して、貧農の利益を主張し、土地改革、協同化をかかげ、「庭のハンガリー」（二五九頁参照）の創設を訴えた。こういう自覚を持ち始めた貧農たちが、「民族農民党」を支持したのももっともなことであった（南塚 1987：132–33）。

農村探索者の運動は、「三〇〇万人の乞食」の農村を基礎とするハンガリー社会を改革しようとする意図的な運動であって、「農業社会主義」の運動をも取り込んだものであった。それゆえに広く支持者を集めたが、体制側からは危険視された。だが体制側の対応は正面切った弾圧ではなく、矢十字党のような「えせ革命」的ファシズムの道によらねばならなかった。

こうして意識を高めてきた農民が、やがて体制としての社会主義に直面するのである。

(4) 大戦へ

一九三九年に第二次世界大戦が始まると、オロシュハーザの若者たちがつぎつぎと兵隊に取られ、大戦で死んだ若者は一〇〇〇人以上にのぼった。

この間、オロシュハーザでも政治の右傾化が進んだ。すでに三七年から、共産党は地下に潜っていた（Forman, 1984：327–30）。ユダヤ人の公的活動・経済活動を制限した一九三九年法律第四号によって、オロシュハーザでも、ユダヤ人は村議会から締め出された。オロシュハーザではユダヤ人商工業者は、それまでは六％ほどであったが、一九三九年一二月には九・一％になっていたのである。一九四四年三月一九日に、ドイツ軍がオロシュハーザも占領すると、オロシュハーザから二〇〇人のユダヤ人が収容所に送られ、一八七人が帰らぬままになった。

一九四四年一〇月六日、オロシュハーザはドイツ軍から解放され、ソ連軍とその同調者が村の権力を握った（Békés, 1999：413）。

第二章　「社会主義」と直面する農民

第1節　オロシュハーザに春が来た――人民民主主義と農民

(1)　解放された村

一九四四年一〇月六日、オロシュハーザが解放された時、村の生活は麻痺してしまっていた。地下から出てきた共産党員たちは、一〇月七日に会合を開いて、ソ連軍の指導部と連絡をうちたてた。すぐに『ネープアカラト（人民の願い）』という日刊紙が発行された。一〇月八日、ソ連軍の将校ヴォローニンが軍政の長となり、地元の社会民主主義者と協力して、行政を開始した。一〇月一四日に、共産党のオロシュハーザ組織ができた。

一〇月一五日の『ネープアカラト』紙の社説はこう述べていた。

「時代遅れになった古い体制の廃墟の上に、新しい自由なハンガリーを打ち立てなければならない。その仕事のためにはすべての人の力と能力が必要である。新しい体制は、すべての人に、自由で、民主的で、平和な生活を保障したいと望んでいる。労賃の安定した制度、土地改革、社会保障は、すべての人が等しく抱く利益である。わが国民を世界の平和的国民の列に引き上げなければならない。」

たしかに、戦後のオロシュハーザは戦前のような地主や富農の支配する村ではなくなった。村長、判事、村会の制度は廃止された。小農や貧農や無土地農たちは自らの手で、村を立て直す可能性が与えられた。まだ社会主義は問題になっていないなかで、新体制は、村の行政の立て直し、治安の組織、職安の再建、住民の啓蒙に取り組むことになった。だが、新しいオロシュハーザを作るにも経済の現実は厳しかった。とくに働き手が足りなかった。家に残っていた者たちは老人子供であって、その労働力はあてにならなかったのである（Az Orosházi Dózsa, 1974:3）。

一二月二一日にデブレツェンで開かれた国民議会には、オロシュハーザから一二人の代表が出席した。出席したのは民族農民党二、社会民主党三、労働組合二、共産党二人などであった。一九四四年末に国民委員会と企業委員会が結成された。

農民にとって見ると、ともかく土地改革の要求が最も重要であった。各地で土地分割を求める集会が開かれた。オロシュハーザでは一九四五年二月に南ハンガリー農業労働者大会が開かれて、土地分割の要求が掲げられた（Ary, 1974:15）。

一九四四年現在でのオロシュハーザの土地所有構成は表3のとおりであった。

一九三五年のオロシュハーザの土地所有件数は総計五三二九件、面積二万〇三四五ホルドであった。土地所有件数と経営数とは一致しないが、経営数は減っ

表3　オロシュハーザの土地所有構成：1944年

規　模	経営数	土地面積（ホルド）
1ホルド以下（家屋地など）	5,087	2,487
1～20	3,875	14,014
20～100	388	12,544
100ホルド以上	30	7,879

出典：［Zilahi, 1974:54］より引用.

て、土地面積が拡大していることが分かる。また、一ホルド以下が増大し、一ホルド以上の各カテゴリーが減っていることも分かる。全体として下降しているわけである。戦後一般的には、八ホルド以下の土地持ちの農民（農地はなくて宅地に付属した屋敷地しかもたない農民）を「貧農」、八〜二五ホルド持ちを「中農」、二五ホルド以上を「富農」と呼ぶようになった（今泉 1973:20）。この表では八ホルドと二五ホルドは識別できないが、経営数でみて、二〇ホルド以下が圧倒的に多数を占めていたことが分かる。このほかに土地を全く持たない「家なしジェレール」や「チェレード」などの無土地農が多数いた。土地改革は焦眉の課題であったのだ。

(2) 土地分配

ハンガリー各地の農民の要望を受けて、一九四五年三月一五日に土地改革法が成立した。それによると、貴族の土地は一〇〇ホルド以上、農民の土地は二〇〇ホルド以上が没収されることになった。また、各村に土地請求委員会が組織されることになった。オロシュハーザではすでに二月一日に村の国民委員会が土地請求委員会の組織化を決定していた。したがって、三月一五日の法律を待ってすぐに委員会が組織された（Az Orosházi Dózsa, 1974:4）。それは、二〇人の委員から構成された。そして一九四五年三月三〇日午前に土地分配が開始された。

オロシュハーザ全体で、七四八人が、合計四七九六ホルドの土地を獲得した。それでもこれは住民の二・五％でしかなかった。全国平均は六・六％であったから、オロシュハーザの比率は低いほうであった。この理由は、オロシュハーザでは一〇〇〇ホルドを越える貴族所領は少なく、また一〇〇ホルドを超える三〇家族の経営（七八七九ホルド）のうちの一部が法の対象とならなかったからである。それでも一万六〇〇〇ホルドの大土地所有地から約五〇〇〇ホルドが没収されて分配されたわけである。村にあった二家族の地主貴族領であるカカシュセークのジェレンスキー領やキシュチャコーのゲイスト領は没収され、分配された。最終的には一九四八年末までかかって、九六六人（住民の六・五％）が、平均八・六ホルドの土地を入手した（Zilahi, 1974:55）。

こうして、オロシュハーザは本来的な意味での「小農民の村」になった。地主貴族は土地を失い、二〇〇ホルド以上持ちの富農も土地をとられた。これまでの貧農、農業労働者は小さいながら土地所有者になった。地主所領にいたチェレードも解放されて、小さな土地を手に入れた。それでも土地改革で土地を手に入れることのできなかった零細農が多数残った。当面、彼らは国有地から借地をして経営することになる。

土地を新たに手に入れた農民はほとんどが「市外区」に土地をもらったが、すぐにそこに即席の家を建て始め、いわば仮設的なタニャが急増することになった。そのため、戦後の直後はタニャが急増した時期にあたる。

(3) 村の自治

一九四五年一一月四日に自由選挙による国会選挙が実施された。オロシュハーザでは、独立小農業者党が六二五六票、社会民主党が五一二六票、共産党が四〇八六票、民族農民党が一〇三四票、ブルジョワ民主党が二一九票を獲得した。全国平均に比べて、小農業者党が弱く、社会民主党や共産党が強かった。民族農民党が意外に低調であったのは、共産党などとの区別がつかなかったためであろう。

一九四六年一月一日にオロシュハーザは「村」から「市」に昇格した。そして、市整備評議会が作られ、共産党、社会民主党、民族農民党、労働組合が加わった。著名人では、「農村探索者」のダルヴァシュ・ヨージェフ、エルデイ・フェレンツなどが民族農民党から参加した。やがて、これに小農業者党が加わって、四党プラス労働組合の連立体制となった。

しかし、マーシャル・プランが提案された一九四七年六月ごろから、共産党の活動が活発になった。オロシュハーザでも、共産党はソ連の支援を意識して強力なイデオロギー的闘争を行った。特に小農業者党に対してイデオロギー闘争を繰り広げた。

一九四七年八月三一日に行われた国会選挙のオロシュハーザ市での結果は、共産党五三九二票、ハンガリー独立戦線三三八六票、社会民主党三三七九票、民主人民党二五〇二票、独立小農業者党二三七九票、民族農民党一二八四票という分布になって、小農業者党が激減し、共産党が第一党になった。全国の得票分布と比較すると、小農業者党が全国平均より低く、民族農民党も飛躍できなかった。一九四五年の選挙と違って、この選挙では、共産党は不正を働いて票を獲得したと言われた。

一九四七年九月にコミンフォルムが結成されたあと、共産党の活動はさらに闘争的になり、四八年四月には、社会民主党右派の市長に代わって、共産党の市長がついた。さらに共産党と社会民主党の合同によって、オロシュハーザにもハンガリー勤労者党の地域組織ができた。一九四八年六月にユーゴスラヴィアがコミンフォルムから追放されると、オロシュハーザでも共産党の権力的活動はいっそう強まったはずであるが、これについての史料はない。ただし、こうした共産党の攻勢のなかで、「日に日に人びとは反動的になって、共産党を支持しなくなった」とも言われる（Békés, 1999:413）。

オロシュハーザ市でも、経済の立て直しは順調には進まず、失業者は減らなかった。一九四八年の時点で、商工業で一二〇〇人、農業で一五〇〇人が失業していた。*

＊ 一九四九年の人口統計によると、住民の五〇％以上が農業、約二〇％が工業・建設業、二七・七％がその他。

一九四八年春に、一〇〇人以上の労働者を雇う大企業が国有化された。市ではトート製粉、ベーケーシ・チャナード電力、フォルトゥナ家禽加工の三工場が国有化された。

(4) 共同化

土地改革によって土地を手に入れた貧農といえども、すぐには農業経営ができなかった。役畜がいないし、農具もなかったからである。また、土地改革によっても土地を手に入れることのできなかった農民が多数残った。これらの貧農のためには、何らかの共同化が必要であった。

オロシュハーザの農民にとって決定的な変化が起きたのは、一九四八年に、二つの農業生産協同組合ができたことであった。これは、貧農を中心とする自発的な集団化であった。

一つは、オロシュハーザの北のモノル地区にできたドージャ生産協同組合で、組合員二六人、共同化する土地一〇〇ホルドの規模であった。ドージャとは、もちろん一五世紀の農民戦争の指導者、ドージャ・ジェルジにちなんだ命名である。もう一つは、オロシュハーザの西にあるラーコーツィ・テレプを中心にできたハラダーシュ*生産協同組合で、組合員一四人、六六ホルドの土地を持っていた（Zilahi, 1974:56）。

＊「前進」という意味、後に「赤い星」と改称した。

このような各地の自発的な協同組合化の動きに遅れて、共産党指導の政府は、一九四八年一二月にようやく生産協同組合の法的規定を定めた。とくにそれが、生産協同組合の三つの「型（タイプ）」を定義した点で重要であった。それによると、第一型では、土地所有権、役畜、労働用具は私的所有のままで、機械によって作業が行われる耕作、播種、施肥だけが共同化され、他の手仕事は個人で行われる。収穫物は各個人に帰属する。第二型では、土地所有権やすべての生産手段の私的所有は維持されるが、土地は組合に提供して、植物生産についての農作業はすべて共同化される。所得は提供した土地面積に応じて配分される。第三型は、基本的な生産手段はすべて共同化されるが、土地と、農民の宅地付属地（自留地）経営のための農具と、一定の家畜は共同化から除かれる。共同経営は畜産においても行われる。所得は、大部分が労働に応じて配分され、二五％程度が提供土地面積に応じて「地代」として配分されるというものである（今泉 1996:40–41）。

上述のドージャもハラダーシュもともに最初は第二型の組合であって、四九年になって第三型に変わった（Az Orosházi Dózsa, 1974:6）。

ともかくここに貧農による自発的な協同組合化が始まったのであった。もちろん小農民の世界の中にできた「小島」のような存在ではあったが。

ドージャの設立に参加した農民の例を一つだけあげよう。戦争で負傷して帰った夫を持ったある夫人は土地改革で二・五ホルドの土地をもらったが、一人では耕作ができないでいたところ、一〇人ほどが共同耕作をするという話を聞いて、これに参加した。初めは「女性はだめだよ」と言われたが、夫婦で参加し、ついに「こんな女性がもっと必要だな」と言われるまでになり、「自分も完全に価値のある人間になった」と感じることができるようになった（同上:14）。

(5) 人民民主主義

この当時、ハンガリー全国では「人民民主主義」という議論が行われていた。オロシュハーザに関係のある「農村探索者」らがその中心的な論者であった。彼らは、「庭のハンガリー」を実現しようという議論をしていた。経済的には、長年の土地なし状態から解放されて自らの土地を所有した農民の世界、その中に自主的な共同化によってできる模範的な農場としての大規模農場の点在、その相互協力というのが、具体的な農村における「人民民主主義」像、「庭のハンガリー」像であった。政治的には、さまざまな民主的諸勢力の連立による地方自治の確立、それが地方における「人民民主主義」の政治的側面であった。

一九四五〜四六年当時は、この「人民民主主義」は社会主義とは無関係と考えられていたが、四七年ころからは、農民的な社会主義への道、ソ連とは違った社会主義の道と考えられるようになった。だが、四八年末にはこの考えも異端とされるようになった。一九四七年六月のマーシャル・プラン発表から、九月のコミンフォルム設立を経て、四八年六月のユーゴスラヴィアのコミンフォルム追放にいたるまでは、「転換の一年」と呼ばれる。この期間を経て、四八年一二月には、ブルガリアのディミトロフが「人民民主主義はプロレタリア独裁の一形態」であるとの規定を提示して、事実上、農民の自発性などに基づく人民民主主義の時代は終わった（南塚 1987: 第6章）。だが、それは一九五六年や一九八九年には、また登場することになるはずであった。

第2節 「集団化」

(1) 第三型生産協同組合

一九四九年八月二〇日に新憲法が発布され、ハンガリーは「人民共和国」となった。そして、全国が共産党の「伝導ベルト」のもとで「評議会（タナーチ）」の積み上げによって統治されることになった。オロシュハーザでは、一九五〇年一〇月三〇日に、メンバー一〇〇人からなる市評議会が発足した。市の指導部には共産党員など、「政治的には信頼できるが、教育を受けていない党員」がついた。これまでの新聞が廃止され、四九年一〇月三〇日に、『嵐のコーナーの人民』が発行された。一九世紀末の農業社会主義の伝統が活かされた命名であった（Békés, 1999:413）。

だが、農民から見る限り、「社会主義」がすぐに導入されたわけではなかった。農業の「集団化」はまだ始まっていなかった。協同組合化はいぜん農民の自発性に任されていたのである。

一九四九年六月九日、オロシュハーザに隣接するセンテトルニャ村において、二つの生産協同組合が設立された。一つは、ペテーフィ、もう一つは、サーントー・コヴァーチであった。ともに第三型の組合であった。

センテトルニャではすでに一九四八年から農民たちが自発的に集まって集団的労働をしようという動きが出ていた。それは土地を得ても農具のない農民や、土地なしの農民などの動きであった。あるものは「五人、一〇人が集まって一緒に土地を耕そうではないか」といい、あるものは「それじゃ本当の大経営じゃないぜ」といって議論した。四九年に入って、集団農場の形成が具体的に相談されるようになって、六月九日の集会でペテーフィとサーントー・コヴァーチという二つの生産協同組合を作ることが決まった。名前は集会で投票によって決められた。ペテーフィは一八四八年革命時の国民的詩人ペテーフィ・シャーンドルにちなんだ名称であったし、サーントー・コヴァーチは、一八九〇年代の農業社会主義運動の指導者に由来する名前であった。ペテーフィは土地フォンド二〇三ホルド、サーントー・コヴァーチは、土地フォンド二〇〇ホルドでスタートした。設立メンバーは合わせて二二人で、すべてが戦後の土地改革で土地を得た農民であった。四九年の秋から共同作業が始まったが、まったくの草地からの出発だったので、作業は容易ではなかった。

ペテーフィは、各メンバーに五マージャ（一マージャ＝一〇〇キログラム）のトウモロコシ、六〇キロの大麦などを持ちよるように取り決めた。国からは牝牛一〇頭、鶏二〇羽をもらった。ついで、地元の富農から一〇〇頭の豚の肥育を委託してもらった（Ary, 1974:21-26）。

また、八月一八日には、前年にできていた第二型のドージャが第三型の生産協同組合となった。メンバー三九人、土地は三〇〇ホルドで出発した。馬一一頭、牛一二頭、豚四一頭が共同の資産であった（Az Orosházi Dózsa, 1974:6, 8）。

この時期にドージャに加入したクラームリ・イシュトヴァーンは、もとはジェレールであった。戦後の土地改革で土地はもらえなかったが、一九四八年に三ホルドの土地を借地できて、借地組合に加入し、その指導部に入った。しかし、土地だけでは暮らせないので、砂堀場で働いていた。そういう時に、

表4　1949年の農業生産協同組合

名　　称	所在地	構成員数	土地面積
		人	ホルド
ドージャ	モノル	39	443
赤い星（旧ハラダーシュ）	ラーコーツィ・テレプ	45	266
アディ	キシュチャコー	20	250
サーントー・コヴァーチ	センテトルニャ	36	283
ペテーフィ	センテトルニャ	52	300
ターンチチ	モノル	10	46
合　　計		202	1,588

出典：［Az Orosházi Dózsa, 1974:9］より引用.

協同組合の農場で三台のトラクターが畑を耕しているのを見て、ドージャに加入した（同上 :21-22）。

最終的に一九四九年の末には表4のように、オロシュハーザには六つの農業生産協同組合（第三型）ができることになった。総計一九二家族、二〇二人のメンバー、土地フォンド一五八八ホルドであった。

オロシュハーザの三つのタニャ地域にそれぞれ組合ができたわけである。この他に、一九四九年には国営農場の「種子」ができていて、土地五二〇ホルド、羊二三頭、役畜一五頭で、機械なしで経営を始めていた（Szabó Endre, 2008:226）。

この時期の市の人口は人口三万一四二九人であったから、参加メンバーの比率はまだ低かったとはいえ、市に新しい共同的農業経営が農民の自発性を基礎に出現したのだった。当初、共産党は組合活動にあまり関与していなかったが、一九四九年末までには、市の党委員会が「農民アクティヴ」の会議を開いて、各生産協同組合の組合長や党書記らを集めて指示するようになった（Ary, 1974:28）。この四九年にはオロシュハーザに機械ステーションができ、協同組合にトラクターなどを提供するようになり、これも組合への政府・党の指令のルートとなった。

地図 2　オロシュハーザ市最初の生産協同組合：1950 年頃

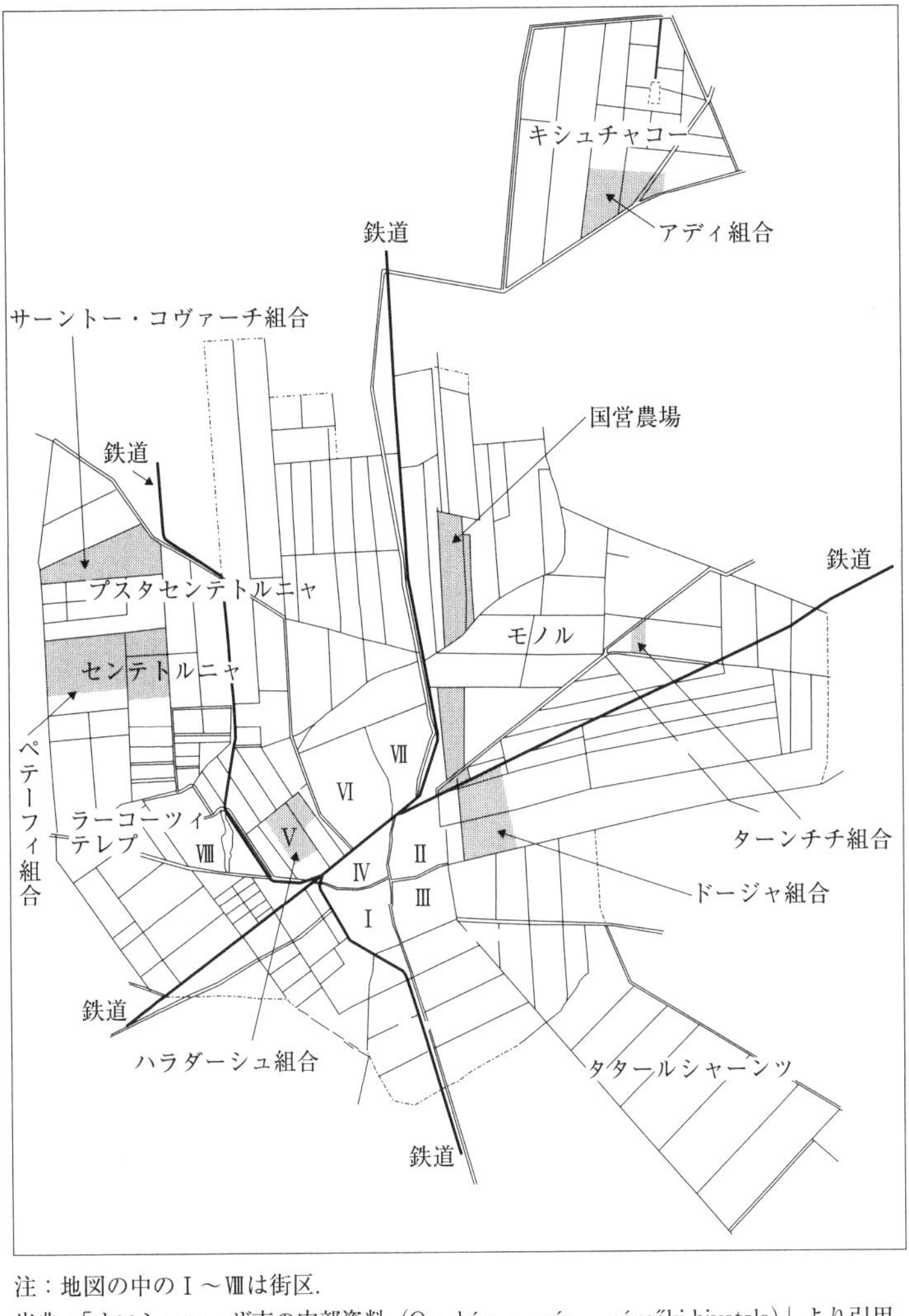

注：地図の中のⅠ～Ⅷは街区.
出典：「オロシュハーザ市の内部資料（Orosháza m. város mérnőki hivatala)」より引用.

(2) 強制的集団化

一九四九年までは、新しい共同的農業経営が農民の自発性を基礎に組織されていた。だが、翌年からは、協同組合化は政府によって行政的に急速に押し進められた。その手始めとして五〇年五月には、政府の決定で、第三型の組合で三〇家族以上を有し、三〇〇ホルド以上の土地を持つものは、「自立的生産協同組合」になることが決められ、そのための「模範定款」が示された。「定款」は農民の自留地も一家族当たり1／2から3／4ホルドの規模で認めていた（今泉 1973:15-16）。このあと「集団化」が急速に進められることになったが、そのさい、富農の加入が禁止され、また組合独自の大型機械の購入も禁止された。機械は、機械トラクター・ステーションに集中されたのである。

オロシュハーザでは「集団化」はどう展開したか。まず、既存の協同組合が拡大された。組合員が三九人で土地フォンドが二八〇ホルドだったドージャは、一九五〇年末には、メンバーが一六七人、土地フォンドが七六二ホルドになったが、五一年末には二二〇人、八二五ホルドへ、そして五二年末には四八三人、三四一八ホルドに急成長することになった（Az Orosházi Dózsa, 1974:16）。また、一九五〇年一〇月には、既存のペテーフィとサーントトー・コヴァーチが合体して、「一〇月六日」という名の協同組合になった（これはのちに一九五六年一一月に「ペテーフィ」という名前に再度改称する）。そして、新しい組合が作られた。一九五〇年八月、オロシュハーザの南東にあるタニャ地域において「ウーイ・エーレト（新生活）」という協同組合が生まれた。メンバーは八五人、土地フォンドは一五〇ホルドで、農民の提供した土地は四一ホルド、借地が一〇六ホルド余りであった（Verasztó, 1990:5）。

ペテーフィとサーントトー・コヴァーチの合同について、経緯が少しわかる。両者は隣り合っていたが、土地分割のときペテーフィの農民はサーントー・コヴァーチの農民より一人当たりの入手した土地が小さかったことや、サーントー・コヴァーチでは労働力不足が深刻だったこと、畜産は大規模に行った方がいいということなどがあって、一九五〇年の収穫時には、「一緒に収穫ができるといい」という声が強まった。それぞれが集会を開いた。もちろん反対の声もあったが、合同を支持する者が多かった。一〇月一日に新しい農業歴が始まり、次年度の生産計画を考える必要が出たのを期に、ペテーフィとサーントー・コヴァーチの合同が実現した。土地フォンドは合わせて六〇〇ホルドほどであった。名称は、「一〇月六日」が選ばれたが、これは、前述のとおり一九四四年のこの日にオロシュハーザが「解放」されたということと、一八四九年のこの日にアラドで四八年革命と四九年独立戦争の指導者一三人がハプスブルク当局によって処刑されたということを記念してのことであった。組合長は、スヴェルレ・イムレという元チェレードの党員であった（Ary, 1974:32）。

結局、一九五〇年末には、八つの生産協同組合が、七五二人の組合員、三二五〇ホルドの土地を有することになった。組合員は四九年末には二〇二人であったのが、一挙に増加したのである。市全体の土地は三万七〇〇〇ホルドほどであったから、その一〇%弱が共同化されたのである。そのほとんどはタニャの小農民であった。この時期に組合に参加した農民は土地なしの農民か貧農であった。彼らの多くは国有地を借地していて、それを組合に持ち込んだのであった。だから組合は借地で成り立っていたといってよい。

一九五一年には、生産協同組合化はさらに促進された。あらたに作られた協同組合の代表が「ベーケ（平和の意味）」という組合であった。ベーケは、一九五一年二月に第一型として組合員三五人で発足し

表5　オロシュハーザにおける農業生産協同組合の発展

年	協同組合数	家族数	組合員数	土地面積
				ホルド
1949年	6	192	202	1,573
1950年	8	494	752	3,250
1951年	11	710	1,085	4,481
1952年	14	2,480	2,769	22,245
1953年	10	1,059	1,228	11,728
1956年10月	10	1,270	1,789	13,360
1957年4月	10	807	905	6,630
1957年12月	9	814	921	8,088
1960年2月	7	1,613	1,891	14,059
1961年3月	7	4,194	4,472	25,222
1968年1月	7		4,429	25,488

注：1968年の4,429人のうち労働者が3,041人，雇用職員が305人．
出典：［Zihahi, 1974:57］より引用．

たが、秋には一二〇人、土地一二七二ホルドに拡大、一九五二年には第三型になって、組合員二六六人、土地一九八八ホルドを擁するようになった。二年以内で一〇倍に近い拡大をしたことになった（25 éves, 1977:1-2）。

一九五一～五二年は天候が最悪となったが、それはかえって農民たちの意識を高めた。例えば、「一〇月六日」について見てみよう。一九五〇～五一年度の生産は好調であった。組合員は砂糖、トウモロコシ、小麦などを労働の比率に応じて受け取った。組合共通の資産も増え、蓄積もできた（Ary, 1974: 34）。しかし、一九五一～五二年度は厳しい年であった。厳しい冬の後、寒い春が続いて、小麦やトウモロコシや甜菜は凍ってしまい、作付をやりなおさねばならなかったが、夏には旱魃が襲ってきた。人も家畜も口にするものがなくなってしまった。それでもセンテトルニャを含めてオロシュハーザ全体で、組合を解体しようという声はなく、個人経営よりも集団経営のほうが生産力が高いという見本を見せようという意欲が強かった。かつての農業社会主義の例も引き合いに出されて、むしろ集団化が前進し、土地フォンドは、五二年末までに、四・五倍の二七二一ホルドに急増したほどであった（同上：39-41, 48）。

こうして、一九五二年一二月三一日の時点で、オロシュハーザにおける生産協同組合は一四を数え、組合員数は二七六九人となり、農地面積の七五％にあたる二万二二四五ホルドの土地が集団化された。一九五〇年末には、八つの生産協同組合が、七五二人の組合員、三二五〇ホルドを擁していたわけであるから、二年の間に、組合員は三・七倍、土地は六・八倍に急増したことになる。

これ以後のオロシュハーザにおける生産協同組合の数的発展の様子は、表5に見ることができる。

(3) 「集団化」のひずみ

このように、数字の上からは、一九五〇年代初めに協同組合化は順調に進んだように見える。しかし、それは多くの問題を抱えていた。

第一に、組合の土地が急に拡大して、それに対して労働力が不足した。自ら土地の経営ができない人びとが、組合に土地を貸してきた。工業で働く者が、土地を賃貸に出してきた。一方、土地を放棄した若者が工業地区に移住したので労働力は増えなかった（一九四九年から六〇年までに三〇〇〇人が移住することになる）。農民の労働意欲は高かったが、役畜や機械が足りず、労働の生産力は低かった（Ary, 1974：43-44）。

第二に、組合は貧農を中心に急速に拡大されたので、組合の指導部には、それまで土地を持っていなくて経営の知識もない人びとがついた。そこで、党は画一的な経営指針を与えようとたが、一四の組合の指導部はそれぞれに独自の経営をしようとした。農民アクティヴの会議で、「すべての組合に同じ帽子をかぶせないでくれ」と言うものもいた。

第三に、組合員も急に増えたので、それまでのような「家族的な雰囲気」はなくなり、いさかいも多くなった。新規の参加者はかならずしも生産組合がいいとは信じていなかった。彼らの中には貧農の経営手腕に疑問を抱いている者もいた。こういう不満を解消するためにも、また、急に拡大した土地の有効な活用のためにも、組合指導部は、土地の一部を農民に賃貸に出そうとしたが、「上」の組織からこれは認められなかった（同上：48）。

第四に、「クラーク」とみなされたもの（多くは豊かなタニャ農民）が追放され、そのような「クラーク」とみなされた者が協同化に反対の運動を起こした。「クラーク」は、かつてチェレードが住んでいた昔の領主の長屋へ移されたり、収容所へ送られたりした。ホルティ時代に役人をしていたものの家族が、ホルトバージなどの収容所へ移された。センテトルニャには「クラーク」は存在せず、経営上手な富裕農民は尊敬され、模範農家といわれていた。彼らは下僕を雇うこともなく、日の出から日没まで働き、とても「クラーク」にはあたらなかった。だが、それでも「クラーク追放」は他の村と同じように行われた（同上：41, 43）。一九五〇年代前半の集団化は「クラーク追放」を伴った「強制」的で行政的なものであった。換言すれば、集団化は合理的な政策であるから、それを理解しないものは強制でそれに従わせるという手法がとられたのである。

第五に、住民の生活水準が低下し始め、一九五二年には四九年に比べて二〇・三％も低下することになった。

第六に、以前からあったタニャと土地改革後にできたタニャが協同組合に組み込まれていったが、タニャは私的経営の拠点であるというので、それらは破壊されたり、農機具置き場にされたり、住宅にされた。タニャに住んでいた農民は、協同組合の本部の周りに集落を作るように建てられた家に移住させられた。一九四九年に政府は、タニャの新設は、タニャのまとまり（教会や郵便局や医療施設があるタニャ・センター）があるところ以外では禁止したのだった（Pölöskei, 1980:371）。

これらの問題についての教訓は、やがて、学ばれていくことになる。

(4) 一九五三年

一九五三年三月にスターリンが死去すると、オロシュハーザでもその影響が現れ、異常な緊張が高まった。オロシュハーザでは一九五三年六月に、党の決定によって四つの生産協同組合が解体されて、一四件が一〇件になった。これは首相についたナジ・イムレの政策であった。ナジ・イムレは、共産党内の農業派で、一九四五年の土地改革の主導者であった。彼は五〇年代初頭のラーコシによる「強制的」な集団化に反対していて、首相になったときに、個人農の保護と、生産協同組合の支援と自由化、自留地の優遇の政策をとったが、結果的には協同組合からの農民の脱退と組合の解散を招いていた（今泉 1973:27–30; Romsics II, 2000:78; Zilahi, 1974:58）。

一九五三年末にはオロシュハーザ全体で、生産協同組合の数は一〇件となり、組合員数一二二八人が一万一七二八ホルドの土地を共同化していた。五二年末で二万二二四五ホルドであったから、半減したわけである。「一〇月六日」では、組合員は半減し、土地は二七二一ホルドから一二三五ホルドへと半減以上の減少を見せた。脱退した組合員は土地や家畜を持って行った。しかし、この年は豊作で、労働報酬も増大し、地代もきちんと払われた。そして、一九五四年の春になると、脱退した組合員も少しずつ戻ってきた。もちろん組合員のあいだの不信はすぐに関係が改善されたわけではなったが。組合員の生産意欲に加え、政府からの援助もあって、建物が増築され、家畜が増やされ、肥料も購入された。組合は、次第に自立できるようになった。そして、一九五四年度の穀物は素晴らしい豊作であった。それでもまだ脱退する者と復帰する者とが出入りして、秋の耕耘や播種は遅れがちであった。

ナジは一九五五年四月には、ソ連の指導者の交代に伴って失脚した。

この年、政府はコンバインなど機械の導入を促進しようとしたが、当初オロシュハーザのどの組合も機械化に乗り気ではなかった。すでに四九年に機械ステーションができていたが、活動はしていなかった。農民からは「機械が農作業を停止させる」というのであった。だが、機械のデモンストレーションによって、ようやく組合員も機械を受け入れることに同意した。機械は収穫と脱穀にかろうじて間に合った。

「一〇月六日」では、この一九五四年度において初めて「決算」が行われた。計画は一一〇％の超過遂行であった。しかし、播種や耕耘などの時期について、細かく郡当局の許可を得なければならないような制度への不満も総会では述べられた。だが、豊作の一九五四年度を終えて、いよいよ生産活動は計画的に行われるようになった。なにをどれだけ播種するかなどは、指導部だけでなく、組合員全体を巻き込んで議論された。肉体労働を最も必要とする作物には、個人と契約を結んで、土地を貸して生産依頼した。機械を動かす専門家の教育にも注意がむけられ、五五年度の収穫時には一一台のコンバインが活躍するほどになった。また疾病死亡のときの保険も準備できるようになった。自留地でも、トウモロコシが生産され、家畜も増産された。こうして、一九五五年度には、組合では経験が蓄積され、さまざまな配慮ができるようになり、共同体へのより強い責任が皆に感じられるようになった。衣食住は改善され、組合員は増大した（Ary, 1974:48-50, 52, 57-58）。

ここに見たような政治と経済のジグザグな進行にもかかわらず、住民にとって大切な教育の環境は整備されていった。戦後、教育は完全に教会から切り離された。例えば、ターンチチ・ミハーイ・ギムナジウムが一九四八年に国有化され、ルター派教会から切り離された。そして、一九五一年から五五年までを費やして建てられた立派な建物に入った。また、一九四九年には新たに農業高校ができた（これは一九二二年の農業学校の後継であった）。さらに一九五五年にはリスト・フェレンツ音楽院が設立され、先生二五人、生徒三五〇人でスタートした（Békés, 1999:416）。

長年のオロシュハーザの農民の歴史から考えると、ここに生まれた事態はどうか。農民は地主の支配から解放された。土地への飢餓は終わった。小土地所有農民は自らの力で経営し、土地のなかった農民は組合化して、機械の支援も得られるようになった。農民は農業を始め教育を受けることができるようになった。もはや「三〇〇万」人の「乞食」の国の一部ではなくなった。しかし、政治闘争のなかで、農民の運命はどのように変化するのか不明であった。そういう時に「一九五六年」がやって来た。

第3節　「再集団化」

(1)　一九五六年

オロシュハーザでは、「一九五六年」の前兆はなかったが、首都での動きには敏感な反応がみられた。

一九五六年一〇月二三日、首都ブダペシュトにおいて大規模なデモが起き、二四日にはナジ・イムレが首相に任命された。このニュースを聞いて、オロシュハーザでも一〇月二七日に数百人のデモが起った。二八日には一万人の集会が開かれた。その集会で、二二人からなる革命評議会ができ、かつての社会民主党員であるナジ・ラヨシュが革命評議会の議長に選出された。これまでの共産党主導の市評議会に代わって、これが市の行政を掌握した。新体制は二〇人の共産党員を保護施設に送った。市にある国営工場では労働者評議会ができた。

一〇月二八日、ナジ・イムレはラジオ放送によって、「広範な改革プログラム」の経済面の改革を発表し、農業集団化の際の不法の是正、協同組合と個人農の活性化などを宣言した。これは、五〇年代の強制的集団化を否定して、農民の生産協同組合からの離脱を認める宣言と受け止められた（南塚2009:64-65）。これによって、オロシュハーザでも組合から脱退する者が相次いだ。

しかし、一一月四日にソ連軍が首都を占領したのを受けて、一一月五日にはオロシュハーザもソ連軍によって占領された。このとき武力衝突はなく、占領は平和裏に行われた。しかし、革命評議会と工場の労働者評議会はその職にとどまった。そこへ一一月一一日に、カーダール・ヤーノシュらの作った社会主義労働者党のオロシュハーザ支部ができたから、市には二重権力状態が生まれた。一二月四日に、革命の支持者たちは、オロシュハーザ中央革命評議会を設立し、七日にはカーダール政権に反対の静かなデモを組織した。

だが一二月九日に首都の中央労働者評議会が禁止されたあと、オロシュハーザでも「反革命」の摘発が始まった。議長のナジ・ラヨシュは一〇年の禁固刑に処せられた。この他、数人が七年ほどの禁固刑を受けた。なお、オロシュハーザ出身で、首都のコルヴィン交差点でソ連軍と戦ったスラマ・アールパードは一五年の刑を宣せられた。中には、裁判なしで何年も収容されていた者もいる。今では、この一九五六年革命は、オロシュハーザでも「革命」と再評価され、犠牲者の復権が行われている（Békés, 1999:414）。

この間の動きは、生産協同組合ではどのように現れたのだろうか。「一〇月六日」について見てみよう。ブダペシュトのニュースが伝わった時、秋の収穫の最中であった。組合長をはじめ党員や組合員の多くは、農作業を終えたあと、総会を開いて、組合をどうするかについて決めようという態度であった。だが、若い「連中」がセンテトルニャへやってきて、「ブダペシュトではストライキが起きている。あれにならおう」と言って回った。そして、センテトルニャでも「革命評議会」が組織された。その中では意見は分かれて、組合を維持しようという人びとと、組合を解散させようという人びとが争った。結局、脱退したいものは出ていいということ、そして残る者は新たに組合に加入することにするということを決めて終わった。この結果、新たに「分割委員会」が作られた。この委員会はその権限を越えて、すべてを手中にして、競売にかけようとした。一方で、一二月二三日に新たな組合の総会が開かれた。ここには、生産協同組合において働き続けようという農民二一人が集まった。新しい規約が採択され、新しい名称を「ペテーフィ」とすることが決められた。そして、一九五七年一月一七日に再度総会が開かれて、セントイヴァーニ・ラヨシュを組合長に選出した。この日が新しい「ペテーフィ」の設立の日となった。

一九五七年の春から、脱退した人びとが復帰を希望してきた。もちろん、彼らを受け入れるか否かをめぐって、激しい議論が起きた。しかしこれも、長い「小競り合い」の後に収束し、組合員の人数も組合資産も増加した（Ary, 1974:59-62）。

実際にオロシュハーザ全体において組合を離脱した農民はどの程度であったか。数字で見ると、一九五六年一〇月の時点では、協同組合数が一〇、組合員数が一七八九人、土地面積が一万三三六〇ホルドとなっていて、五三年よりも組合員数と土地面積は増えていた。しかしこの後、協同組合の縮小がやってきて、五七年には、協同組合数こそ一件しか減らなかったものの、組合員数と土地面積はほぼ半減したのであった。

(2) 慎重な「再集団化」

一九五六年一一月に政権についたカーダールのもとで行われた五七年七月の党大会の結果、八月一日に出された「農業政策に関するテーゼ」は、新しい農業政策の方針を示した。生産協同組合を発展させるという原則の下で、個人農経営も支援され、富農への組合加入の強制政策は放棄された。この「テーゼ」に基づいて五八年一二月の共産党総会から農業の集団化が再開された。党は、一九五〇年代初めの集団化とは違って、農民の意向を慎重に斟酌しながら、この運動に取り組んだ。党は、各地の組織に対して、集団化に関する党の政策をよく勉強して取り組むようにと指示を出したりして、注意深く取り組んだ。一九五九年三月には新生産協同組合法と新模範定款が公布された（今泉 1973:42-48; 同 1996:41）。党は「中農」も生産協同組合に入り始めたことに注目していた（MSZMP, 1959）。

オロシュハーザでは、今回は一九五二年とはちがって、党の柔軟な政策によって、大きな問題はなく集団化が行われ、一九六〇年には農民が大挙して組合に加入した。一九五八年六月と五九年一〇月に開かれたオロシュハーザ市党委員会が農業の社会主義化の問題を議論し、これに取り組んだ。その結果、六〇年一二月には、七つの生産協同組合の規模は一八四八家族、組合員数二〇二〇人、土地面積一万六二六八ホルド、耕地面積一万四二八九ホルドであったのが、一九六一年一月には、それぞれ四六九五家族、四九一五人、二万九〇一六ホルド、二万七〇七八ホルドとなり、市の耕地面積の九五％が「社会主義的セクター」のもとにおかれた（BMLB, 1f）。一九六八年一月には、生産協同組合数七、組合員数三〇四一人、雇用者数三〇五人、経営する土地面積二万五四八八ホルドになった（Zilahi, 1974:57, 69）。七つとは、既存のベーケ、ドージャ、ペテーフィ、アディ、赤い星に加えて、ウーイ・エーレト（新生活）、サバチャーグ（自由）であった（このあと、七〇年代に入って、アディと赤い星がなくなって、五つとなる）。

一九六二年九月に出されたオロシュハーザ郡党委員会の報告によれば、集団化後の生産協同組合の状態について、各生産協同組合では、指導部の会議も、総会も、多数が参加してきちんと開催され、労働も計画的に行われているとしている。しかし、組合のなかの党組織はまだ「自発性」が乏しく、上からの指令を待っていると自己批判していた（同上:35）。

オロシュハーザのみならず、全国的に一九六一年春までには、再度の集団化は基本的に完了した。耕作面積でみて、一九五八年から六一年までの間に、集団化率は一三・五％から七五・六％に上昇した。実に急速な集団化であった（今泉 1973:56）。

このような党の指導下で行われたオロシュハーザの生産協同組合の実際の状態をみると、一九五七年までほとんどが土地のない農民や貧農が組合に入っていたのに比べて、今度は土地を所有している農民の大部分がその土地と一緒に生産協同組合に加わり、指導部には中農も加わった。また一定の制約があるとはいえ、自留地が法的に認められて、家族労働の利点が使えるようになった。自留地は一ホルドを限度として、トウモロコシ生産にのみ認められた。それまでの不安定な労働単位に代えて、一定の労働には貨幣で報酬が出ることになった。生産協同組合のメンバーは、年金も社会保障ももらえることになった（同上 :58）。また、五八年一二月の党の決定によって、生産協同組合が自ら機械を購入できることになった。それまでは、生産協同組合の機械は一九四七年一一月につくられていた機械トラクター・ステーションに依存していたのである。いまや、機械の修理部門だけが国家の担当となった（今泉 1973:69）。こうして進行した「再集団化」は、生産協同組合に一定の自由を認めた、比較的柔軟なものであった。

しかしこの時代の生産協同組合は、基本的には、党と地方行政機関のきっちりとした統制のもとで、生産活動などを行った。生産・販売計画は中央から県と郡の農業部を通して「下達」され、党のネットワークがこれを監視した。生産量、価格、給料まですべて「下達」されたのである。その点では組合に独自の裁量の余地はほとんどなかった。

タニャの観点からすると、協同組合に加わったタニャ農民は市内区やタニャ・センターに移動させられ、自律的なタニャ経営は廃止された。タニャは壊されるか、住宅になるか、農機具置き場に変わった。市外区に住む住民数、タニャの数は急速に減少した。減少したということは、それでもなお残ったタニャがあったということではあるが。

一九六〇年代には、オロシュハーザの生産協同組合は着実に発展した。機械化がすすみ、生産高、組合資産などがすべて、二倍から三倍に増大し、蓄積も可能になった。また社会的・文化的福祉にも資金がむけられるようになった。

この間、オロシュハーザには新たな要素が加わった。一九五七年から近くで天然ガスの開発が始まり、市に希望を持たせた。またこの天然ガスを活用しようと、一九六七年にガラス工場ができたほか、種子精製場や衣料工場や病院などができてきた。これは住民に農業以外での就労の機会を提供した（同上：38-43）。

第三章　生産協同組合に生きる農民

第1節　「長い一九七〇年代」

(1)　新経済メカニズム

ハンガリー政府は一九六八年一月一日から「新経済メカニズム」を導入した。これは一九六五年ごろから準備されてきていて、経済各企業の自主性を高めることによってハンガリー経済全体を活性化していこうとするもので、農業企業も例外ではなかった。「新経済メカニズム」はオロシュハーザの農業にも大きな転換をもたらした。

「新経済メカニズム」は、それまでのように国家機関が作成する計画の遂行ではなく、利潤を企業の目的として、政策決定を現場に任せるようにした。中央集権的政策決定を廃止したのである。政府は、「経済レギュレーター」と称される金融・財政・価格の操作によって企業の活動に間接的に影響を与えることになった。企業は利潤税を払うが、生産・販売については自分で決定ができるようになった。政府からの助成金は基礎的原料を除いて廃止された。外国貿易と投資にのみ政府はいくらか関与した。生産の焦点は重工業から軽工業とインフラストラクチャーに移った。農業も同じように政府の直接的指令経済から脱し、独自に投資などを行う自由を得たのである（[盛田 1990: 第4章：堀林 1990:116–21]を参照）。

農業については、つぎのような原則が打ち出された（今泉 1973:66）。

① 組合の経済的自立性
② 組合の支援のための信用・補助金・租税制度
③ 月給制の導入
④ 自留地の利用促進
⑤ 土地所有権に基づく組合の土地フォンド（ストック）の強化
⑥ 農業生産協同組合全国評議会の設立

ではその結果は、オロシュハーザではどのような変化になって現れたのか。

まず第一に、組合の経営者はもはや生産の計画指令を「下達」されなくなった。それまでは、中央の計画が県の農業部、郡の農業部をへて、市評議会から生産協同組合に「下達」されていた。いまや、価格を除いて、生産・販売の計画の詳細は自分たちで決められるようになった。経済的自立性が導入されたのである。例えば、ペテーフィ生産協同組合で、アルファルファを導入したり、甜菜の取り入れを機械化したりしたのも、独自のイニシアティヴによっていた。あるいは、それまでは、組合員の給料は中央で決められていたが、いまや組合の成果に応じて、加算もできるようになった。

第二に、組合は利益を留保して、独自の「減価償却フォンド」をつくることができるようになったので、機械や建物などに独自の裁量で投資することが出来るようになった。

第三に、自留地経営が発展した。それまでは家族単位で一ホルドまでがトウモロコシ栽培に限って認められていた。家畜の飼料生産のためである。しかし、一九六八年以降、自留地は組合員個人単位で認められ、経営は野菜、畜産にひろげられた。これまで自留地経営は、個人経営の温床として抑制されてきていたが、この時期に法的な安定を得たのである（今泉 1973:76-77; 同 1996:67-71）。六九年の時点でのドージャ生産協同組合の報告は、自留地について詳しく述べていた。六八年の新法によって、男子は一五〇労働日（一日一〇時間）、女子は一〇〇労働日を遂行したものに自留地が与えられるようになった。一九〇日以上の男子は一ホルド（五七〇〇平方メートル）、一八〇～一八九日の場合は一五〇〇ネージセゲル（五三五五）、一七〇～一七九日は一四〇〇（四九九八）、……一二五〇～一五九日は一二〇〇（四二八四）の土地を得た。女性の場合も、一六〇日は一ホルド、……一〇〇～一一九日は一〇〇〇（三五七〇）の土地を得た。年金生活者三六六人のうち一一六人も一ホルドの自留地を受け取っていた（BMLB, 1969）。自留地経営は、一九七六年の閣議決定によってさらに促進された。それは、国営農場や協同組合は農民と契約を結んで、自留地生産を促進するように、そして、生産物の市場化を円滑にするように指示したものであった（Romsics, 2000:347-48）。こうして、農民は、組合での労働のほか、組合の支援を得て、自留地においても生産活動を展開し、野菜、家禽類の生産を進めて、それを組合の購買部に買い取ってもらったり、近くの市場へ持ち込んで販売するようになった。

第四に、農民たちの提供した土地を基礎として生産協同組合資産が確立され、それを元に信用を受けたりすることができるようになった。また、もはや生産の結果に左右されずに、組合員に安定した給料を支払うことができるようになった。

生産協同組合には、土地や役畜を提供して共同労働する正規の組合員と、組合に雇われる労働者と、組合職員がいた。組合に雇われる労働者というのは、正規の組合員の家族らで一時的な労働（刈り入れや脱穀や甜菜の取り入れなど）に従事する者をいい、組合職員とは、専門知識などを持つ組合幹部や技術者などであった。正規の組合員は遂行した「労働単位」に応じて報酬を受けるが、前年の実績に応じて、一定の月給を現金と現物で受け取り、年度末に決済した。労働者と組合職員は現金で月給を受け取った。しかし、一九七〇年代にはこの三者の違いはなくなり、すべてが現金の月給になった。

第五に、組合に編入された土地にたいして「地代」が払われることになった。地代は従来払われていなかったものである。土地を持っていた農民が組合員になっている場合、その農民には給料のほかに地代が払われた。土地を提供しているが非組合員であるものにも地代が払われることになった。こうして地代が払われ始めると、それが組合の収支を圧迫してきたので、組合が土地を購入して、自主的な土地フォンドを形成するようになった（今泉 1973:70–71）。

一方、一九六八年一月に、それまでの小さな国営農場を合体して「オロシュハーザ国営農場」が設立された（Zilahi, 1974:58–59）。こうして一九六八年以後、オロシュハーザの住民は生産協同組合を柱に、新しい共同的生活を始めることになったのである。

(2) 党と評議会

「新経済メカニズム」はそれまでの党と行政が組合に対して持つ関係においても、大きな変化を意味するものであった。

共産党の組織は、中央―県―郡―市党委員会というヒエラルヒーをなし、生産協同組合内にも支部組織を持っていた。生産協同組合の活動も、この党の「伝導ベルト」を通して指令され、管理されていた。しかし、一九六八年以後はこのベルトの意義は減少した。

例えば、ドージャ生産協同組合の党組織の例を見ると、同組織は、一九六九年二月の会議では、組合内の「社会主義ブリガーダ」がよくやっているのに、党組織はなにも支援できなかったということを自己批判的に反省していた。八月の会議では、党指導部の最近の報告が一〇年来なかったような率直なもので、「成果のみならず欠点も」積極的に示したと指摘されていた(BMLB, 4f)。

同じく、この党のヒエラルヒーに裏打ちされて、国の行政組織ができていた。それは中央―県―郡―市評議会というものであった。市評議会は、郡の指令に従って活動していた。評議会の中には、執行委員会があって、その下に各部が配置されていて、その機能は、工業企業や生産協同組合の指導、教育・文化、社会福祉・医療、インフラストラクチャーなどにおよび、住民生活のすべての分野を網羅し、それらを動かすための独自の予算を持っていた。しかし、一九六八年以後は変化した。

生産協同組合との関係について言えば、一九六八年までは県と郡の農業部の指示に基づいて、市評議会が生産協同組合に生産計画を指示していた。だから、業務について報告を受け、それを評価・承認するということはなかった。しかし、一九六八年以後、その関係が変わった。生産協同組合は経営の独自性が承認されたからである。市評議会はしだいに市の「コーディネータ」のような役割を演ずるようになったのである。

例えば、市評議会執行委員会での審議を見てみよう。一九六九年八月八日の執行委員会は、ドージャ生産協同組合からの「新しい規約に基づく活動」に関する報告を審議した。これは一九六八年一月から導入された「新経済メカニズム」に基づいて作成された農業生産協同組合新規約についての報告の審議であった。つまり、新規約を執行評議会が決定してそれをドージャに「与える」のではなく、ドージャが決めた新規約を審議了承する会議であった。ドージャの報告書は、まず「イントロダクション」で、六八年の改正によって、組合の裁量の余地が拡大したとしたうえで、六八年二月に組合総会を開いて新規約を定め、市評議会執行委員会によって承認されたこと、指導部の人数が九人から一五人に拡大されたこと、その他、労働時間や有給休暇や福祉文化活動の面で組合が裁量権を増したことなどを指摘したうえで、組織、委員会、共通資産、自留地、付帯事業について詳しい報告をした。委員会については、規律、統制委員会などのほか、社会・文化委員会、自留地委員会、競争委員会などについて説明し、共通資産については、近年増加してきた組合の共通資産を、社会基金、文化基金、発達基金、分配基金、所得保証基金に分納することができるようになった、とした。ほぼこのようなドージャの報告を、執行委員会は審議し了承したのであった。審議の中で質問や助言は出されたが、指示や指令はなかった。このように、組合の自律性が確保されたのである（BMLB, 1969）。

(3)「世界的水準の生産協同組合」

では、以上のような環境下におかれたこの時期のオロシュハーザの生産協同組合の内部を具体的に見てみよう。一九六八年以後、アディと赤い星が合併でなくなっていたので、一九七四年にはオロシュハーザにおいて五つの生産協同組合が活動していた。

人口比でいえば、市の人口約三万四〇〇〇人のうちの一〇％ほどが生産協同組合に所属していたことになるが、その家族を含めて考えると、生産協同組合に関連した住民は、一家五人と想定して、一万五〇〇〇人余であったろう。市の人口の半数ぐらいである。

一九七三年の時点での生産協同組合の農地利用状態を見ると（表6の一九七四年の数値といくらか違っているが）、市の農地の総計四万二三九〇ホルドのうち、①五つの生産協同組合の利用する農地は三万〇五六一ホルド（七一・四％）、そのうち、農民の自留地が四〇六一ホルド（九・五％）、②国営農場の農地が九二六八ホルド（二一・七％）、③個人農民の農地が二九六八ホルド（六・九％）であった。国営農場の比率が二〇％を超えていることが、注目されるが、やはり生産協同組合の比重が七〇％を超えていることが確認できる。しかも、生産協同組合内の自留地の比率が一〇％近くあって、意外に大きなものであった（Zilahi, 1974:60）。

表6　1974年の生産協同組合と国営農場

名　称	雇用人数	土地面積
	人	ホルド
ウーイ・エーレト	1,086	8,191
ベーケ	837	6,665
ドージャ	620	5,937
ペテーフィ	498	4,079
サバチャーグ	203	1,954
合　計	3,244	26,826
国営農場	750	9,267

注：人数は労働者と雇用職員の合計.
出典：［Zihahi, 1974:69］より引用.

農業生産高でこれを見ると、一九七一～七三年の合計で、生産協同組合六四％、国営農場二〇・五％、自留地一五・五％となっていて、自留地経営の重要さがここでも見えてくる。したがって、自留地経営が生産協同組合経営と有機的に結びついているか否かが一つのカギである。一九七三年での生産物の比率は作物が五四％、畜産が二五％、その他が二一％であったが、「その他」における自留地経営の意義が注目される（同上:69, 71）。

だが、生産協同組合が人口で五〇％ほどを養い、農地の七五％を占め、農業生産の六〇％を算出しているということは、生産協同組合が市の柱であったことを物語る。そのようなオロシュハーザの生産協同組合の穀類の生産水準は「世界的レベルに近づいた」と言われるほどであった（同上:60）。

このような状況をさらに向上させようというのが、一九八一年改革であった。ハンガリーでは、一九八一年に協同組合に関する法律を改正して、八二年一月から実施した。それはまず農業以外の分野において「小規模協同組合」や「協同組合専門グループ」の結成を認めたが、農業の分野においては、「農業専門グループ」の設立を認め、国営農業や協同組合農業の生産や消費の面で補足する事業を、五人以上の個人が集まって自主的な経営をすることを認めたものであった（南塚 1984:44）。これは付属事業の自立化という点で意味があった。生産協同組合の道路建設やフェンス設置や関連工業などがこれによって、自立事業となったのである。

(4)「みんなが豊かに、高齢者も長生きを」

市評議会を責任者として、それを生産協同組合が支援する形で、市の教育・文化、福祉・医療、インフラストラクチャーが整備された（以下［Békés, 1999:416–21］による）。

まず、この時期までに、オロシュハーザの教育制度はかなり整備されてきた。保育所、小学校、ギムナジウム、専門学校がそろった。保育所について見ると、一九七四年には三四の保育所で、四三人の保母が働いていた。小学校は八つできていた。ターンチチ・ミハーイ・ギムナジウムは新しい建物のなかで次々と生徒を生み出していた。そして、農業専門学校も次々と生徒を送り出していた。実際、教育への需要は大きかった。現地の工場や生産協同組合が経営幹部、技師、農業技師、経済学者を求めていたのである。

また、文化面では、図書館、サーントー・コヴァーチ博物館、文化センター、ダルヴァシュ記念館などがそろい、住民の文化的啓蒙と歴史的アイデンティティの形成に貢献していた。

医療について言えば、第一次世界大戦で一九世紀の医療環境が壊滅した後を受けて、一九三〇年に三つの私立医院ができたが、戦後これらは国有化された。一九五一年には、昔の救貧院の建物に病院が開かれた。内科と外科から出発し、一九五四年に産科、五八年に結核科が増設された。さらに一九六七年に新しい病院ができ、七四年にはベッド数五二五、職員四七六人を数えた。このほかに診療所がいくつもできた。老人用のホームは、一九五二年に初めて設立され、着実に拡大・増加された。

オロシュハーザの歴史上、これほど住民の教育・文化が豊かだった時期はなかったし、これほど住民が安心して暮らして、老後を過ごせる時期はなかった。この時期には「生活様式」が変わった。「みんなが豊かに、高齢者も長生きを」というスローガンが掲げられるほど、充実が見られた（Násztor, 1998:39, 53）。

そして、一九七〇年代からオロシュハーザの市の様子が変化した。新しい住宅地区ができ、浴室、水道、ガス、下水が付くようになった。インフラストラクチャーが整備されたのである。こうして、「新しい生活の質」が形成されたのであった。*

＊　一九七二〜七四年に筆者が初めてハンガリーに留学したとき、「ハンガリーで一番豊かなのは、医者のつぎに農民だよ」とブダペシュトのハンガリー人の友人たちが言っていたものである。

以上のすべての面で生産組合が支援をしているのであるが、それは後ほど具体例で見ることにする。このような新展開の結果、この「長い一九七〇年代」においては、オロシュハーザの人口は増加した。一九七〇年代には人の移動は流出ではなく流入が多かった。その結果、一九六〇年には三万二〇三三人であった人口が、七〇年に三万三四七一人となり、さらに八〇年には三万六一三二人となって、二〇年間に一二％も増加したのである。そして、この間に農業人口は減少した。一九四九年には、有業人口の五一％が農業に従事していたが、七〇年には二七・八％に減少していて、さらに八〇年には、一〇％となった。また、女性の就業率の向上も見られ、六〇年に全有業者の三三％であったが、七〇年には三九・四％へ上昇した（Békés, 1999: 415）。

(5)　タニャ世界の変化

すでに述べてきているように、社会主義のもとでは個人的原理の表象としてタニャは蔑視ないし軽視されていた。その点がこの「長い一九七〇年代」においてどう変わったのか。タニャ政策をみれば、党と政府の基本方針が分かるはずである。

社会主義のもとでタニャ人口は減少し続け、一九四九年には全人口の三一・六％が市外区のタニャに住んでいたが、七〇年には一二・五％へ、八〇年には七・一％に減少した。市外区の住民の数は、一九七〇年には四二一〇人だったが、八〇年には二五六二人となり、この間に四〇％も減少したのである。ベーケーシュ県全体で五一%の減少だったから、四〇%というのはまだ少ないほうであった。それでもこれに伴い、過去一〇年間に、タニャの四六%にあたる六〇三戸が消滅した。

このようなタニャ世界の変化について、市評議会は調査を行った。その結果が一九八三年一二月の市執行委員会に「タニャ住民の状態について」として報告された。

まず、過去一〇年間にタニャ数が急減していることについて、報告は、一九七五年の法律によって、それまで禁じられていたタニャのリフォーム、付属建物の増築・改築は認められたが、新築は認められなかったことが、その一因であるとした。だが、減少の理由はまだあった。一つには、タニャの立地の問題があって、舗装道路から遠く孤立したタニャは恵まれない環境にあったし、それを人の移動という観点から見ると、①都市的な生活にあこがれて市内区へ移動した若い世代、②工業地区に労働力として移動した人、③生活環境の改善を求めて移動した低所得の年配者が多かった。高齢者の大部分は、主として社会・健康施設に近いからというので、オロシュハーザの市内区へ移動したのである。逆に、タニャに移り住む人びともいた。住居費や食費が安いし、より大きな収入を得られるという理由からである。そういう移動のおかげで、「若返った」タニャ地区もあった。

そこで報告は、タニャ世界の住環境の改善を提言している。まずは、インフラストラクチャーの改善である。インフラストラクチャーは、いまでも遅れていて、現在のところは、農業生産組合が与えるパトロン的支援が生活環境の改善を保証しているにすぎない。道路や配電などは農業生産組合のおかげである。第二に、工業の修理部門を、社会主義セクターも小工業ネットワークも市外区で機能させるべきである。第三に、商業サービスは工業サービスよりましな状態にあるが、いっそうの改善の必要がある、と報告はいう（BMLB, 1983）。

こういうわけで、報告は、もはやタニャを一掃しろとはいわず、タニャの整備、改善を勧告している。まず、廃墟になったタニャの整理が必要だという。大農場の拡大の邪魔になっているからである。また、タニャのインフラ環境整備を提言しているのは、現存のタニャを維持発展させようというのである。タニャを個人的原理の表現だとして切り捨てようとしない姿勢の現れでもある。かつての教条主義的な反個人主義は消えていることが分かる。党はしだいに教条的な大規模生産に固執することなく、個人的な契機も次第に容認して、農民に受け入れやすい政策をとるようになっていたのである（［Tóth, 1985］所収の Timar 論文参照）。

以上のような一九七〇年代のオロシュハーザの生産協同組合を柱とした農民の状態は、実は、もっと大きな世界的関連の中で考える必要がある。それは、農業用機械や肥料などの輸入、農産物の販売という点で、オロシュハーザをはじめとするハンガリーの農業は、コメコンの分業関係に依存するところがかなり大きかったからである。そして、このコメコンの体制はソ連の大きな財政的負担の上に成り立っていたのでもあった。このことがやがて重大な意味を持ってくる。

第2節　ペテーフィ農業生産協同組合

(1)　概　観

ここでは「長い一九七〇年代」におけるペテーフィ農業生産協同組合の実態をより具体的に検討する

ことにしよう。ペテーフィは、一九四九年に設立された組合で、オロシュハーザ市では最も古くからある組合である。それは市の西北のセンテトルニャ村にあったが、両者は密接な関係にあり、一九七一年にオロシュハーザ市に名実ともに合体したのだった。政府は一九七一年に、全国の地域開発計画を策定し、これによりオロシュハーザは中位の地域的役割を担うことになり（Romsics, 2000:294）、その際、センテトルニャ、ラーコーツィ・テレプなど隣接の村々がオロシュハーザに合併されたのである。

「長い一九七〇年代」においてペテーフィの実態は具体的にはどのようなものであったのか。幸い、一九七九年と一九八八年にペテーフィが市評議会に提出した報告書が手に入る。それを材料に検討してみよう（ドージャやベーケについても同様の審議資料が残っているが、ともに単年度の資料である）。

一九七九年当時において、経営する土地は四三二五ホルドで、共同で経営する土地は四二一八ホルド。内、耕地は三九七〇ホルド、果樹園六〇ホルド、ブドウ畑三〇ホルドであり、他は放牧地、採草地、森林であった。組合員数は一九七九年一月一日の時点で六二〇人。一九六〇年に組合員数六〇〇人、土地面積三〇〇〇ホルドであった（Zilahi, 1974:70）から、独自の開拓等による土地が増えていたことになる。組合員の内、労働人口は二八九人、三三一人が年金生活者と労働不能者であった。生産協同組合は、年金生活者や労働不能者に優しい組織であった。労働人口の六四・五％が男子、三五・五％が女子という比率だった。女性の社会的地位は保障されていた。労働者の資格を見ると、専門職（大学、専門大学卒業者）九人、中等教育修了者三四人で、残りは肉体労働者であった。肉体労働者の内、六五人が専門労働証書を持った熟練労働者であった。社会主義社会においては、こういう資格によって地位と報酬が決まっていたのである。

経理と管理部門を除くと、経営分野は四つあって、農作物、畜産、園芸、工業部門に分かれていた。組合の農民は、まず一〇～一五人ほどの労働グループに分けられた。これがいくつか集まって、ブリガーダという五〇～六〇人ほどの集団を形成した。このブリガーダがいくつか集まって部門を構成した。それぞれが部門長の自律的な指導下で働いていた。この四つの部門のほかに、建築ブリガーダがあった（BMLBO, 1979）。

一九八八年になると、いくらか変化が見られた。経営する土地面積は四一五三ホルド、その内、共同の耕地が三八三〇ホルド、果樹園が四四ホルド、ブドウ畑が二一ホルドという配分になった。つまり、土地全体は一九七九年よりも一七五ホルドほど減少していた。これは組合員の減少と対応していた。一九八八年の組合員は四六一人で、七九年に比べて一五九人も減っていた。そしてその内の労働者は二二〇人で六九人の減、年金生活者は二四一人で九〇人の減であった。労働者の男女比はほぼ同じであった。資格を見ると、大学、専門大学卒が一〇人、中等学校卒が三八人、熟練労働者が六七人であったから、一〇年前よりも充実していた（OPH, 1988）。だから、この一〇年間に労働力数はさらに減少したが、資格は高度化した。しかものちに見るように生産額はむしろ増大していたのである。

生産自体を検討する前に、組合の組織を見ておこう。

(2) 組合組織

一九七九年の報告によると、組合は年に一回の総会、二回の代議員会を開いていて、必要に応じてさらに開かれることもあった。指導部（九人）は毎月会議を開いていて、重要な問題があるときは、党の指導部と合同で会議を開催している。指導部の会議には執行部のメンバーのほか、統制委員会と婦人委員会の委員長、共産主義青年同盟の書記、人事監査員もきまって同席する。総会と代議員会の会議資料は職場コミュニティが事前に審議する。意見や提案を出して、代議員を通して提出できるようになっている。四つの職場コミュニティがあって、それらが五〇人の代議員を選出する。組合には総会で決められた三つの委員会がある。統制委員会、女性委員会、調停委員会の三つである。執行部のなかには、さらに自留地委員会、社会委員会、火災・労働保護委員会、競争委員会という四つの委員会があった。

市の執行員会の評価では、ペテーフィの組織は法律の改正を規約に反映し、規約に従ってきちんと運営されているという。また、ペテーフィは、さまざまなフォーラムにおいて組合員に意見や提案を述べさせ、問題の改善に役立てており、「組合民主主義」が実行されていると言うことができるという。ただ、労働保護という点では問題があって、市の平均は二五・八労働日につき一件の事故だが、ペテーフィでは一四・五日に一件となっているという指摘があった（BMLBO, 1979）。

では一九八八年の報告では組織状態はどう変わっているか。

総会、代議員会については変わりはなく、指導部が九人であることも同じである。総会で設置される委員会には、資産管理のための監査委員会、係争処理のための調停委員会、そのほか社会・文化委員会、火災・労働保護委員会、社会保障評議会、女性委員会があった。生産のための専門指導の部門としては、農作物、畜産、機械部門があり、これらの上に部門総括部があり、指導部に直属した。これらの部門のほかに、建築セクションもあった。一九七九年とはいくらか変化が見られるが、組織を弾力的に動かしているようである。

執行委員会の審議では、女性委員会が組合の組織の中に置かれているのは重要なことであると評価された。というのは、これは一九八八年一月一日からは、義務ではなくなったからである。この女性委員会というのは、組合内における女性の社会的地位の向上のためのもので、講演会や職業訓練や遠足などを組織した（OPH, 1988）。

実は、組合における党の存在が問題になるはずであるが、いずれの報告にもこれは出てこない。ペテーフィにも当然、党の支部があった。これは聞き取りによるが、組合における党の位置は組合によって違っていたという。例えば、隣のナジセーナーシ生産協同組合では、党は厳しく組合員を監視していた。その点でペテーフィにおいては、党の支部は「友好的」であったという。おそらく一九六八年以後、党の生産協同組合における活動には変更があったはずであるが、それが徹底していたかどうかの違いがあるのではなかろうか。

このような組織を農民の目から見るとどうだろう。依然として多くの農民は労働グループとブリガーダのレベルでものを考えていて、部門や指導部は「上」の連中だと考えていたのであろう。部門や執行部には中等教育以上の教育を受けたものがいたからである。資格社会の故である。だから、問題は農民と「上」の者との関係である。「組合民主主義」が動いていたか否かは、その点で重要であった。ペテーフィ生産協同組合に働いていた人びとからの聞き取りでは、組合組織は官僚的なヒエラルヒーではなくて、意見を上下に交し合えるものであったという。

(3) 生産活動

一九七九年のペテーフィの生産活動を部門別にみると、農作物部門の面積比率はトウモロコシ五二・四%、秋まき小麦二二・五%、大豆五・九%、麻四・六%、アルファルファ四・一%などであった。園芸部門は果実とブドウ栽培、畜産部門は牛と豚が中心であった。

注目されるのは、自留地経営が組合の共同経営の「有機的な一部」をなすようになっていると報告されていたことである。つまり組合活動と密接に結び付くようになっていたということである。組合員や周辺住民の小生産者が、協同組合を通じて、二一八三頭の豚と、三九頭の牛を市場化したが、これは前年と比べて四四・五%の増加であったという。この理由は、気候が良かったこと、肥料が改善されたこと、市場化の組織が改善されたことによる。家畜のほか、穀物、アルファルファ、敷藁なども自留地経営で生産されていた。

このような生産活動の結果、第四次五ヵ年計画（一九七一～七五年）の成果と比べると、第五次では、総所得は一二%、利益は一八%、市場化は二七%、生産価値は八%、共同資産は五六%も増大し、組合員一人当たり収入は三七%増大した。土地面積や労働者数の減少にも関わらず、このような成果があったのは、経営の機械化・合理化が進んだことによると考えられる。このため、組合の財政状態は、困難な状況下でも安定していると報告された。

一九七九年にこのような報告を受けた執行委員会は、ペテーフィ生産協同組合の生産活動は良好であり、とくに労働者数が三〇%も減ったのに、増産しているということから、生産の効率が高まったと評価した。組合員一人当たりの所得も、市の平均より四・六%も高かったという（BMLBO, 1979）。

ではこれを一九八八年の報告と比べてみよう。報告では、八〇年代の生産高の変化が紹介された。それによると、過去六年間は、あまり生産はよくなかった。とくに八三年と八八年は不順な気候による凶作年であった。しかし、組合はなんとか不作を乗り越えていた。

一九八八年での土地利用は、耕地の五二%が穀物（小麦、トウモロコシ、大麦）、三三%が工芸作物（ひまわり、甜菜、麻）、残りの一五%が飼料に向けられていた。一九七九年に比べて、工芸作物と飼料の比率が急増している。これは六年間、旱魃が続き、八八年には加えて雹の害を受けたために、商品化率が低下し、それを補うための修正であった。畜産では乳牛と豚の生産が中心で、こちらは比較的順調であった。飼料の面積を拡大したことや、飼育の建物や機械を改善したことに、この部門の重視が現れている。

自留地生産はさらに重要性を増したようで、組合員は自留地生産のために、組合を通して豚を販売し、穀物の種子を購入し、組合の店で生産物を販売した。組合が大規模に使用できない土地を、組合員に五〜一五年の期間で借地に出して、土地の効率的利用をすすめている。個人的イニシアティヴを活かそうという方向がここにも明示されている。

一九八八年の報告では組合の財政状況にも言及があって、一般的には、農業への援助は支出を大きく上回っているといわれているが、実際には逆で、組合は旱魃のために大幅な支出増があったという。組合は原則として独立採算であるが、国からかなりの助成を受けていたのである。

こうして、ペテーフィの生産活動を見てくると、独自の判断で土地利用を変更し、農作と畜産の比率を変え、個人的イニシアティヴを活用しようという政策が見て取れる。中央からの指令経済ではないのである。しかし、国からの補助金は欠かせなかった。

全体として、ペテーフィ生産協同組合は、高い水準で経営を行っていると市評議会の執行委員会で評価された。組織は法律に従って動いており、組合民主主義の向上の条件はそろっており、指導部は組合員の生活と労働環境の向上のための配慮をしている。組合の生産結果は、深刻な旱魃のほかに、国家の補助金の漸次的縮小も悪影響を与えていて、必ずしも順調ではない。そのような中で、組合の指導部と組合員は、数年来、苦労してきているとされた。そして、執行委員会はペテーフィにたいし、副業活動の開始を重視すべきではないかと提案していた（OPH, 1988）。

(4) 福祉・教育・文化への貢献

一九七九年の報告によると、組合は組合員の社会的状態と労働環境の改善に大きな配慮をしていることがわかる。具体的には、まず、組合員の労働の面では、法律に規定されている労働保護を保障し、土曜休日を二週間に一回実施し、正規の労働時間での作業者にすべて作業服や防護服を支給し、すべての職場に、着替え室、休憩室、シャワー室を設け、独自の組合食堂では、昼食に一〇フォリントの補助金を出している。また、育児支援という点では、一人で子供を育てている親に、子供一人当たり月に一五〇フォリントの補助金を出し、クリスマスには一〇〇〇フォリントの買物券を送っている。さらに、文化の家と青年クラブを有し、保養所を独自にバラトン湖畔に持っている。そして、このような事業のために、社会基金（高齢者支援など）、文化基金、建築基金を設けてそこへ組合の予算を組み込んでいる。かなりきめ細かい支援がなされていたのである（BMLBO, 1979）。

一九八八年の報告によると、基本的に上の支援は維持されているが、いくらか修正・追加がみられる。一つは、各種補助金の面で、クリスマスの時期には、子供たちには三〇〇フォリントの買物券を送り、女性の日（三月八日）には女性全員に三〇〇フォリントの買物券を送り、一人で育児をしている親には、子供一人当たり月に二〇〇フォリントの補助金を支給し、さらに命名の日には、一〇〇〇フォリントの貯金通帳を贈呈している。加えて、一九八八年から、年金生活者には労働年数に応じた補助金を出し、年金生活に入る人びとには三〇〇〇フォリントの報奨金を贈ることになった。全体として手厚く、幅広くなったわけである。さらにペテーフィは、組合の外についても、スポーツ・サークル、自由時間サークル、センテトルニャ小学校などにかなりの支援をしていた。これは評議会から高く評価されていた（OPH, 1988）。

このような福祉関係に比べて、教育・文化関係は遅れていた。組合は八年教育を終えていないものを調査し、四〇歳以下の組合員については、初等教育を終了させるようにすることにしていた。だが組合には図書館がなく、地域ごとにある市の図書館分室で間に合わせていた。そこで執行委員会は、ペテーフィ文化センターともっと関係を密にすること、社会主義ブリガーダが県の組織する文化コンテストに参加することなどを勧告した。

対外的には、組合は市のインフラストラクチャー整備に大いに貢献している。例えば、センテトルニャとラーコーツィ・テレプに歩道橋を建設し、オロシュハーザ第四小学校の建設に貢献し、センテトルニャの保育所も支援し、センテトルニャの小学校とスポーツ・クラブに寄付し、センテトルニャに二基の製粉所と一つの商店を運営して小生産者向けのサービスをしている。さらには、センテトルニャのガス、水の供給などへの助成も行っている（BMLBO, 1979）。このように組合は、市評議会を補佐するようにして、住民の福祉に貢献していたのである。

補　論　社会主義下オロシュハーザの農民生活

戦後の社会主義時代にオロシュハーザの農民の生活はどのように繰り広げられていたのか。生産協同組合の報告書ではない、農民の視線から見てみたいのだが、そのための資料は入手できていない。そこで、オロシュハーザの生産協同組合などで働いていた四人の男性に筆者が二〇一〇年と一一年に行ったインタビューから考えてみよう。インタビューに応じてくれたのは、一九七〇年代にウーイ・エーレトにいたSz・Gy氏（一九四〇年生）、国営農場などにいたB・L氏（一九四〇年生）、ウーイ・エーレトにいたD・S氏（一九五二年生）、ペテーフィにいたH・J氏（一九四四年生）であった。いずれも、大学や専門学校を出ており、七〇年代には、組合の中間管理層だった人びとである。

教　育

初等教育は六～一四歳の八年間で、四＋四に分かれていた。オロシュハーザ市の住民全員がこれを卒業した。学費は無料だったが、教科書はときどき有料になった。クラスは三五人までで、平均三〇人だった。先生は資格ある先生で数も十分多かった。何を習ったか覚えていないが、実習もあったことは確かだ。ロシア語は一九四九年から義務だった。面白いことに、五六年には数ヵ月だけ、西欧の言語を学べた。社会主義についてはまとめて習わなかったと思うが、すべての科目に何か社会主義的な要素が入っていた。

中等教育は色々な種類の中等学校へ行けた。四年制の工業、農業などの技術学校や、三年制の専門職養成学校（靴、木工など）があった。専門職養成学校は教育省には属さないで、各省に属していた。中等学校へは四〇％ぐらいが行った。費用は無料だった。一九五一～五三年には、入学にさいして党が全員をチェックして、クラークの子弟かどうかを調べた。

ギムナジウムは、一九五五年にターンチチができるまではほかの市のギムナジウムへ行っていた。ターンチチができてからは二〇～三〇％のものがそこへ行った。ここも学費は無料だった。大学へ行く人はわずかで、大部分が専門大学へ行った。ここも学費は無料だった。多くは卒業してオロシュハーザへ戻ってきた。

就職

学校や大学を終わって職業を選ぶときは、二つの道があって、一つは、国が持っている労働力計画に応じて、党の委員会が推薦するというもので、もう一つは自分で希望するところへ、学校（長）に推薦状を書いてもらって行く、というものだった。推薦状には経歴や技術や財産の情報を盛り込んでくれた。どちらにしても、首都で決定して返してきた。だから失業はなかった。生産協同組合の場合は推薦に基づいて指導部で採用を決めていた。そして生産協同組合の中の配置も指導部が技能と資格に応じて決めていた。

初任給の平均は、組合の職員で一三〇〇フォリントほどであった（ちなみに一九七二年から七四年に留学した筆者の政府奨学金は月三〇〇〇フォリントだった）が、年々上昇した。労働者の場合、もっとややこしくて、むしろ出来高であった。給料は、初めは現物も交じっていたが、一九六〇年代には現金のみになった。年の報酬の八〇％ほどを月給で払い、後は年度の終わりに出来高に応じて精算した。

生産協同組合に就職してから転職しようと思えばできた。まれだったが、生産協同組合から国営農場へ行くこともできたし、逆もできた。ただ、土地を拠出している組合員の場合は移動は難しかった。

生産協同組合にて

生産協同組合の組織内ではどういう活動をしていたかというと、総会は毎年一回開かれて、出席は義務だった。そこでは、一年の労働を評価しあったり、財政の報告があったり、四年任期の指導部を選出したりした。選挙は初めは挙手だったが、やがて秘密投票になった。指導部は、八人から一三人の間であった。

組合の中での党の存在は、一九六八年までは特権的だったが、それ以後はそうではなくなった。まったく実力次第で指導部にも選ばれた。党員であることが問題になったことはない。いわゆるノーメンクラトゥーラの「支配」というのはなかった。生産協同組合は決して硬直的な組織ではなく柔軟で、品種改良などを次々と試みていた。

生産協同組合は一九六八年までは党と市の評議会の指令のもとに置かれ、県の生産協同組合連合によって統一的に管理されていた。ただし、党の農業担当のフェヘール・ラヨシュはベーケーシュ県出身で、農業のことをよく知っていて、生産協同組合や農民に受け入れられないことは指令しなかった。だがこの指令体制は一九六八年になくなった。

一九六八年改革

一九六八年の改革は農業にとっても大きな変化をもたらした。この改革については、事前に職場で議論するようなことはなかった。しかし、指令経済が行き詰まってきていたことは明らかだった。国の補助金などに全面的に依存していたわけだから。改革が実施されると、大規模な宣伝があって、中身が分かってきた。生産協同組合が自分でいろいろと決められるようになったし、自留地が公然と認められたことは大きかった。

その一九六八年の改革で承認された自留地経営について言うと、大きさは一人一ホルドまでで、生産物はトウモロコシから、園芸、工芸作物と家畜へと広がった。多くはタニャの周辺にあった。生産物は生産協同組合が仲介して市場化してくれた。生産協同組合には自留地経営専門の部門があった。自留地の所得は大きくて、給料を超える時もあり、車が買えるほどだった。こういう改革という点では、一九八〇年代初めの改革はあまり重要ではなかった。

党と市民

オロシュハーザ市の社会は党の支配下にあったかというと、表立ってそのようなことはなかった。むしろロビー活動があったようであり、社会主義者のネットワークを使って政権を維持していたといった方がいい。かといって、市民の団体があったわけでもない。共産党以外の勢力も含んだ愛国戦線というのがあったが、その中にそういう団体が入っていたかもしれない。それでも、住民はかなり自由に活動ができた。

年間行事

一年間の行事と言えば、三月一五日には一八四八年革命を祝った。これは一九一九年三月二一日のハンガリー・ソビエト革命の日と結合するようになったが、革命の日々を祝ったものだ。三月末には生産協同組合の総会があって、このあと盛大なパーティーが行われ、みなが楽しみにしていた。四月四日は第二次世界大戦後の解放記念日で、四月三〇日は一八九一年の農業社会主義の日だった。これはメーデーに吸収されていって、五月一日のメーデーが祝われた。メーデーに参加するのは義務だったが、旗をもって行進して楽しい一日だった。夏の八月二〇日は憲法の日だが、同時にその年に収穫した麦で初めて作るパンを祝う日「新パンの日」でもあって、音楽に合わせて踊ったものだ。一一月七日はロシア革命記念日だったが、これはあまり盛り上がらなかった。こういう祭りは、市の評議会に生産協同組合が協力して行なった。

文化と福祉

病気になったら、生産協同組合の中に医者がいたが、市にも診療所がいくつもあった。医療費はほとんど無料で、医者の数もレベルも十分だった。年金も当時の給料と比べて安定した金額で不足はなかった。一九五五年に社会保障制度ができて、その中から年金が出た。また六〇年代からは老齢手当が出た。初めは現物だったが、やがて現金になった。さらに、生産協同組合のメンバーであれば、年金生活に入っても自留地をもらえた。

情　報

日頃の情報はラジオ、新聞、口コミによっていた。「西」の情報はほとんど知らなかった。国外に行くことは一般には難しかった。生産協同組合の代表団のような形でなら行けた。だが、一九八〇年代になると個人でも行けるようになった。逆に、ソ連の情報はよく入っていた。ソ連の実情はひどい、窓にはカーテンはないし、木造の小屋に住んでいると話すと、子供は驚いて、「ソ連は世界で一番発達した国だと聞いているのに」と言ったものだ。

教　会

今でも教会はルター派が中心で、カトリックがいくらかいる程度だ。教会の活動は公式には自由とは言えなかった。一九五〇年代には教会や教会学校を壊し、教会活動を禁止し、教会の土地も国有化したりした。とくにカトリックは厳しく禁止された。一九六〇〜七〇年代には、五〇年代の後遺症が残っていて、あまり宗教的な活動はなかった。洗礼もあまりしなかった。でも、教会は残っていて、日曜日には教会へ行っていたし、クリスマスやイースターは皆で祝っていた。

宗教面でやや不満が見えたが、インタビューに応じてくれた人びとは、一九六八年から八五年までの「長い七〇年代」は「社会主義」の「輝ける時代」だったというのだった。しかし、一九八〇年代後半には、難しい問題が登場してきていた。

おわりに

(1) 一九八九年とポスト社会主義

一九八〇年代後半に入ると生産協同組合は順調には機能しなくなった。一九七九年のペテーフィ生産協同組合の報告には出てこなかったが、八八年の報告でのペテーフィ組合長は、組合の直面する諸問題をかなり率直に指摘していた。それは以下のようであった。

① 組合は十分な農機具を持っているが、「使用率は五〇%ほど」である。それは資金不足と「不合理な工業品価格」のためである。また、特に国内市場で買った機械の質は低下した。しかも、いろいろ規則があって機械の購入がうまくできない。

② 世界銀行によって与えられた融資が農業の発展のために向けられず、ほかの分野に向けられている。銀行は「豊かになっている」が、とくに農業においては期待外れになっている。

③ 独占状態にある穀物買付トラストが、生産協同組合に価格や納期などで強制しようとしている。

④ 生産費の増大が販売価格に対応しないために生産協同組合の収支状況は悪化している。また税の種類が全然減らず、税負担が大きい。

結局、組合長は「形成されつつある制度」は、完全な市場的・金融的自由のもとではじめて機能し得るのだとして、現行制度の改革を示唆していた（OPH, 1988）。さらに実際には、組合長は述べていないが、一九八〇年代後半になって、政府の財政危機のために、政府から計画通りに資金が生産協同組合に来なくなっていたのである。このような事情は、ペテーフィに限らず、オロシュハーザの生産協同組合全体にあてはまったと思われる。

しかし、生産協同組合の側から生産協同組合自体を廃止するとか、社会主義を無用とするような発言や動きはなかった。上に指摘されていた諸問題も、種々の「改革」によって是正・克服されていくものと考えられていた。したがって、オロシュハーザの農民にとって、「一九八九年」は突然に「都市」からやってきたのだった。だが、その「都市」というのは実は世界的な動きを体現したものであった。世界史的に見れば、一九七九年のイラン革命などに始まる世界史的変動の波がハンガリーとオロシュハーザにも押し寄せてきた。その詳細は別に論ずるとして、直接的に重要な点は、一九八六年にソ連でゴルバチョフが政権を握ったのち、ソ連は東欧への支援を停止する方針をとったことである。彼は一九八七年頃からハンガリーの指導者たちにもその政策を伝えていた。また、その間に、西欧やアメリカからの「新自由主義」の宣伝が浸透して、「市民社会」を求める動きが急速に支持を拡大した。こうして、八九年の体制転換が起ったのである。その結果、オロシュハーザでは生産協同組合は解体されて、土地が旧所有者に分配された。国営工業は民営化された。急速な資本主義化が進み、多国籍企業（ムルティと呼ばれる）が地方にも進出してきて、「一九七〇年代」の成果を一挙に清算してしまった。

(2) オロシュハーザの歴史における社会主義

本稿では、数百年にわたるオロシュハーザ住民の歴史の中に「社会主義」というものを位置づけてみた。読者からは、社会主義に関係のないように思われる一八世紀から議論を始めてみた。その理由は二つであった。

まず、一八世紀の貴族領主による支配期の農民、一八四八年以後の地主支配下での農民、戦間期の「三〇〇万人の乞食」などの状態と比べて、社会主義はなにをもたらしたのかを示してみた。もちろん問題は多くあった。しかし、一八世紀と比べても一九世紀と比べても、戦前と比べても、農民の状態は改善されていた。虐げられて貧しかった「小農」は協同組合の構成員として共同して豊かになった。現在、農民たちが「長い一九七〇年代」は「輝ける時代」だというのは理解できる。「長い一九七〇年代」には、農民の生活は安定していた。将来への計算ができた。貧しくても大きな格差はなかった。農民の福祉や文化は保障されていた。ルター派の信仰は自由にはできなくなったが、必要最小限の活動は認められていた。経済的にも政治的にも、組織は意外に柔軟だった。党の露骨な権力的支配はなかった。農業を理解している指導者が現場の合意を取り付けつつ指導するという支配だった。反面、一九九〇年以後の農民の状態はいわば泥沼に近い。ルター派の信仰こそ復権されたが、農民の多くは、その日暮らしに近くなったからである。

また、長い歴史の中でオロシュハーザの人びとがどのような変革運動を繰り広げてきたのかを見たとき、戦後の社会主義への過程で、オロシュハーザの人びとは常に農業社会主義をはじめ自分たちの過去の変革の経験を想起してそれを生かして、改革や変革に取り組んできたことを、たどることができた。

それを将来に投影するとき、一九四九～八九年の社会主義の歴史的経験は、人びとにとって、絶えず踏まえることになるはずの、重要な経験であった、といえるであろう。

オロシュハーザの農民も、その時その時の世界史的な諸関係のなかで、みずからの状態を規定されていた。そのなかでたえずみずからの歴史文化を活かしながら自分たちの状態の改善を目指してきた。そのような取り組みの一つが社会主義であった。そして、社会主義が崩壊したのも世界史的な状況のなかにおいてであった。

(3) 社会主義の歴史的経験

一九八九年に社会主義体制が崩壊して、二〇一二年で早くも二〇余年が過ぎた。市場化、自由化のもとに再編されてきた今の社会はどうか。格差は拡大し、下の層に保障はなく、上も安定せず、未来像が描けていない。たしかに自由はあるが、何をしても何をいってもいい自由、責任をとらない自由、そして強者の自由という社会になっている。だから、民衆からすれば、過去の二〇年でなにも建設はされなかった。毎日の生活を最低水準で維持することで精一杯だった。将来のことを考えるゆとりは失われた。

社会主義の建設が始まったのが一九四九年として、その崩壊が一九八九年、その中間の二〇年目といえば、一九六八～六九年ごろであろう。私がハンガリーを始めて訪れたのは、一九七二年の一〇月から一年半であった。すでに一九六八年には、「新経済メカニズム」が導入されるほどに社会は安定を見せていたし、将来像もできていた。貧しい農民は消滅し、貧富の差はきわめて小さくなり、下層も生活が保障され、教育も保障されていた。年金制度も確立していた。文化を享受するゆとりも豊かにあった。

どう考えても、社会主義が二〇年で作り上げたものは、自由主義が二〇年で作ったものに比べて、はるかにしっかりとしていた。

もちろん、政治的にみて、一党独裁とそれに基づく検閲や秘密警察などの弊害は存在した。それでも、自由主義のもとでは、別の形で政治的な弊害が生じているので、どちらが優位ということは断定できない。ともかく、社会主義のもとで、圧倒的に多くの住民の生活が向上したことは否定できない。「三〇〇万人の乞食」はなくなったのである。社会主義体制が社会主義の「理念」を守ったか、それを裏切ったかという問題ではない。

人間社会の向上というのは、難しい。社会主義の思想と運動は人間社会の諸問題を意識してそれを意図的に改革しようとした試みであった。それは一定の意識の強い集団が指導してなすべきであると考えられたのが、一九世紀~二〇世紀の社会主義であった。したがって、それは独裁的になる傾向をまぬがれ得なかった。その点の問題点をついて「新自由主義」が現れ、ついに二〇世紀の末に社会主義の打倒に成功した。しかしそのあとには、設計図のない社会ができて、社会は混乱に陥った。いまは、また「三〇〇万人の乞食」が再生産されようとしている。

現在の社会の諸問題を意識的に改革する運動はなくなりはしないだろう。しかしそれは、二一世紀においては、独裁ではありえない。一定の教義に基づく運動ではないであろう。具体的な生活の改善を積み重ねていく運動であろう。そうした意識ある人びとの民主的運動をどう作り上げていくか。それは、かつての社会主義を教訓とするものでなければならないし、しかも人類という視野での運動でなければならない。

参考文献・引用文献一覧

※本文中では、原則として、当該箇所に［著者・執筆者名・史資料名　著書・論文・資料名の発行年：参照頁数］の形式で掲出した。また、史資料名については、しばしば左記のように［略記］した。

①史　資　料

（1）未刊行史料（Békés Megyei Levéltár=BML より）

MSZMP.K.B. Mezőgazdasági osztálya. 1959.aug.18. 8/62-HM/Cs.（本文中では［MSZMP, 1959］と略記）

BMLB. MSZMP. 1. fond. 12 fondcop. 6.ő.e. 13.（本文中は［BMLB, 1f］と略記）

BMLB. MSZMP. 4. fond. 11. fondcsop, 7. ő.e 17, 18, 57, 59.（本文中では［BMLB, 4f］と略記）

BMLB. XXIII. 426. 1969. aug.8.（本文中は［BMLB,1969］と略記）

BMLB Orosházi Város Tanács VB jkv. 36/1979（VI）sz.（本文中では［BMLBO, 1979］と略記）

BMLB Orosházi Város Tanács VB jkv. 1983. December.（本文中では［BMLBO, 1983］と略記）

Orosháza Polgármesteri Hivatal irattára VB jkv 46/1988.（本文中では［OPH, 1988］と略記）

（2）刊行史料

Forman István, Válogatott Dokumentumok az Orosházi Munkásmozgalom Történetéből:1868. Október 4.-1944. Október 6., MSZMP Városi Bizottsága Orosháza és Orosháza Városi Tanács, Orosháza, 1984.（本文中では［Forman, 1984］と略記）

Romsics Ignác szerk., Magyar Történeti Szöveggyűjtemény:1914-1999, II, Osiris, Budapest, 2000.（本文中では［Romsics, 2000］と略記）

（3）統計集

Az Első Magyarországi Népszámlás（1784-1787）, Budapest, 1960.（本文中では［Első, 1960］と略記）

A Magyar Korona Országainak Mazőgazdasági Statisztikája. Második Kőtet. Gazdaczímtár. Budapest. Pesti Kőnyvnyomda, 1897.（本文中では［Gazdczímtár, 1897］と略記）
A Magyar Szent Korona Országának 1910. évi Népszámlása. I. rész, Budapest, 1912.（本文中では［Népszámlása, 1912］と略記）

②研　究　書

（1）欧　語

Ary Rózsa, 1974: Kűzdelmes negyedszázad az orosházi Petőfi TSZ-ben, Orosháza, Petőfi TSZ.
Békés Megye kézikönyve, 1999: Oktinfó-Szeged BT. – Ceba Kiadó, Szeged.
Békés megyei múzeumok igazgatósága, 1988: A Békés megyei múzeumi kutatások eredményeiből, Békéscsaba.
Darvas József, 1943: Egy parasztcsalád története, Magyar élet kiadása, Budapest.
Darvas József, 1961: A legnagyobb magyar falu, Szépirodalmi könyvkiadó, Budapest.
Erdmann Gyula szerk., 1985: Nem a Boldogságára születtünk – az orosházi Szabó Pál életútja és válogatott írásai, Békés Megyei Levéltár, Gyula.
Féja Géza, 1980: Viharsarok, Szépirodalmi könyvkiadó, Budapest.
Hann, Chris, 1996: "Land Tenure and Civilization in Tazlar", in Ray Abrahams ed., *After Socialism: Land Reform and Social Change in Eastern Europe*, Berghahn Books, Oxford.
Nagy Gyula szerk., 1965: Orosaháza története és néprajza, I. Orosháza.〔とくに Szabó Ferenc, Orosháza története a kiegyezéstól az első világháborúig（1867–1914）〕
Násztor Sándor, 1988: Orosháza, az ötven éves város/1946–1996/, Az Orosházi Nyugdíjasok Egyesülete és

Városi Klubja, Orosháza.
Orosházi, Béke TSZ, 1977: 25 éves az orosházi Béke MG. Termelőszövetkezet: 1952–1977, Orosháza.
Orosházi, Dózsa TSZ., 1974: Az Orosházi Dózsa Termelőszovötekezet története: 1949–1974, Orosháza.
Pölöskei Ferenc-Szabad Görgy szerk., 1980: A Magyar tanyarendszer múltja, Akadémiai kiadó, Budapest.
Szabó Endre szerk., nd.: Vihársarki Állami Gazdaságok: 1949–1969, Szeged.
Szabó Ferenc, 2008: Két és Fél évszazad az Alföld történetéből, Békés Megyei Lévéltár, Szeged.
Tóth József szerk., 1985: Az orosházi tanyavilág átalakulása, Orosháza Város Tanácsa, Orosháza.
Verasztó Lajos, 1990: Négy évtized: Az Orosházi Új Élet Tsz története（1950–1990), Orosháza, Az Orosházi Új Élet Mezőgazdasagi Tsz.
Zilahi Lajos szerk., 1974: A szocializmus útján: Orosháza 1944–1974, Oroháza Város Tanács Végrehajtó Bizottsága, Orosháza.〔とくに Násztor Sandor, A város mezőgazdaságának 30 éves fejlődése.〕

(2) 邦　語

足立芳宏 2012：『東ドイツ農村の社会史』京都大学学術出版会。
平泉公雄 1973：『ハンガリーにおける農業生産協同組合運動の展開過程』所内資料・調査研究部第四八―一四号、アジア経済研究所。
平泉公雄 1996：『ハンガリーにおける農業生産協同組合の過去と未来』食料・農業政策研究センター。
堀林　巧 1990：『ハンガリーにおける改革の軌跡――経済分権化から政治的多元化へ（一九六八～一九八九年）』金沢大学経済学部。
南塚信吾 1979：『東欧経済史の研究――世界資本主義とハンガリー経済』ミネルヴァ書房。
南塚信吾 1984：「ハンガリーの実験――協同組合的小企業の展開」、『エコノミスト』一九八四年四月一〇日。
南塚信吾 1985：『東欧経済史研究序説』多賀出版。
南塚信吾 1987：『静かな革命――ハンガリーの農民と人民主義』（新しい世界史④）東京大学出版会。

南塚信吾 2009：「ハンガリー一九五六年における『第三の道』論」、『異文化』（法政大学）二〇〇九年一〇月。
南塚信吾 2012：『図説ハンガリー史』河出書房新社。
盛田常夫 1990：『ハンガリー改革史』日本評論社。

第4部　ベトナムにおける社会主義とムラ

——ドイモイ時代の北部・中部農村と集団農業経験

古田元夫

はじめに

ベトナムでは、ドイモイが開始された直後の一九八八年に出された共産党政治局第一〇号決議によって、それまでの集団農業が解体され、個別農家による農業経営が行われるようになった。この方向性は、九三年の土地法によって、土地の所有権は国家にあるという前提のもとではあるが、農家農民に交換・譲渡・貸借・相続・抵当を含む土地使用権を付与する法的根拠が確立され、土地使用権利証書が交付されて、より定着することになった。

ベトナムの共産党や政府は、こうした個別農家の経営権の承認によって、経営能力のある農家に農地の集中、集積がおこり、農業の専門化、大規模化、機械化が進展し、輸出競争力のある農業が育つことを期待していた。南部のメコン・デルタにおいては、このような方向で事態が進み、規模の大きい農家や民間農場が出現する一方、土地なし農民が出現するなど、土地所有の不平等化が生じた。

ところが、耕地面積に対して人口が多く零細農家が多い北部と中部の農村地帯では、南部とは異なる事態が展開した。これらの地域では、村の中に居住している人に対して極めて平等に農地を配分するということが行われ、その際に農地の等級や家からの遠近などによって不平等が生じないようにという配慮から、農地は極めて小さな細片に分割されて、ところによっては、一戸当たり一〇以上の小さな田んぼを割り当てられるということになった。この筆数の多さは、インフラの整備や農業技術の向上、および二〇〇三年の農地使用税の廃止などによって、農地の等級がもつ意味が減少し、政府が農地の「交換分合」を奨励したことにより当初よりは減少しているが、この「交換分合」は、土地使用権の譲渡という形をとらず、個々の農家が使用権を有する農地面積そのものには手を触れないで行われており、使用権の平等な細分化という構造自体は変化していない。このように、ベトナムの北部・中部では、集団農業の解体は、農地の均分など、市場経済における個別経営の発展という論理からは理解しにくい、共同的な社会的セーフティネットの形成を伴って進展している。

この農地の細分化は、ベトナム共産党や政府の政策意図の産物ではなかった。ベトナム社会科学院の社会学研究所が二〇一一年一一月に開催した「現在のベトナムにおける新しい農村建設の若干の問題」をテーマとするシンポジウムで行われた、ブイ・クアン・ズンらの報告では、「ドイモイの後、一九八八年の「農業管理の刷新」に関する決議（一〇号請負）の土地の分配に関する諸規定は、よりよい生産能力を持つ農家が、耕作地を入札によって入手し、農業生産性を向上させることを可能にするものだった。しかし、この政策提起は、それが農村社会に不平等を引き起こすことに帰結するのではないかとする農民の反発に直面した。その結果、一九九四年までに、北ベトナムのほとんどの地方では、一人当たりの平等を基礎とした分配方法が適用されたのである」と指摘されている（Bùi Quang Dũng, Đặng Thị Việt Phương, 2011:3）。さらにこうした農地の均分による細分化は、共産党と政府からは工業化・近代化を阻害する要因と見なされている。ベトナム共産党の最新の体系的農業政策を提示したのは、二〇〇八年八月に開催された第一〇期第七回中央委員会総会であるが、そこでは、ベトナム農業は小規模分散的であり、非効率的で付加価値が低く、工業化・近代化が遅れているという基本認識が提示されている（坂田 2012:118）。また、上述のブイ・クアン・ズンらの報告も、「ベトナム農業の発展と新しい農村建設にとっての試練は、主に農民の小農経済、特に北部でのそれにある」という認識を強調している（Bùi Quang Dũng, Đặng Thị Việt Phương, 2011:11）。

　これに対して、日本のベトナム研究者の間では、こうしたベトナムの公式見解とは異なる角度から、ベトナム農村のこのような状況の積極的意義を評価する傾向が強い。ベトナム研究では一九九〇年代に入って、外国人研究者によるフィールドワークが可能になり、日本人研究者による調査研究の成果が多数出されるようになった[*]。北部の紅河デルタに関しては、一つの村に関する観察を博士論文にまとめた、［宮沢 1999］［岩井 2001］［桜井 2006］は、その代表的成果といってよいだろう。これらをはじめとする日本人の調査研究を含む多くの既存研究が、北部・中部農村での農地使用権設定の際の農地の均分の実態を伝えている。これが、ベトナム共産党や政府の意図とは異なる事態であることについても、竹内郁雄の一連の研究[**]をはじめとする優れた研究があり、桜井は、これを共産党の政策とは区別される、限定された土地面積の中で最大限の人口を扶養するための在地民衆の知恵が作り出した「在地的社会主義」あるいは「農民的社会主義」と呼んでいる。また既存研究では、こうした展開は、この北部・中部にもともと存在した、強い結合をもった村落共同体＝ムラの伝統で説明されることが多い。集団農業時代を生き延び、その解体によって再生したのは、農家の個別経営だけでなく、村落共同体もそうだったというわけである。

＊　このような研究を含む最近の日本におけるベトナム研究の動向については、［古田 2011］参照。
＊＊　参考文献一覧の［竹内 2003］［竹内 2004］［竹内 2006a］を指す。

本稿の基本的立場も、ベトナム北部・中部農村の状況の積極的意義を評価するものであるが、より社会主義に問題を引き寄せて検討し、ムラの伝統が社会主義を飲み込んだという面よりも、社会主義がムラの伝統を内在化したという面に注目をしたいと考える。具体的には、まずかつての集団農業と村落共同体との関係を改めて問い、集団農業のどのような構造がムラとしてのまとまりを温存ないし再生産させることになったのかを検討する。次に、集団農業解体後の農家経営時代の北部・中部農村での土地均分が、社会主義的集団農業を体験した平等主義として理解されるべきものであることを検討する。本稿はこのような意味で、「社会主義とムラ」という視角で集団農業時代からその解体が進む農家自主経営の時代を一貫して考察する試みであり、それを通じて現在のベトナムにおける「社会主義」の意味を考えてみたいと思う。

なお、本稿は、ベトナム戦争中の南北分断時代の北ベトナムでの社会主義を体験しているベトナムの北部・中部の平野部の農村に関する議論であるが、大半のケースは北部の紅河デルタ地帯の事例によっている。また、立論の根拠を、既存のフィールドワークの研究成果に負っているが、特定の村を対象としたこれらのフィールドワークの示すものを、紅河デルタに限定しても、きわめて地域ごとの多様性に富み、隣接した部落ごとですら状況が大きく異なることも少なくないベトナム農村に関する、一般的な議論の根拠としてよいかどうかについては、方法論として問題があることは事実である。本稿では、この問題性を自覚しつつ、複数のフィールドワークの成果を相互に参照することで、ベトナムの北部・中部の平野部農村に広く共通すると思われる動向を描いていきたい。

第一章　北ベトナムにおける農業集団化とムラ

第1節　農業集団化と戦争動員

ベトナムにおける農業集団化は、まず北ベトナムではじまった。北ベトナムの社会主義的改造が本格化する一九五八年に、農業分野においても、農民が農地や家畜を出資する初級農業生産合作社の建設という形で、農業の集団化が開始された。六一年からの第一次五ヵ年計画では、この初級合作社を、農地や家畜が完全に集団の所有になる高級合作社に再編することが目指された。

この北ベトナムの農業生産合作社は、人民公社が導入される以前の中国の農業集団化をモデルとしたものだったが、中国に比べても農業に対する工業の支援能力が低かった当時の北ベトナムでは、集団農業の経済的な優位性を農民に明示するのは困難で、高級合作社化は一進一退を繰り返した。ベトナム戦争が激化し、北ベトナムが米軍による恒常的な爆撃にさらされる六五年になってようやく過半数を超える農家の参加をみて、以降、戦時体制の基礎として定着した。七五年のベトナム戦争の終結後には、この北の農業生産合作社をモデルとした農業の集団化が、南ベトナムにおいても展開された（ベトナムの社会主義建設に関しては、［古田 2002］参照）。

この集団農業のベトナムにおける評価には、大きな変化が見られる。まずベトナム戦争終結直後の時期には、戦争の勝利に大きく貢献し、「社会主義の優越性」を示すものと評価されていた。それが、生産請負制の導入という形での集団農業の改革が始まる一九八〇年代になると、戦時中の集団農業は、戦争の勝利には貢献したが、経済的には多くの不合理な面をもっていたという評価がなされるようになった。さらに集団農業が解体される八〇年代末以降になると、従来の集団農業は、外国のモデルの機械的な適用で、ベトナムの農業の発展を阻害したという評価が登場し、論者によっては、合作社の戦争への貢献は、その経済体制としての「先進性」によるものではなく、伝統的な村落共同体にあった平均主義を固定化した「後進性」によるものだったという議論すら登場するようになった（古田 1996:32–35）。

これに対して外国における研究では、他の社会主義国における集団農業と同じように、ベトナムにおける合作社は、国家による農民支配の機関であり、自己の経済的利益を求める農民とは対立的な存在であったとする見解が多い。そのような中で、カークヴリートは、ベトナムの集団農業は、農民の利害には反するものだったが、他の社会主義国ほど抑圧的ではなく、農民の日常的抵抗によって変容をせまられ、ついには解体を余儀なくされたという見方を提示している（Kerkvliet, 2005）。

こうした合作社を基本的には、農民とは敵対的な、国家による農民支配の機関とする捉え方に対して、筆者は［古田 1996］において、国家の支配を貫徹する機能と、農民の利益を擁護する「隠れ蓑」としての機能を併せ持つ、「二面性」があったとする議論を提起した。これは［吉沢 1987］の視点を継承したものだったが、一九九〇年代に入って外国人研究者にも可能になったベトナムでの農村調査を踏まえた日本人研究者の合作社研究の代表作というべき［宮沢 1999］［岩井 2001］［桜井 2006］は、いずれもベトナム戦争期に合作社がそれなりに農民に密着していた姿を描いている。

農業集団化が行われた一九六〇年代からベトナム戦争が終結する七五年まで、農業生産性はほとんど向上しなかった。戦争に大量の人的資源が投入され、農業労働力が減少する一方で、合作社には重い食糧供出義務が課せられていた。こうした状況のもとでの農民にとっての合作社の存在意義を、桜井は次のように指摘している。

「この絶対的な窮乏の中で、合作社制度は、均質な社会を実現し、限定された財をかぎりなく等分することには成功した、……合作社はなによりも食べられる場所であった。そしてその食の保障は徹底した農業生産利益の平等主義的な分配にある」（桜井 2006:417-18）。

合作社の平等主義的分配の軸になったのは、「定率食糧分配」ないし「標準口糧」制度と呼ばれた制度だった。合作社による分配は、農民が合作社の作業に従事することで得た労働点数によって行われていたが、「定率食糧分配」ないし「標準口糧」制度は、この労働点数による分配を、強者を抑制し弱者を救済する形で調整する仕組みだった。すなわち合作社は、農民に割当てることができる一人当たりの一ヵ月の標準的な食糧を定め（標準口糧）、ある農家が労働点数によって得た籾米が、その家族に割当てられる標準口糧の合計よりも多ければ、超過分の籾米を合作社が現金で買戻し、逆に十分な労働点数を稼げず、標準口糧の合計よりも労働点数で得た籾米のほうが少ない場合は、その差額分の籾米を合作社から安い公定価格で購入することができるようにしたのである。これによって、労働点数の多い農家も余剰米を持てなくなる一方で、戦争に多くの成員を供出し労働力が不足して、あまり多くの労働点数を得られない農家でも、標準口糧分の食糧は保障されることになった。また標準口糧の算定の際に、戦死者、傷病兵、出征兵士を持つ家庭への優遇措置もあった。さらに、不作で労働点数の価値が大幅にさがった時には、合作社が、貧しい家庭に合作社保有米や雑穀を無料給付する制度もあった。こうした制度が、兵員動員を支えたとして、桜井は次のように指摘している。

「その物質的な保証は、合作社による家族生活の保障である。幼児を除くほぼ家族全員が、合作社社員として労働点数を享受できる。それが不十分なものであったとはいえ、一応、銃後の憂いはない。青年の入隊により、残された家族が路頭に迷うということだけはありえない。合作社は兵士動員を順調にすすめるために、もっとも有効な装置である」(桜井 2006:435)。

周知のように、一九六五年に局地戦争にエスカレートしたベトナム戦争で、米軍は、南ベトナムで、革命勢力にその兵員補給能力を上回る損害を与えるという消耗戦略を採用した。この消耗戦略がうまく機能せず、南ベトナムにおける革命勢力の兵力が多大な犠牲にもかかわらず一定の水準に保たれたのは、北ベトナムからの人員補充能力が大きかったためだった。ベトナム労働党が、南ベトナムでの武装闘争発動を決意した五九年から、ベトナム戦争が終結する七五年までに、北から南に送り込まれた人員は、戦闘員と政治幹部を含めると延べ二三〇万人に達するといわれている。* これとは別に、戦争への北の合作社による人的貢献を二百万とする研究もある(Chử Văn Lam v.v..., 1992:35)。これらの数字は、当時のベトナムが農業国にもかかわらず、先進工業国並みの戦争動員を達成したことを示すものである。ベトナム戦争の帰趨に決定的な影響を与えた、六五年以降の大規模な戦争動員を可能にした基盤こそ、合作社という集団農業だった。

＊ 一九五九～六四年：一万四〇〇〇人、六五～六八年：四〇万人、六九～七五年：一八八万八〇〇〇人（Phạm Hồng Tùng, 2009）。

第2節 合作社の裁量

戦時体制の基盤として機能した標準口糧の実態を、岩井の調査によってたどっておきたい。調査地のバックニン省のチャンハ（Trang Hạ）合作社では、一九七二年の冬春作（稲は二期作）で、労働点数一コン（工）当たり籾一・九七キロの分配が行われた。成人の主労働者一人、その子供が二人の、ある三人家族は、この冬春作で一六五コンを得たので、これによる配分が三二五・〇五キロとなる。一方、標準口糧は、主労働者が月二〇キロ、子供が一人月一三キロだったので、この三人家族の冬春作期六ヵ月の割当ては二七六キロとなる。この家族は労働点数による配分で標準口糧を四九・〇五キロ上回る収入を得たことになるので、この超過分を合作社にキロ〇・三ドンで売却し、合作社から一四・七二ドンの現金を得ることになる（岩井 2001:93）。

標準口糧は、合作社が農民に割当てることのできる食糧だったから、合作社ごとに違っていた。岩井によれば、成人の主労働者の一ヵ月の標準口糧は、一九七五年の数値でチャンハ合作社では、上述の七二年よりも下がって一三・九キロ、同合作社の存在したティエンソン県の七三の合作社で二九位に位置していた。同県各合作社の標準口糧は、高いところで一八・五キロ、少ないところで七・五キロだったという（同上:85）。標準口糧は、合作社内では食糧配分を平準化する機能を果たしていたが、合作社

表1　チャンハ合作社の食糧バランス

	1971年冬春作		1972年冬春作	
	数量（キロ）	比率（%）	数量（キロ）	比率（%）
籾収穫量	311,765.4		341,887.0	
籾分配				
国家納入分	50,000.0	16.0	60,000.0	17.5
農業税	30,000.0		30,000.0	
義務供出	14,000.0		24,000.0	
水利費	6,000.0		6,000.0	
合作社留保分	46,331.2	14.9	53,087.0	15.5
社員分配分	215,434.2	69.1	228,800.0	66.9

出典：［岩井 2001:79］より．

間には相当な相違があったのである。

では、標準口糧の水準を規定する、合作社が農民に割当てることのできる食糧の量は、どのように決まっていたのだろうか。チャンハ合作社の一九七一年と七二年の冬春作の食糧バランスは表1に示した通りである。

集団農業とは、農作物の収穫が個々の農家の納屋に納められるのではなく、まずは集団の倉庫に納められ、そこから国家が必要とする分を取り、ついで合作社が必要とする分を控除し、残りを社員＝農民に分配する仕組みであり、農業国から工業化をめざしたソ連をはじめとする社会主義国家が、都市民への食糧供給を確保し、かつ工業化のための蓄積を生み出すために、導入した仕組みだった。そしてこのことが、合作社が国家による農民支配の機関であるとされる所以でもあった。上記の表で、チャンハ合作社が国家に納入した籾は、収穫量の一六〜一七・五％で、これは当時の北ベトナム全体の平均値の一八％（籾ベース、雑穀を含む食糧全体では一六％［Kerkvliet, 2005:134］）とほぼ符合する数値である。いま一つ注目されるのは、国家納入分が年によって変化していることである。この変化は、「義務供出」という、農業税以外にきわめて安価な公定の義務販売価格で合作社が国

表2　食糧供出量と出征兵士数

	グエンサー村				カムドン村			
	食糧供出量（トン）		出征兵士数　（人）		食糧供出量（トン）		出征兵士数　（人）	
1965 年	316.2	(76.5)	45	(85.2)	409.0	(162.2)	49	(132.7)
1966 年	342.3	(82.8)	58	(109.8)	210.0	(83.3)	43	(116.5)
1967 年	444.2	(107.4)	74	(140.2)	345.35	(137.0)	56	(151.8)
1968 年	444.6	(107.5)	100	(189.4)	110.16	(43.7)	56	(151.8)
1969 年	400.0	(96.7)	46	(87.1)	205.1	(81.4)	33	(89.4)
1970 年	435.0	(105.2)	20	(37.9)	286.4	(113.6)	13	(35.2)
1971 年	460.0	(111.2)	38	(72.0)	157.5	(62.5)	22	(59.6)
1972 年	470.0	(113.7)	58	(109.8)	249.8	(99.1)	35	(94.9)
1973 年	400.0	(96.7)	38	(72.0)	233.5	(92.6)	37	(100.3)
1974 年	407.0	(98.4)	48	(90.9)	250.6	(99.4)	25	(67.8)
1975 年	429.0	(103.8)	56	(106.1)	315.698	(125.2)	37	(100.3)
総　計	4548.3		581		2773.108		406	
年平均	413.5		52.8		252.1		36.9	

出典：［Diệp Đình Hoa, 1994：195；Ban Chấp Hành Đảng Bộ Xã Cẩm Đông, 1991：147］より.
注：各年の食糧供出量，出征兵士数の右（　）内の数値は，11 年間の平均値を 100 とした場合の各年の値を示している.

家に供出する部分が、作柄によって変化することで生じている。「義務供出」を含めた国家への食糧供出は、地域によっても、年によっても変動があったことが報告されている。チャンハ合作社でも、義務販売価格よりは高い奨励価格による国家への追加的な籾販売が行われるようになった七五年には、国家への納入が二六・五％に増えている（岩井 2001:79）。

ベトナム戦争中に国家が合作社に期待したのは、食糧と兵員の供出だった。では、国家への食糧と兵員の供出の年ごとの変化は、どの程度だったのだろうか。表2は、タイビン省グエンサー（Nguyên Xá）村とハイズオン省カムドン（Cẩm Đông）村の、一九六五年から七五年までの食糧供出量（籾換算）と出征兵士人数の年ごとの数字を示したものである。

年平均を一〇〇とした場合の最高の年と最低の年の数値の開きを見ると、グエンサー村の食糧供出が一・四九倍、出征兵士数が五・〇倍、カムドン村の食糧供出が三・七一倍、出征兵士数が四・三一倍となる。これから言えることは、両村ともに出征兵士数の変動のほうが、食糧供出の変動よりも大きいこと、ただし、出征兵士数の変動の幅は両村の間でそれほど大きな差はないこと、これに対して、食糧供出量の方は、グエンサー村の変動に比してカムドン村の変動幅のほうが倍以上大きいことであろう。出征兵士の数は、テト攻勢のあった六八年、春季大攻勢のあった七二年、そしてホーチミン作戦のあった七五年に、いずれも数値が上がっていることに示されるように、軍事作戦によって大きく左右された面がある。また一九六九年、七〇年の低下は、テト攻勢を頂点とする米軍介入以降の南ベトナムでの犠牲の拡大が大きく、多少の「息継ぎ」の時期を設けないと、徴兵事業に悪影響がでるという判断の結果だったと考えられる。出征兵士数の変化の大きさは、こうした権力の恣意的な判断の影響によって説明できると思われる。

これに対して、食糧供出量の変化は、グエンサー村で籾の反当たり収量が一一年間の平均値を上回った一九六八年、七〇年、七一年、七二年、七四年、七五年と、供出量が平均値を上回った年がほぼ一致する（例外は六七年、七四年）ことから、基本的には作柄に規定されていたと考えてよかろう。また、グエンサー村よりもカムドン村のほうが、年ごとの変動幅が大きいのは、次のような事情を反映していると考えられる。グエンサー村は、米どころタイビンを代表する生産性の高い合作社で、六六年以降一貫して一ヘクタール当たり六トン以上の籾の収穫を達成しており、一一年間、国家から提起された義務供出量を常に上回る籾を国家に納入していた。つまりは、国家から求められる供出に、グエンサー村は、ある程度余裕をもって対応できたということである。これに対して、カムドン村は、グエンサー村ほどには生産性が高くはなかった。一一年間の国家への食糧供出の総量は、グエンサー村がカムドン村よりも一・六四倍多い。これに対して、延べ出征兵士数は、グエンサー村がカムドン村の一・四三倍である。後者が、両村の人口比をある程度反映していると考えると、グエンサー村の農民一人当たりの食糧供出のほうが、カムドン村の農民よりも多かったことになる。こうした状況は、当時の北ベトナムでは、国家の支配の強度、あるいは浸透度は、村ごと合作社ごとで、相当違っていたことを物語っている。これは、食糧供出と兵員供出の双方についていえることだったが、特に食糧供出の面でより顕著であり、またその相違は主に「義務供出」分をめぐって発生していたと考えられる。

この、食糧供出量や兵員供出数が合作社ごとに違い、また同じ合作社でも、年ごとに相当大きな変化が見られるということは、北ベトナムという社会主義国家の農村支配、言葉を換えれば社会の包摂力に限界があったことを示している。当時の北ベトナムの農業は、天候などの影響を受けやすい、前近代的で低位なものだった。加えて農民は、国家権力からの相対的自律性をもった村落共同体の伝統をもち、かつ現代の革命運動、抵抗戦争の主な担い手だったので、これを国家が収奪するには自ずと限界があった。こうした状況では、農村に基盤をおいた戦争動員体制も、安定的なものではなく、農業生産の状況を反映して、変化の激しいものとならざるをえなかった。そこでは、国家は合作社に対して一律の一定した負担を求めるのではなく、合作社ごと、年ごとのバーゲーニングを行って、その貢献度を決めていかざるをえなかった。これは、合作社の側から見れば、毎年の食糧供出や兵員供出の水準を、合作社の実情に見合ったものにすべく、国家と交渉する余地があることを意味している。ここに、国家の農村支配の機関である合作社が、農民の利益を促進するための「隠れ蓑」に転化しうる根拠があった。ベトナムの研究書も、合作社化の初年度から、作付け面積、生産量および国家・集団・農民の間の生産成果の分配に関して、国家向けの申告と合作社内部の処理用の「二重帳簿」が存在し、国家への納税・義務供出を軽減しようとしたり、合作社内部の分配に関しては、合作社独自の方式で行われるという問題が多発したことを指摘している（Bùi Xuân Đính, 1985:164）。

もっとも、ベトナム戦争中の北ベトナムで、国家が合作社に対して相対的に「寛容」な態度で臨めた背景には、ベトナムが社会主義陣営の最前線でアメリカと戦っているがゆえに、ソ連・中国など社会主義陣営から寄せられた食糧援助があったことは、忘れてはならない。一九六〇年には五万五三〇〇トンにすぎなかった北ベトナムの食糧輸入は、七〇年には七八万七六〇〇トンと、国内生産の一五％に匹敵する量に達していた。このおかげで、北ベトナムの農村は、国家による徹底した収奪を免れていたわけであり、不作の際にはソ連産の小麦が合作社を通じて農民に配給されたことすらあった（Kerkvliet, 2005:134；桜井 2006:414-15, 420）。

第3節　合作社とムラ

合作社が、内においては成員間の平等を貫きつつ、国家に対して交渉力を発揮するためには、合作社としての凝集力、集団としてのまとまりが、生産性とか経営能力と同時に重要な意味をもつ。北部・中部ベトナムでは伝統的な村落共同体の結合が強かったと述べたが、伝統的な共同体として、国家に対しては税など各種公租公課を徴収し、内に対しては公田とよばれた事実上の村落共有田の割換え、祭礼の組織、水利などの管理を行ってきたムラ＝「ラン」は、以前は「社」という行政村の枠組みと一致していたが、ベトナム民主共和国の独立後の行政単位の統合によって、多くの場合、行政村としての性格を喪失し、新しい行政村＝社の下位に位置づけられる存在になった。しかし、多くの場合、農村における人びとの共同体意識は、依然として「ラン」＝ムラを単位とするものでありつづけた。合作社は、一方では、ムラの伝統を「封建遺制」として攻撃したが、他方ではこのムラの共同性に依拠してその集団性を維持していた面があった。合作社の強さと伝統的なムラの結合との関係は、ダオ・テー・トゥアンによって指摘されており、ムラの公田の比率が高かった地域では合作社が強力であったのに対して、公田が少なかった地域では一般に合作社は弱体である傾向が見られたとしている（Đào Thế Tuấn, 1997:21-22）。また、合作社がムラないしはそれと大きな相違がない範囲を単位とした場合は、比較的安定した合作社となったが、ムラの範囲を大きく超えて大規模化する、特に行政村を単位とする全社合作社が組織されるようになると、うまくいかなくなる合作社が増大したことも、よく知られている。まず、従来のムラ単位の合作社が、他の合作社と合併して規模が大きくなる時には、「よそのムラ」に財産を渡したくないということで集団の財産を社員の間で処分してしまうとか、合併後の合作社管理委員会の構成をめぐっても、ムラ同士の対立が激しく、何回も選挙をやりなおすといった事態が、各地で発生した（Bùi Xuân Đính, 1985:164-65）。高級合作社が普及した一九六五年末には、全合作社中「うまくいっている」のが四一％、「平均的」が四八％、「弱体」なものが一一％であったのに対し、大規模化が進み、ムラの範囲を超える合作社が多くなった七三～七四年の調査では、「先進」合作社は二五％に減少し、「平均的」なものが四二％、そして「弱体」な合作社が三三％に及ぶようになっている（Kerkvliet, 2005:132）。

いずれにせよ、食糧と兵員の供出が、合作社を単位として毎年異なる規模で求められる構造は、社会主義的な集団農業の時代に、ムラとしてのまとまりを、温存ないしは再生産する役割を果たした。岩井や桜井が観察した合作社は、ベトナム戦争当時はまだ全社規模にはなっておらず、ムラの共同性から大きくは乖離していない合作社だった。このような合作社では、ドイモイ以降の時期のインタビュー調査ではあるが、かつて行われていた平均主義的分配に対して、その制度的欠陥への不満を指摘する声はあまり出ていないという（岩井 2001:270；桜井 2006:417）。この点に関して、岩井は次のような見解を述べている。

「戦時期と重なる集団経営時代の生活について、チャンリエット（Trang Liệt）村の農民たちは、十分食べれなくて苦しかったと言うが、平均主義的な分配を制度の欠陥として非難する人はほとんどいなかった。その理由は、彼らのいう平均主義が及ぶ範囲が明確に確定されているからではないかと思われる。それは「集団」（tập thể）という概念で表される「我々の」範囲である。それは、時には合作社、時にはラン（村）、時には「民」意味する。集団という概念は、個人の利益と一致している場合に明確に意識される際に使われ*、逆に個人の利益と一致しない場合は使われることはない。このことから、合作社が農民にとって「集団」と認知される場合には、その限定された範囲内のメンバーシップ間で相互扶助的な協力関係や平均主義的な分配などに見られる、経済的な意味での「共同性」とも呼べるものが発揮される場なのではないかと思われる」（岩井 2001:270）。

＊ 原文のママ。ここでは、インタビューで農民が集団という言葉を使うのは、それが個人の利益と一致していると意識された場合、ということを意味している。

表3　北ベトナム農民の集団からの収入の推移

年	1961	62	63	64	65	66	67	68	70	71	73	74	75	76	77	78	79	80	81
集団からの収入（%）	39	38	38	40	39	36	36	33	35	30	34	36	35	35	29	29	24	28	24

注：1969年・72年はデータ欠如.
出典：［Kerkvliet, 2005:252］より.

もっともこの合作社の集団労働からの収入は、農民を餓死の危機からは解放したものの、農家の生計を保証するものではなかった。そこで、農家が収穫を自由に処分できる自留地が、耕地の五％に限って認められたり、農家による豚の飼育とその処分が認められることになった。こうした自留地で栽培された作物や家庭で飼育された豚を自由市場で処分することによって得られる収入は、米の公定価格が安価に据え置かれていたこともあって、家計の中で合作社の集団労働からの収入よりも大きな比率を占めることになった。カークヴリートは、集団農業時代の農民の集団からの収入の推移を表3に示したように推計している。

一九六〇年代の半ばに四〇％あった集団からの収入は、その後一貫して低下し、七一年には三〇％まで落ち込んでいる。その後、七五年にかけて一時、集団からの収入はやや持ち直すものの、ベトナム戦争が終結するとふたたび下降に転じ、二四％という、家計収入の四分の一に満たない水準まで低下しており、この時期に集団農業が重大な危機に直面していたことがわかる。この集団以外からの収入は、基本的に私的収入であり、北ベトナムの集団農民の私的収入は、ソ連や中国と比べてかなり高い比率を占めていた（Kerkvliet, 2005:114）。これも、ベトナムにおける社会主義的集団農業が、社会を十分包摂できていなかったことの表現であるが、この自留地での耕作と自由市場での処分は、集団農業のもとで農家の小農経営を温存、再生産する役割を果たしたといえよう。

第二章　集団農業の解体

第1節　生産請負制の導入過程

様々な問題を内包していたベトナムの集団農業は、ベトナム戦争の終結後、その弱点を露呈することになる。それは基本的には、人びとの社会的関心の焦点が、「戦争に勝つ」ことから「暮らしをよくする」ことに移ると、平均主義的な分配の積極性よりは消極性が目立つようになり、農民の集団耕地での労働意欲が減退したからであった。これに加えて、一九七六年に本格化した全社合作社への規模拡大、戦争終結による復員の増大による標準口糧の減少などの要因が、合作社の危機に拍車をかけることになった。集団農業は、新しく集団化が試みられた南だけでなく、戦争中に合作社が定着したかに見えていた北においても、危機に直面した。

集団耕地における農民の労働意欲の低下や、農民の労働と最終的な収穫の結びつきが見えにくい労働点数制による集団労働の問題を解決する方策として、北ベトナムにおいても集団化の早い時期から注目されていたのが、生産請負制の導入であった。これは、集団化した耕地を再度、個々の農家ないし農民に貸与し、そこでの生産を請け負わせる制度である。この方式は、集団耕地に対する農民の労働意欲を発揮させる方策として、集団化の当初から、いくつかの地方で導入の動きがあったが、省規模での導入を試みたのは、ハノイ近郊のヴィンフック省だった。ここでは、戦争の最中の一九六六年から省の党組織の公認のもとで生産請負制の導入が試みられた。しかしこの試みは、一旦集団化した耕地をふたたび個別農家に委ねる、農村における社会主義的生産関係を後退させる試みとして、六八年には党中央によって厳しく批判され、禁止されてしまった。生産請負制は、「国禁」とされるに至ったわけである。にもかかわらず、農業生産の危機を救うため、ベトナム戦争の末期から、生産請負制を採用する合作社が出現するようになった。その多くは、「国禁」をおかす試みのため、その実施が上級機関や他者には知られないよう、「もぐり」として実施されていた（Thái Duy, 2008:291-300）。

北部の港町ハイフォンの郊外のアントゥイ県ドアンサー（Đoàn Xá）村に存在した二つの合作社のうちの一つの合作社のいくつかの生産隊が七四年から生産請負制を採用し、一サオ（三六〇㎡）当たりで普通の集団耕地の倍に達する一・四〜一・五トンの収量を達成していた。生産隊は通常部落単位で組織されており、「もぐり」で請負制を実施するには秘密を守りやすい単位だった。請負量は、当時の同村の集団耕地の平均的収量である一サオ当たり七〇キロで、これを超える収穫はそのまま請け負った農民の収入になったので、農民の労働意欲は著しく向上した（以下、ドアンサー村に関する記述は［古田2011］を参照）。

しかしこのドアンサーの「もぐり請負」は、アントゥイ県当局の知るところとなり、二年を経過しない一九七六年に、県の監査委員会幹部団の参加のもとに開催されたドアンサー村の党委員会の会合で、生産請負制は党の路線に反するという確認がなされ、それを推進した二名の党幹部の処分と、農民が請け負った耕地を合作社が回収し、改めて労働点数による分配を行うことが決定された。この措置は農民の生産意欲を大幅に減退させ、そこに行政村であるドアンサー村全体を単位とする全社合作社の発足による混乱も加わって、七六年の冬春作の稲の生産は、それまでの平均の六分の一に低下してしまい、多くの農民が他の地方へ出稼ぎに行ったり、乞食として放浪するといった事態を招くことになった。

このような事態を前にして新合作社指導部の意見は、生産請負制しか危機を救えないとする意見や、合作社を元の二つに戻してはどうかという意見、そしてなるようにしかならないという傍観論まで、大きく割れた。ここで重要な役割を果たしたのは、合作社の主任のファム・ホン・トゥオン（Phạm Hồng Thưởng）の決断だった。トゥオンは、生産請負制をやれば処分されるが、やらなければ、国家への供出義務を果たせず、合作社を指導できなかったということで処分された上に、民を飢えさせ乞食にした罪を問われることになる、このことを考えれば、生産請負制をやったほうがましだと判断したという。この決断に合作社関係者の多くは賛同したが、村の党書記だったファム・ヴァン・ディエップ（Phạm Văn Điệp）は躊躇していた。

こうした幹部の間での意見の相違が克服されたのは、合作社社員大会での生産請負制導入への、圧倒的な支持だった。社員大会では、九割を超える幹部、社員が請負制の再開に賛成した。この社員大会の結果は、全社合作社のまとまりの悪さを克服し、合作社全体の一体感を醸成する上でも重要な役割を果たしたように思われる。

ここから先は、「王の法も村の垣根まで」という、ムラ社会の伝統が発揮されることになる。一九七七年六月一〇日、村の党常務委員会は臨時会議を開催し、請負制の実施を文書によらない「口頭決議」として採択した。合作社では、この「もぐり請負制」の実施が処分を招かないよう、その実施はすべて口頭で行い、「証拠文書」を残さない、幹部・社員の間では「機密絶対保持」を誓約しあい、情報が外部に漏れるのを防ぐ、などの措置がとられた。

六月一四日からは二千人の社員によって請負制が実施され、同年の秋作は平年作の六倍もの収量をあげることになった。しかしこの試みも、翌七八年冬春作の開始時には県が知るところとなり、調査団が派遣された。しかし、今回は村ぐるみ、合作社ぐるみの請負制実施だったため、村は、前回のように県の追及に沈黙するという対応はとらず、請負制の実施を認め、その実態を調査団に報告して、理解をうる努力を行った。県の調査団は、生産が向上し、食糧の義務供出や兵員、公共工事労務者の供出をきちんとしている村を、告発するのは困難で、かつ生産請負制の実施を指示した決議も文書もないために、今回の生産請負制の実施は大衆の自発的行為であり、村の党委員会は大衆の行動をよく監督していなかったという弱点があり、誤りをただす必要がある、という趣旨の報告をまとめた。これを受けて開かれた村の党委員会や合作社の管理委員会では、やはり請負制はやめるしかないという意見も出されたが、多数は請負制を最後まで堅持すべきだという意見だった。

村は、生産や公共工事への動員の実績を見せて、上級機関を説得するという努力をした。しかし、県ではドアンサーの路線逸脱を見過ごすことはできないという空気が強く、村に四名の士官が指揮する武装部隊を送り込むなど圧力をかけた。このような中で一九七八年九月に開かれたドアンサー村の党員総会では、それまで合作社の主任をつとめ、請負制推進の中心人物だったファム・ホン・トゥオンを村の党書記に選出し、請負制堅持の姿勢を明確にした。このような村の姿勢に対し、県は、翌七九年二月三日の党員証の更新の際に、ドアンサー村の党員の党員証を交付しないという対抗措置をとった。これに対してトゥオン党書記は、「現在の急務は民の生活であって党員証ではない。党員証があっても民が飢えていては、党員証をもっていることが恥ずかしい」として動揺を防ごうとしたが、この「党員証より民の生活」という発言は、「白い猫でも黒い猫でもねずみをとればよい猫だ」という、中国の鄧小平の発言と同じ発想だという非難を招くことになった。鄧小平が「白猫黒猫論」を最初に使ったのは、一九六二年に中国で生産請負制の是非が議論された時だったので、鄧の名前が出てくるのだが、七九年二月に中越戦争が起こり、しかもその中国側の直接的な責任者が鄧小平であったこの時期に、ベトナムで鄧小平と同じだと言われることは、党幹部としてはきわめて危険なことだった。

ドアンサーの試みが、このまま県と対立したままだったら、最終的には村が屈服させられ、失望した農民が反乱を起こすといった事態を招いたかもしれない。しかしながら、ドアンサーの試みには救いの手が差しのべられた。このようなドアンサーの窮状を救ったのは、請負制とは無縁の県の統廃合だった。ドアンサーの生産請負制に一貫して敵対的だったアントゥイ県は、経済力がないという理由で廃止されることになり、県内の村はドーソン県かキエンアン県に統合されることになり、一九八〇年三月五日にドアンサー村もドーソン県に編入された。アントゥイ県と違ってこのドーソン県の党指導部は、請負制に好意的だった。さらにドーソン県の上級行政区たるハイフォン市（ベトナム北部を代表する港町で、省と同等の中央直轄市）の指導部にも請負制の支持者がいて、ドアンサーの「実験」は生き延びることになった。こうした村を超えたレベルで、かつて党中央が禁止した生産請負制に公然たる支持が表明されるようになったのは、七九年八月のベトナム共産党第四期第六回中央委員会総会（六中総）での、党中央の方針転換を反映した動きだった。この六中総では、深刻な経済危機を背景に、それまでの社会主義的改造を急ぐ姿勢を改め、「多セクター経済」に積極的位置づけをあたえ、「生産を爆発」させるために、「社会と集団と個人の三つの利益」を結合した生産刺激策を、各地方や生産基礎が積極的に採用することを奨励するという、「地方の実験」に前向きの姿勢を示す決議が採択された。もっとも六中総は生産請負制そのものを肯定したわけではなく、党中央が生産請負制に同意したのは、六中総の一年半後の八一年一月一三日の共産党書記局の一〇〇号指示だった。

集団農業における生産請負制は、ほぼ同じ時期に中国においても導入されている。この生産請負制をはじめとする改革路線の形成過程が、「地方の実験」を通じて一歩一歩行われたという点では、ベトナムの事例は中国の改革・開放路線の形成過程と近似している。両国の改革を比較したベトナムの研究では、中国の場合には、党中央での路線や政策の転換が先行し、それが「地方での実践」を経て慎重に実施されたという面が強いのに対して、ベトナムの場合には、中央での転換に先立って「地方の実験」が実施され、それが党中央の路線転換に結びついていったという、「下からのイニシアティヴ」が果たした役割が大きかったということが強調されている（Lê Hữu Tầng, Lưu Hàm Nhạc, 2002:573-75）。生産請負制のような、党中央がまだ承認をしていない「実験」を行うにあたっては、基層でこの「実験」の単位となる場での一致団結が不可欠で、こうした基礎の団結がないと、リスクのある「実験」は実施不可能であることが指摘されている（Đỗ Hoài Nam, Đặng Phong, 2009:262）。合作社は、ムラ的な伝統と一致した場合には、こうした団結を形成しやすい場となった。生産請負制におけるドアンサー合作社の事例は、その典型例であり、またどのような形で合作社が農民の利益を擁護する機関として機能するかを示す好例でもあった。

第2節　生産請負制の導入

一九八一年一月の書記局一〇〇号指示による生産請負制の導入は、公式には、社会主義的集団農業の強化策であるという位置づけで行われた。指示は、農家ではなく「労働グループと労働者に対する生産請負」であることを強調し、また稲作に関しては、田植え・除草・収穫は農民に請け負わせるが、水利・耕起・化学肥料管理・病虫害駆除・育苗・種籾管理は合作社が行うとするなど、個別農家の農業経営権の復活ではないことが強調されていた。

この生産請負制は、例えば一サオの耕地から標準収量として一〇〇キロの籾を生産することを農民が請け負い、一二〇キロの収穫を得た場合、超過分の二〇キロはそのまま農民の収入となり、合作社に納める百キロからは従来のような労働点数による配分を受ける仕組みである。この仕組みでは、期待しうる収穫量と標準収量の差が農民の収入を大きく左右するので、短期的な利益という点では、悪田でもこの差が大きければ農民は喜んで請け負うはずである。ところが、実際には農民は良田をできるだけ多く請け負おうとした。これは、岩井が指摘しているように、「農民にとっての土地は標準生産量を達成するために必要な「一時的」な請負地というものではなく、労働投資の成果を長期的に期待できるような専有地として認識されていた」（岩井 2001:120）面があることを示す現象であったと思われる。こうした心理が存在したために、合作社としては、土地の平等な配分ということに神経を使わざるをえない。その結果、多くの合作社で、良田・中等田・悪田という田の等級ごとに、それぞれを請負対象者に平等に配分し、それにさらに家からの遠近で格差が生じないよう配慮を加えるという方式が採用されることになった。ただでさえ人口に対して耕地が少ない北部、中部ベトナムでは、このような配慮は、田がきわめて多くの細片に分けられ配分される事態に結び付いた。桜井が観察したナムディン省のコクタイン(Cốc Thành)合作社では、こうした細片数が一農家平均で七つ、多い農家の場合には二〇にも及んだとする回想がある(桜井 2006:481)。

一〇〇号指示の正式名称が、「労働者」に対する請負制であったことに示されるように、この生産請負制では、原則として各家族の成員数ではなく労働力による分配が行われた。ただし実際には、家族という単位への配慮もされ、家族ごとの能力と実情にあわせた柔軟な配分が実施されたようである。たとえばコクタイン合作社では、一正労働力[*]当たり一サオの水田が配分されることになっていたが、当時の配分面積を記憶している三〇家族の家族成員一人当たりの請負面積は、一サオ以下が九家族、一サオが一一家族、一サオ以上が一〇家族(うち一・五サオ以上は四家族)となっている。正労働力に対する基準配分面積であるはずの一サオが、家族成員に対する面積に転化しているケースは、家族成員に一サオになるよう、正労働力に対する基準を引き上げたケースや、副労働力[*]を計算に入れたケースなどがあったためとされる。また、一サオを大きく上回るケースは、労働力に余裕のある家族と労働力が不足したり非農業労働に従事する家族の間での調整が行われていたためとされる(桜井 2006:472–77)。

＊ 「正労働者」とは農家の成人労働を、「副労働力」とは老人や子供の労働を意味する。

表４　紅河デルタの籾の生産性

年	1960	65	70	76	77	78	79	80	81	82	83
生産性（t/ha）	1.87	2.08	2.34	2.78	2.23	2.27	2.34	2.29	2.59	2.99	2.96
年	1984	85	86	87	88	89	90	91	92	93	
生産性（t/ha）	2.86	2.94	2.82	2.84	3.29	3.54	3.42	3.00	4.00	4.68	

出典：［Kerkvliet, 2005:246–47］より．

岩井の観察したチャンハー合作社の場合には、まず村の水田を、一サオ当たりの一期の平均収量が一二〇～一二五キロの一等田、一一〇～一一五キロの二等田、九〇～一〇五キロの三等田に三区分し、これに集落（居住地）からの距離による評価を加味した上で、どの農家もこの三種類の田が収量的にも距離的にも同等になるよう分配された。配分面積は、正労働力に一・五サオ、副労働力に一〇トゥオック（二四〇㎡）が基準とされた。土地配分の決め方にも公平さが重視され、地片に通し番号をつけた後、くじ引きで農家の順番を決め、地片ごとの請負者を決めていった。一〇〇号指示の実施状況は、岩井の場合も回想によっているので、やや不確かな面はあるものの、ここで「農家」が単位となっていることは注目してよかろう（岩井 2001:136–37）。

こうした事態は、一〇〇号指示による労働力を単位として実施されるはずの請負制が、家族単位の制度として機能していたことをうかがわせるが、実態的には一〇〇号指示は、個別農家に対する「白紙請負」を広げ、集団農業の解体の第一歩となる。ただし、共産党が集団農業からの訣別を公式に認めるには、請負標準収量が高すぎて農民の生産意欲をそいだり、合作社への負債を抱える農民が増大するなど、生産請負制の限界が露呈されるようになってからであった。

表４に示した紅河デルタの籾の生産性の推移は、ベトナム戦争後の米作の停滞と、一九八一年の生産請負制の導入による後退現象からの離脱、および八六～八七年の再度の停滞の兆しを示している。こうした状況の中で、共産党政治局は、八八年四月五

日の政治局一〇号決議で、個別農家が農村における自主的経済単位であることを承認し、集団農業の解体を事実上認めることになった。この決議の効果は明瞭で、上記の表にもあるように生産性が安定して向上するようになる一方、ベトナムは米輸出国の地位を回復することになる。

第3節　集団農業の解体と土地の均分

この一〇号決議によって、農民は、合作社から提示される請負量を納める請負人から、農地を専有しそこに課される農業税を納める自律的な農業経営者になった（岩井 2001:133）。チャンハー合作社では、この一〇号決議を受けた一九八八年と、ハバック省人民委員会指示三号を受けた九二年の二度にわたって土地配分が行われているが、土地占有権証明書が交付された九二年の配分の実態を、岩井の紹介によって見ておきたい。

一九九二年の配分は、一〇〇号指示による分配を継承し、それに微調整を加えるという位置づけで行われたが、分配の原理としては重要な変更があった。それは、分配の基準が労働力ではなく、「口数」にかわり、条件を満たすすべての者が、主労働力・副労働力といった区別やその年齢に関係なく、均等に土地を分配されることになったという変化であった。一「口」当たりの面積は、一サオ二トゥオック（四〇八㎡）で、生産請負制の際の一主労働力に割当てられた一・五サオ（五四〇㎡）の約五分の四であった。こうした分配原理の変更によって、扶養家族の多い農家の専有面積が増える反面、主労働力の多い農家は専有面積が減少することになった。にもかかわらず「微調整」で済んだのは、すでに事実上

図１　ボン生産隊の世帯内「１口」当たりの籾標準生産量

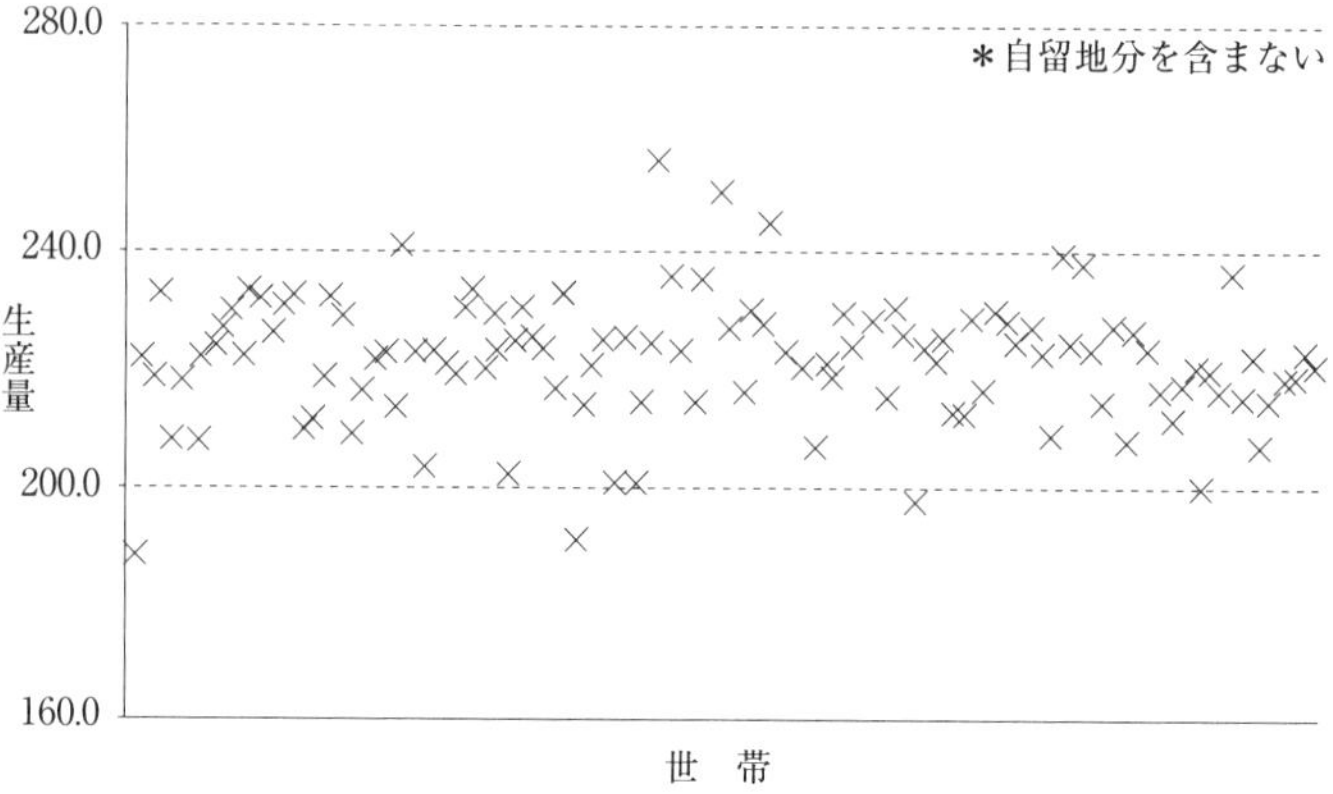

出典：［岩井 1996 : 89］より.

家族成員数に比例した分配が実施されていたためだった。

一「口」と数えられるのは、村に在住する合作社社員、傷病兵、国の社会保障期間を過ぎた元国家公務員、および施設で治療している重症の傷兵や軍事義務遂行中の兵士（職業軍人を除く）など、村に居住はしていないが有資格者とされている者であった。夫婦ともに現職公務員の場合でも、その子供が労働年齢に達しかつ就農している場合は「一口」、労働年齢に達していない場合は「半口」を認められた。社会保障手当を受給している元国家公務員も「半口」である。一方、夫婦そろって合作社社員であっても、家族計画に従わず第三子を出産した場合は、ペナルティとして八〇%に減額し、それ以上の出産の場合には減額率が上がっていくという決まりもあった。チャンハー合作社では、こうした原則に立って、まず戦争遺族、傷病兵や独居老人といった「社会政策対象者」に、集落に近い耕地が分配された後、一般の農家が、くじ引きで決められた順番にしたがって、収量的にも距離的にも同等の条件になるように分配を受けた（岩井 2001:134-37）。

表5　ボン生産隊世帯別土地台帳

世帯 No	一等田㎡	二等田㎡	三等田㎡	合計㎡	口数	面積／口
1	144,192,240	156*, 96*,288	720,480	2316	6	386.0
20	600,120	528,168*,840	1320	3579	9	397.3
23	288	960,240	144	1632	4	408.0
30	96	720,360	840	2016	5	403.2
43	192	180,84*,120*,408	720	1704	4.2	405.7
45	216	360,168*,168	384,216	1512	4	378.0
104	432,24	144,96*,336,264	432,312	2040	5	408.0

出典：［岩井 1996:90-97］から古田作成.　＊苗代用の田

図1は、チャンハー合作社のボン生産隊という、一一八世帯を要する生産隊で、一九九二年の分配の結果、「一口」当たりに配分された土地から期待できる籾の標準生産量が、どのように分布しているかを示したものである。この図からは、「一口」当たりの年間籾生産量が二〇〇～二四〇キロの範囲に大半の世帯が集中しており、きわめて平等主義的な分配が実施されたことがうかがわれる。

また、このボン生産隊の各世帯ごとの「一口」当たりの耕地分配面積は、基準の四〇八平方メートルとの偏差が五％以内の三八八～四二八平方メートルの範囲にある世帯が八五世帯を占めている。

表5は、岩井が紹介しているボン生産隊の一九九二年の土地分配状況を示す土地台帳から、七世帯分の事例を古田が抜粋したものである。例えば、世帯番号30の農家は、一等田は九六平方メートルの田を一片、二等田は七二〇平方メートルと三六〇平方メートルの田二片、三等田は八四〇平方メートルの田を一片専有しており、総専有面積が二〇一六平方メートル、世帯の口数は五なので、一口当たりの面積は四〇三・二平方メートルになるということを示している。これで見ると、各農家の専有地が一等田、二等田、三等田のそれぞれに分散し、しかも多くの場合、それぞれの等級の田の中に、複数の土地片を持つ形で分配が行われていることがわか

表6　コクタイン合作社の1993年分配時のマイン数

生産隊	土地交付家族数	土地交付面積(平米)	マイン数	マイン平均面積(平米)	一戸当たりの最大マイン数	最小マイン数
ズオンライチョン	125	241130	1176	205	14	1
ズオンライゴアイ	124	193158	1237	215	13	2
ソムA	158	266618.7	1355	215	15	1
ソムB	154	299841	1213	221	17	2
ソムC	145	241653.9	1274	199	16	1
アプフー	130	213642	1274	168	18	1
フーコック	91	145744	602	242	13	1
チャイノイ	137	259967	1115	253	16	1

出典：[桜井 2006:532-33] より.

る。その結果として、この表でも世帯番号104の農家は二四平方メートルしかない田を有しているが、田は小規模な細片に分けられ、一農家当たりの細片＝筆数も多くなることになった。ボン生産隊の農家の筆数は、一筆が一・七%、二筆が九・三%、三筆が一・七%、四筆が一五・三%、五筆が一四・四%、六筆が二二%、七筆が二三・七%、八筆が七・六%、九筆が四・二%となっている。

桜井も、コクタイン合作社における九三年の配分の際の、農地の細分化、一農家ごとの筆数（桜井は「マイン」と呼んでいる）の多さを指摘している。表6の通り、生産隊ごとの「マイン」（筆）の平均面積は一六八〜二五三平方メートル、農家ごとの「マイン数」は一から最大で一八に及んでいる。

農地の安定した使用権が承認されたことは、農民の生産意欲を高め、土地に投入される労働量を増大させた結果、先に見たように一九九〇年代には、稲作の生産性は比較的順調に向上した。しかし、一人当たり一サオ強の水田では、年間で三〇〇キロ程度の籾しか得られない。成人一人当たりの籾米の消費量は約〇・八キロ、一ヵ月で二四キロ、年間で二八八キロで、三〇〇キロの収穫では、この自己消費を若干上回る程度にしかならない。実際にも、紅河デルタの農村の多くでは、農民が栽培した米が商品として出回ることは少なく、自己消費の他の余剰は、屋敷地で飼育する家畜の飼料、不作の際の備蓄にまわされることが多かった。したがって、上述のような水田の平均主義的な配分は、農民の食糧面のセーフティネットである面が強く、それ自体としては農家を豊かにする機能は果たし得なかった。

さて、この集団農業の解体に際しての土地配分で、北部や中部の農村で見られた平均主義は、どのように解釈されるべきであろうか。竹内郁雄は、ベトナムの研究者の間では集団農場システムが北部社会を完全には包摂できなかったと見る点では一致しながらも、集団農業時代に「消滅」しなかったのは家族経営だとする経済学者と、「ムラ」だとする社会学者の間に対立があり、集団農業解体後の土地均分は、経済学者によれば、集団農場システムの悪しき残滓であるのに対し、社会学者によれば、「ムラ」の公然たる復活の動きの一つということになるという、興味深い指摘を行っている（竹内 2004：193–96）。古田の議論は、基本的にはこのベトナムの社会学者と同系列に位置するが、集団農業の解体後の動きは、単なる「ムラ」の復活ではなく、合作社という体験を経過し、それによって強化された側面がある、「ムラ」的な平等主義の発揮と理解されるべきだと考える点で相違しており、その限りではベトナムの経済学者の、合作社の「悪しき残滓」論を「良き伝統」という肯定的ニュアンスに転換して取り入れた議論である。

古田が、土地均分を、「合作社という体験を経過した」平等主義と考える第一の根拠は、紅河デルタの農村では、この集団農業解体時の土地配分に際して、集団化以前の土地所有面積の多寡を考慮すべきだという主張が、配分のあり方を左右する力をもちえず、ほぼ例外なく平等主義的な分配が実施されたという事実にある。

一九八〇～九〇年代の土地配分に際して、メコン・デルタや北部山岳地帯では、集団化以前の土地を「取り戻そう」とする動きが起こり、各地で土地紛争が発生した。伊藤正子の研究によって、中越国境の越北地方のタイー族・ヌン族の社会で起きた事態を見ておきたい。ここでは七九年の中越戦争の時に、多くの住民が避難したが、人びとが戻ってくると、各家庭が二〇年前に合作社に供出した土地を「先祖の土地」と称して、取り戻す動きが広がり、合作社の共同所有、共同作業は事実上崩壊してしまった。人びとは、「先祖の土地は自分の土地」と言い、「以前拠出していたものだから、全部取り返すのはあたりまえ」と主張した。八八年の一〇号決議は、こうした「土地取り戻し」の動きに拍車をかけ、この動きのために土地を失った人びとからの抗議の動きが起きて、各地で土地紛争となり、ランソン省だけでも、八九～九〇年には八五五件の土地争いが発生した。このような動きの背景を、同書は、平野部のキン族のような父系血縁集団で土地を共有する伝統を持たないタイー族・ヌン族の土地私有意識の高さで説明する、ベトナムの研究者の議論を紹介しているが、伊藤も指摘しているように、合作社農業がタイー族・ヌン族の間には、平野部ほどは定着していなかったことも要因として考えられよう（伊藤 2003:140-46）。

吉田恒は、ハノイ市フーリン（Phù Linh）村、ホアビン省ドンタム（Đồng Tâm）村、タイビン省ビンディン（Bình Định）村という北部三ヵ村で現在の土地使用権の状況とそれに対する人びとの意識を調査しているが、その中で土地使用権分配によって不利益をこうむった人が存在するかどうかという、インタビュー調査を行っている。この三つの村では、いずれも一九九〇年代に平等主義的な土地使用権の分配が実施されている。この分配で不利益をこうむった人がいたかどうかという質問に対しては、次のような回答が紹介されている。

フーリン村　一九八五年の土地使用権の分配においては、均等主義に従って分配が行われた。このような分配は、五〇~六〇年代の農業の集団経営化以前に多くの土地を所有していた人びとにとっては不条理なものであり、怒りを招く原因になったという。彼らにとっては、以前合作社に渡した土地がそのまま返却されるのが筋であり、もともと土地を持っていなかった農家と同じだけしか土地使用権が分配されないような公平はおかしい、というのがその理由である（この意見のインフォーマントは元地主—引用者)。以上のような均等主義そのものに対する不満はあったものの、均等な分配を実施するうえで不正などが行われることはなく、均等主義を前提とすれば不利益をこうむった人びとはいなかったという。

ドンタム村　土地使用権分配のルールは、事前に全農民を集めた会合において合意されており、ルール自体に対して不満は出ていなかった。また、どの土地片をどの農家に割り当てるかはくじ引きによって行うことがルールとして合意されており、公正が保障されていた。唯一不満があった可能性がある人びとは、一九六〇年代の農業集団化以前に多くの土地を所有していた人びとであるが、それでも大きな混乱は見られなかったという。

ビンディン村　分配ルール決定に当たっては部落単位で会合を開いて農民同士で話しあい、くじ引きで土地を割り当てること、傷病兵や現役の兵士、一人暮らしの老人への優遇ルールなどを農民自身が決定した。ゆえに、農民からは分配ルールについての不満が出ることはなかった。そもそも、一〇号決議を代表とするドイモイ期の農業改革は、苦しい生活を送っていた農民にとって明らかに望ましいものであり、反対意見を唱える農民などいなかった（吉田 2008:35, 41, 47）。

集団化以前の大土地所有者からは、土地使用権分配の際の平等主義への不満は表明されているものの、それ自体は分配のあり方をかえるような動きには結びつかず、平等主義を前提とすれば、分配の過程は公正であったというのが、吉田の調査結果である。なお、桜井は、コクタイン合作社では、一九九二年の土地配分の際に、農民からは、土地の等級査定の不平等、面積査定の不平等さへの抗議が出たことを紹介している（桜井 2006:532）。これは、平等主義をより徹底すべきだという方向からの注文であり、当時の合作社指導部が配慮をしなければならなかったのは、集団化以前の大土地所有者の不満ではなく、こうした平等主義の徹底を求める声だったようである。

桜井の調査したコクタイン合作社でも、吉田が調査した三つの村でも、分配は、先に見たチャンハー合作社の場合と同様、傷病兵など「社会政策対象者」への優遇措置を行った後はくじ引きで行われている。このくじ引きという方法は、集団化以前の土地所有状況など様々な社会関係が、土地使用権の分配に影響を及ぼすことを遮断する上で、有効な機能を果たしたと見るべきであろう。

一九九〇年代の土地使用権設定の際に、メコン・デルタでは七〇％の農家が「父祖の土地」をふたたび手に入れたのに対して、紅河デルタではこうした「父祖の土地」を取り戻したというケースは全体の三％に過ぎないとされている（Bùi Quang Dũng, Đặng Thị Việt Phương, 2011:6）。このように北部平野部では、土地使用権設定にあたり、集団化以前の土地所有関係が、ほとんど大きな問題にはならなかった背景には、公田制の伝統や、集団化に先立って五〇年代に実施された土地改革で、かなり均質な土地所有が形成されていたことも、影響はしていたと思われる。しかし、その後の集団化の時代に、耕地整理が進んでかつての土地所有との連続性が見えにくくなったにとどまらず、集団農業時代に実態性を強めた平等主義が、人びとの記憶の中では肯定的に受け止められていたことが、重要だったと思われる。

土地均分を「合作社という体験を経過した」平等主義とみなす第二の根拠は、他ならぬ合作社が、一九九〇年代初頭までは土地配分の実施機関だったという点にある。岩井は、生産請負制の導入で農家の合作社からの自立性が強まったことに加えて、八〇年代半ばの経済恐慌で生産コストが高騰したことは、合作社の経営基盤を弱体化させることになったと指摘している（岩井 2001:127）。政治局一〇号決議はこのような事態への対応でもあったわけだが、合作社が完全に農民から見限られる前に、共産党の側から集団農業からの離脱が提起されたことは重要だったように思われる。それまで農地を管理してきたのは合作社であり、徴税機能を果たしてきたのも合作社だった。農地の使用権設定は、土地の等級区分とその細片化という極めて複雑な作業を必要とするが、このような作業を行い、かつそれに対する農民の賛同を調達しうる組織は、当時の北ベトナム平野部の農村では合作社以外にはありえなかった。かくして、耕地を集団所有しその経営を行ってきた農業生産合作社としては、自らの歴史に終焉を記すことになる、農民の土地使用権の設定という事業を、合作社自身が行うことになった。このことも、土地使用権の設定に際して、旧来の社会関係の影響を食い止め、平等主義が貫徹される上では、それなりの意味をもったと思われる。

農民の土地使用権が認められ、合作社は、集団経営の組織ではなく、日本の農協のようなサービス提

表7　チャンハ合作社（1991年）およびチャンリエット合作社（1994年，1997年）の年間支出項目一覧表およびノルマ予算

	1991年	1994年	1997年
国家納付分	16.07(%)	15.68(%)	13.79(%)
うち農地使用税	10.47	10.02	8.13
基金保留分	3.10	0.74	0.72
管理分	3.83	1.66	2.50

出典：［岩井 2001:206-08］より.

供組織への転換が進められることになるが、この中にあっても一部の住民の信任を得ていた合作社は、一定期間ではあるが、国家と農民の間に立って農民の利益を増進し、弱者救済機能を果たしている。このことは、従来の合作社の平等推進機能を証明していると思われる。

土地使用権確定後の家族自主経営時代には、農地使用税（一九九三年に農業税から改称）をはじめとする公租公課は、それぞれの農家がその専有地および人数に基づいて国家に納める建前になった。しかし、実際には、合作社が国家と農家の間を結ぶ徴税代理機関として引き続き機能し、その中で負担の平準化の役割を果たしていたケースが見られる。まず、岩井が紹介しているチャンハ合作社の場合を見ると、合作社が、一サオ当たりにかかるすべての公租公課（国家納付分に合作社の基金と管理サービス費を加えたもの）の平均的負担を割り出し、専有面積に応じて各農家に「規定費徴収表」を配布して、徴収を行っている。表7に示したのは、チャンハ合作社の一九九一年、チャンリエット（Trang Liệt）合作社の一九九四年・九七年の籾換算での公租公課のための徴収量である。

チャンリエット合作社では、税額は籾の量で提示されているが、一九九四年から、農民は実際には現金で納付するようになった。これは、納税時の籾の公定価格よりも市場価格のほうが高いため、農民は籾を市場で売って現金化し、

その上で金納したほうが得だからだった。こうした仕組みを岩井は「代金納」システムと呼んでいるが、そこでは、納税額が同じ籾米量であっても、それを現金に換算する公定価格が高いか、低いかによって、実際の農家の負担額は大きく左右される。公定価格は省レベルで決定されるが、省は納税を促進するため、納税の初期には低く設定され、時期が遅くなるにしたがって次第に引き上げられる。合作社の才覚で早く納税をすれば、額面の税負担は軽減されることになる。九四年の秋作では、チャンリエット合作社は、徴税義務を三日早く開始したため、一キロ当たり一一五〇ドンで計算することができた。四日後に公定価格は一四〇〇ドンに引き上げられたので、合作社全体としては五〇〇〇万ドンの税額を節約することができた（岩井 2001:243-45）。

表8　合作社による生産諸経費計算

灌漑費（合作社水利組への給料）	3.42(kg)
安寧費	3.42
合作社管理費（国家算出の標準額）	4.00
植物防衛費（技師への給料）	0.40
国家水利費（公社納入分）	2.84
農地使用税平均	12.20
水利調整灌漑サービス費	12.20
計	38.48
社員一人の合作社納入分	19.50
赤字	18.98
赤字分が合作社の「バオカップ」	

出典：［宮沢 2008:36］より.

いま一つの事例は、宮沢千尋が紹介しているバックニン省のヴィエムサー（Viêm Xá）合作社である（宮沢 2008）。ここでは、農地使用税を含む公租公課（宮沢は生産諸経費と呼ぶ）を、ディン・ムック（đinh mừc）制という合作社独自のポイント制をとって、平準化・簡素化した。一労働人口（一六歳以上）に三ディン・ムック＝一サオ、六〇歳以上の男子と五五歳以上の女子には二ディン・ムック、一五歳＝二・九ディン・ムックというようにポイントを与え、そのポイントに応じて籾いくらという形で生産諸経費を徴収した。その際、この合作社では、社員の負担を軽減し、結果として合作社に赤字が残る制度を採用した。一九九五〜九六年の一サオ当たりの生産諸経費と実際の社員からの徴収額は、表8に示した通りだった。

この一サオ当たりの赤字の一八・九八キロの籾は、公租公課であるから、合作社が負担しなければならない。ヴィエムサー合作社では、この負担を、将来の土地分配のために合作社が保留しておかなければならないとされる耕地を、経営意欲と技術・資金をもった社員に入札させ、その入札金でまかなっていた。つまりここでは、「経営意欲と資金、技術を持った社員（農家）がそうでない社員（農家）を支えるしくみ」が存在しており、ヴィエムサーでは、これを「合作社によるバオカップ*」と呼んでおり、隣村からはヴィエムサーの「社会主義」と呼ばれていた（宮沢 2008:34-37, 55）。また、経営能力のある農民の耕地入手が、もっぱら合作社ないし村政権が管理する耕地への入札という形をとっていることも、土地集積が耕地使用権の売買による取得という形で進展してるメコン・デルタとの大きな相違である（Bùi Quang Dũng, Đặng Thị Việt Phương, 2011:6）。

＊ バオカップはかつての配給制度のような丸抱え制度を意味する。

第三章

家族経営時代と土地均分

第1節　紅河デルタ地帯の一農家当たりの土地経営面積の現状

次頁に示した図2は、二〇〇三年の統計による、北部紅河デルタと南部メコン・デルタの農家一世帯当たりの農地経営面積を比較したものである。これを見ると、紅河デルタ地帯は、メコン・デルタ地帯のような農地経営面積の不平等化、土地なし農民の発生という事態は見られず、経営規模は均質なものの、大半の農家が〇・五ヘクタール以下というきわめて小規模な経営が普遍的である、という状況が存在していることがわかる。

この紅河デルタとともにかつての北ベトナムの一部だった中部の北方海岸平野も、状況は紅河デルタと近似しており、〇・二ヘクタール未満の農家が二六・四四%、〇・二〜〇・五ヘクタールの農家が五四・〇〇%を占めている（吉田 2008:22）。

政府は、農地の集積を促進するために、農家が使用権をもつ農地の細片の交換を行う「交換分合(dồn điền đổi thửa)」を奨励した。これは、土地使用権の譲渡ではなく、各農家が使用権を有する農地

図２　紅河・メコン両デルタにおける経営規模別に見た農家世帯分布

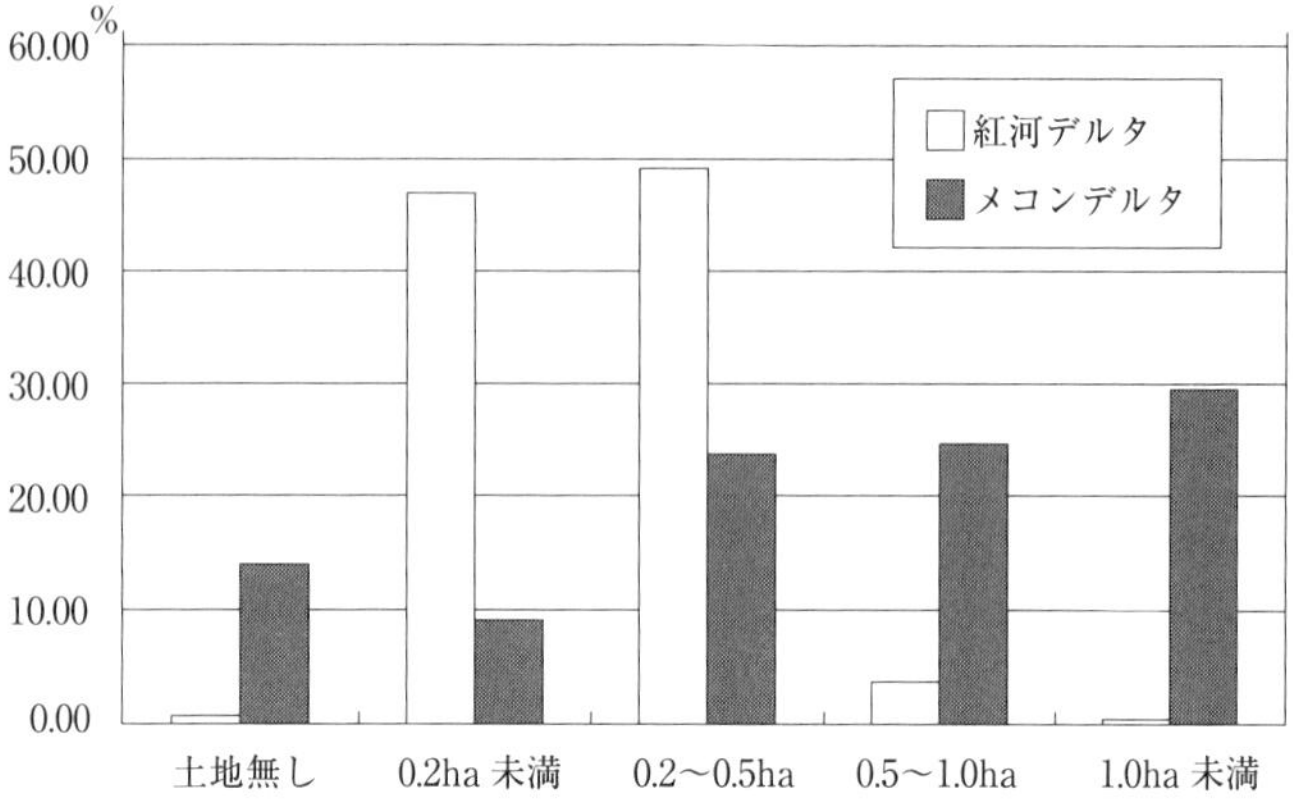

出典：［岡江 2007：158］より.

面積は維持したままで、各農家間で農地細片を交換して、農地の集中を進める政策である（岡江 2007:159）。この交換分合政策も当初はなかなか進展せず、ハタイ省のフントゥオン（Phụng Thượng）村で一九九九年に実施された際には、全村の農地細片数が一六五四八から一六〇四二とわずかに減少し、それに伴って一細片の平均面積も二六五・九平方メートルから二七四・九平方メートルへと増大したものの、一戸当たりの平均細片数は六・〇八から五・九五へとわずかに変化しただけに終わっている（Nguyễn Văn Khánh, 2001:103）。状況に改善が見られるのは、土地等級区分の根拠だった農地使用税が二〇〇三年に廃止され、あわせて品種改良や水利条件の改善により、水田ごとの収量差がほとんどなくなるようになってからだった。桜井が紹介するコクタイン合作社の場合は、〇三年に一農家当たり四筆以下になるように交換分合が行われた*（桜井 2006:532–39）。

＊　交換分合政策の先進省がコクタイン合作社のあるナムディン省であったことについては、［出井 2004:129–32］を参照さ

表9　ソムBの2005年段階の家族水田経営面積

	1000㎡未満	2000㎡未満	3000㎡未満	4000㎡未満	4000㎡以上
戸数	23	59	40	9	3
%	17.16	44.03	29.85	6.72	2.34

出典：[桜井 2006:540] より.

れたい。

ただし交換分合による筆数の減少は、コクタイン合作社のようにうまくいったところばかりではなかったようで、農業省が二〇〇六年に公表した紅河デルタ諸省の数値では、農家一戸当たりの平均筆数は、ハタイが九・五、ハイフォンが六・八、ハイズオンが一一、ヴィンフックが九、ナムディンが五・七、ハナムが八・二、ニンビンが八と、望ましいとされる四筆をいずれも大きく上回っている（Lê Du Phong, 2007:39）。

コクタイン合作社のように筆数の削減が実現されたところでも、交換分合は農家の土地使用権の譲渡を伴っていないので、各農家に均等に土地が配分されており、経営規模が小さいという、一九九〇年代前半の土地使用権の確立期に生まれた状況に、大きな変化は生じていない。コクタイン合作社B部落（ソムB）の二〇〇五年の各農家の水田経営面積は、表9のような分布を示している。

第2節　経済発展の道

こうした小規模経営による稲作農業は、基本的には農家の自己消費を支えるものであり、それ自体としては、農家に大きな収入増加をもたらすものではない。一〇号決議以降の家族自主経営時代に、集団農業の解体によって労働力の合理的使用が可能になり、従来の農作業時間が大幅に短縮された時、農民の労働は、稲作農業以外の、より収入の

表10　フントゥオン村の総収入

年	1988	1990	1991	1992	1993	1994	1995	1996	1997	1998
総収入額	1.01	4.1	4.4	------	------	17.7	29.4	35.1	43.2	58.4

出典：［Nguyễn Văn Khánh, 2001:117］より.　（単位：10億ドン）

増加に直結する分野に投下されるようになった。どのような分野かについてグエン・ヴァン・カインが紹介している例では、フンイエン省メイソ（Mễ Sở）村の場合は換金作物の栽培への転換、ハタイ省のフントゥオン村の場合は畜産の発展、ハノイ市のホアンリエッ（Hoàng Liệt）村の場合は畜産とその他の商工業の発展によって、農家の収入増加が進んでいる（Nguyễn Văn Khánh, 2001:30-32）。より具体的には、フントゥオン村では表10に見るように、まず村の総収入が一九九〇年代には急激に増大している。

このフントゥオンでは、伝統的な牛、水牛、豚、にわとりの飼育に加えて、一九九〇年代に入ってへびの養殖が急速に拡大し、九八年には村全体の世帯の五九・二％に当たる約一五〇〇戸がへびを飼育するようになった。また、九・八八％に当たる約二五〇戸は、農業のかたわら製粉、縫製、農産物加工、商売などの副業を営むようになっている。九〇年代は、こうした畜産や副業による収入が拡大した時代だった。

農作物栽培からの収入の比重の低下は、かなり普遍的に見られる傾向で、畜産やブン（ベトナム素麺）製造業などが発展したホアンリエット村の場合では、一九八八年には総収入の五〇・二七％を占めていた農作物栽培の比重が九五年には二九・一二％に下がり、逆に畜産が五六・五八％、その他が一四・二九％を占めるに至っている（同上:147）。稲作から、とうもろこし、りんご、バナナ、オレンジ、薬草などの栽培への転換をはかったメイソ村の場合は、九七年でも農作物栽培からの収入が総収入の五一％と、過半数を維持している（同上:81）。これに対して、同じくグエン・ヴァン・カインの本で

表11　フントゥオン村の収入の構成

年	農作物栽培		畜産		その他		収入計
	収入	%	収入	%	収入	%	
1989	0.8	82.65	0.1	11.29	0.06	6.03	1.01
1990	2.9	72.6	0.8	21.4	0.2	6.0	4.1
1991	3.0	68.87	1.0	24.1	0.3	7.02	4.4
1994	9.4	53.42	3.9	22.16	4.8	27.17	17.7
1995	12.2	41.67	7.5	25.62	9.6	32.76	29.4
1996	13.5	38.53	9.6	27.41	11.9	34.04	35.1
1997	10.2	23.67	20.9	48.54	12.0	27.77	43.2
1998	11.5	19.76	34.9	59.7	11.9	20.54	58.4

出典：［Nguyễn Văn Khánh, 2001:118］より.　（単位：10億ドン）

取り上げられているハイズオン省モチャック（Mộ Trạch）村の場合は、稲の収量は八九年の一ヘクタール当たり三・二トンから、九八年には四・七トンに増加しているものの、上記三村のような換金作物栽培、畜産、手工業、商業の発展に乏しいため、豊かな村と比べると、平均収入では四分の一から半分程度にとどまっている（同上：56, 60）。

岩井の調査したチャンリエット村では、農家自主経営時代に入ると、廃品回収業を中心とする農外副業が急速に発展し、一九九三年六月から九四年五月にかけてのボン部落の住民の総収入は、稲作収入が二二％、養豚収入が五％、養鶏収入が〇・二％、畜耕収入が〇・八％に対し、農外収入が七二％を占めるに至っている。こうした状況でも、農業を離れて廃品回収業などへ専従する世帯はないのが特徴で、このボン部落の九四年五月当時の一一八世帯中、非農業世帯は夫婦とも公務員である二世帯だけで、それ以外は五戸の農業収入しかない世帯を除く一一一世帯は、みな農業と農外副業に従事する兼業農家だった（岩井 2001:173, 192）。つまりは、紅河デルタでは、均分された水田を維持しつつ、畜産や農外の副業に従事する兼業農家が、農家自主経営時代の基本的なあり方となったわけである。

表12は、ヒ・ヴィ・ルオンが紹介しているフート省のソンズオン

表12 ソンズオン村の階層別収入源

	平均収入	農業収入	農業収入%	非農業収入	非農業収入%	送金等	送金等%
最貧20%	1072	718	67%	194	18%	156	15%
中貧20%	2073	1028	50	549	27	270	13
平均的世帯	2957	1365	46	1186	40	397	13
中富20%	3839	1625	42	1431	37	679	18
最富20%	7845	2495	32	2949	38	2668	34

（単位：1000ドン）

出典：数値計算に疑問はあるが，そのまま引用した（Hy V. Luong, 2008:222）.

（Sơn Dương）村の二〇〇四年階層別収入源の一覧である。最貧層二〇％の一人当たりの平均収入一〇七万二〇〇〇ドンは約六八米ドル、最も豊かな層二〇％の一人当たりの平均収入七八四万五〇〇〇ドンは約四九七米ドルに相当する。七・三倍の開きがあり、家族自主経営時代に入って一〇年あまりが経過し、それなりの階層分化が生じていることがわかる。

ソンズオン村の農地使用権の分布は均質で、最貧層の一人当たりの農地面積が二〇二二平方メートルであるのに対して、最富裕層のそれは二〇二五平方メートルで、有意な差はない。にもかかわらず農業収入に一定の差（最富裕層は最貧層の三・五倍）があるのは、畜産などからの収入も農業収入に含まれていることや、富裕層の中には農地を借用して経営規模を拡大している農家もあることによっている。だが、農業は格差を拡大させている要因ではない。最貧層と最富裕層の格差は、非農業収入で一五倍、送金等で一七倍ときわめて高くなっている（Hy V. Luong, 2008:223）。

このソンズオン村でも、二一世紀に入って村外への出稼ぎが、農家の収入源として重要な意味をもつようになっている。ヒ・ヴィ・ルオンの調査したこの村の一五歳以上の村民で就学していない人九三四名中、約三分の一の三〇三名が、過去一年間に一ヵ月以上の出稼ぎ労働に従事した経験を持っていた。調査時点（二〇〇四年）で村にいない出稼ぎ労働者の移住先は、ハノイ市二一％、地元のフート省が一九％、南部のホーチミン市が九％、その近郊で工業団地が集中するビンズオン省が一九％、メコンデルタのキエンザン省が八％であった。このうちハノイでは建設労働者、ビンズオンは外資系企業の労働者、キエンザンは商業従事者が多い。また〇五年以降は、マレーシアや台湾へ出稼ぎに行く村民も出現している。このような国内外へ出稼ぎ労働で出た者の家族への送金は、平均すると一世帯当たり年間一九五ドルで、世帯平均年収の二二％を占める水準に達している。この他に、村に居住しながら近隣のヴィエトチャやラムタオの工業区の工場に就業する者も、七八名に達して、農業以外の収入がある者の四二％を占めている（同上 :217–18）。

似たような状況は桜井によっても観察されている。ナムディン市とコクタイン合作社との中間、村から七キロあまりのところに、二〇〇三年冬に工業団地が完成し、村からこの工業団地の工場労働者としてあるいは工業団地の建設のための労働者として、村から通勤する女性を含めた青年が急増したのである（桜井 2006:561–64）。桜井は、この工業団地に通勤する青年達も、コクタイン合作社の社員であり、土地配分を受け、その土地を親が耕していることを指摘している。桜井は、均分された農地による稲作を「食べるための経済」、工場労働などを「稼ぐための経済」と呼び、「「食べるための経済」部門が最低限の給料で、安定した生活を可能にする。新しい「食べるための経済」と「稼ぐための経済」の複層構造が生まれた」としている（同上 :603）。

ソンズオン村でも、フルタイムの賃金労働者の大半が、使用権を持つ農地があるか、農地使用権をもつ家族の成員である。また家族ぐるみで遠隔地に移住した三八世帯も、農業用地は手放していない（Hy V. Luong, 2008:218, 224）。

こうした、大半の村民が小規模ではあるが使用権を有する農地を村に持っているという状況は、労働力移動のあり方そのものに影響を及ぼしている。使用権をもつ土地の小規模性は、一方で世帯内に余剰労働力を生み、村外への労働力移動のプッシュ要因となるが、ともかくも土地があるということは、食糧確保のセイフティネットとして機能し、それを失いかねない一家をあげての出稼ぎや離村を抑制する効果がある。

ベトナムでは、国民総生産の中で農業を中心とする第一次産業が占める割合は二〇〇七年には二〇・三%になり、労働人口の中で占める比率も五三・九%になっているが、居住地で見ると、依然として農村人口は七一・八%に達している。一九九〇年には、都市人口が一九・五一%、農村人口が八〇・四九%であったことを考えると、この二〇年間に一〇%都市の比率が高まり、この間の都市化がベトナムの歴史の中では急速に進んだことが示されてはいるが（Tổng cục Thống kê, 2011）、二〇〇〇年の世界平均の四七%に比べると都市人口の比率はまだ低い。この農村人口の減少よりは、〇二年から〇八年にかけて全国で毎年一・三八%の割合で減っている農業人口の減少のほうが顕著である。二〇一〇年の一五歳以上の労働適齢人口の分布では、農業を中心とした第一次産業が四八・一%、工業が二二・四%、サービス業が二九・四%となっている。また、全国五地域三千戸のサンプル調査の結果ではあるが、農村に居住する家庭の収入源は、〇五年時点では農業が四八・七%、工業が一〇・五%であったのが、一一年には農業が三六・二%に減少し、工業が一四・四%に増大している。明らかに、農村居住者の中でも、収入源の多様化が進展している（Hoàng Bá Thịnh, Vũ Minh Lý, 2011:3, 13）。

こうした変化の一つの典型が、最近コクタインで桜井らが観察している、地方での工業団地の形成と結びついた、通勤型の村外労働への従事の拡大である。桜井は、この「朝でかけ夜は家に帰る（Sáng đi tối về）」タイプの就業を、農村における農地均分による「食べるための経済」と、工場労働などの「稼ぐための経済」を有効に結合しうる、ベトナムの現在の発展に適合的なモデルとしている（桜井 2006:561-67, 603）。コクタインの青年が通うナムディンの工業団地を調査した新美達也は、以前、より収入の高い遠隔地での出稼ぎに従事していた者が、自宅通勤が可能なこの工業団地に、「給料はさがるが、仕事が安定していて、家に近ければ、そのほうが幸せだ」として転職しているケースを指摘している（Niimi Tatsuya, 2010:169-70）。ハイズオン省のナムサック県アイクォック（Ái Quốc）村でも、二〇〇〇年代の後半の調査で、村内の二九・六%の家庭が村外就業者をもち、その就業先は、県内（日本の郡に相当）が二四・四%、省内が三三・二%で、「朝でかけ夜は家に帰る」タイプのものが四八・八%を占めているという数字が指摘されている（Hoàng Bá Thịnh, Vũ Minh Lý, 2011:12）。

第3節　小規模農地の試練と課題

後藤潤と泉田洋一は、紅河デルタとメコンデルタを比較して、農地保有規模の効率性と家計所得への影響を論じている。紅河デルタの調査地となったのはニンビン省であるが、ここでは、一九九六年に〇・三六ヘクタールであった一農家当たりの保有面積（使用権のある農地）が、二〇〇六年には〇・二三ヘクタールと、さらに減少しており、その主たる原因は分与（相続）と、道路建設や商業用地のための土地収用であった。ここでは、経営耕地面積と単収には強い逆相関があり、経営規模の零細化に対して

図3　ニンビンにおける所得階層別の生計戦略（2006年）

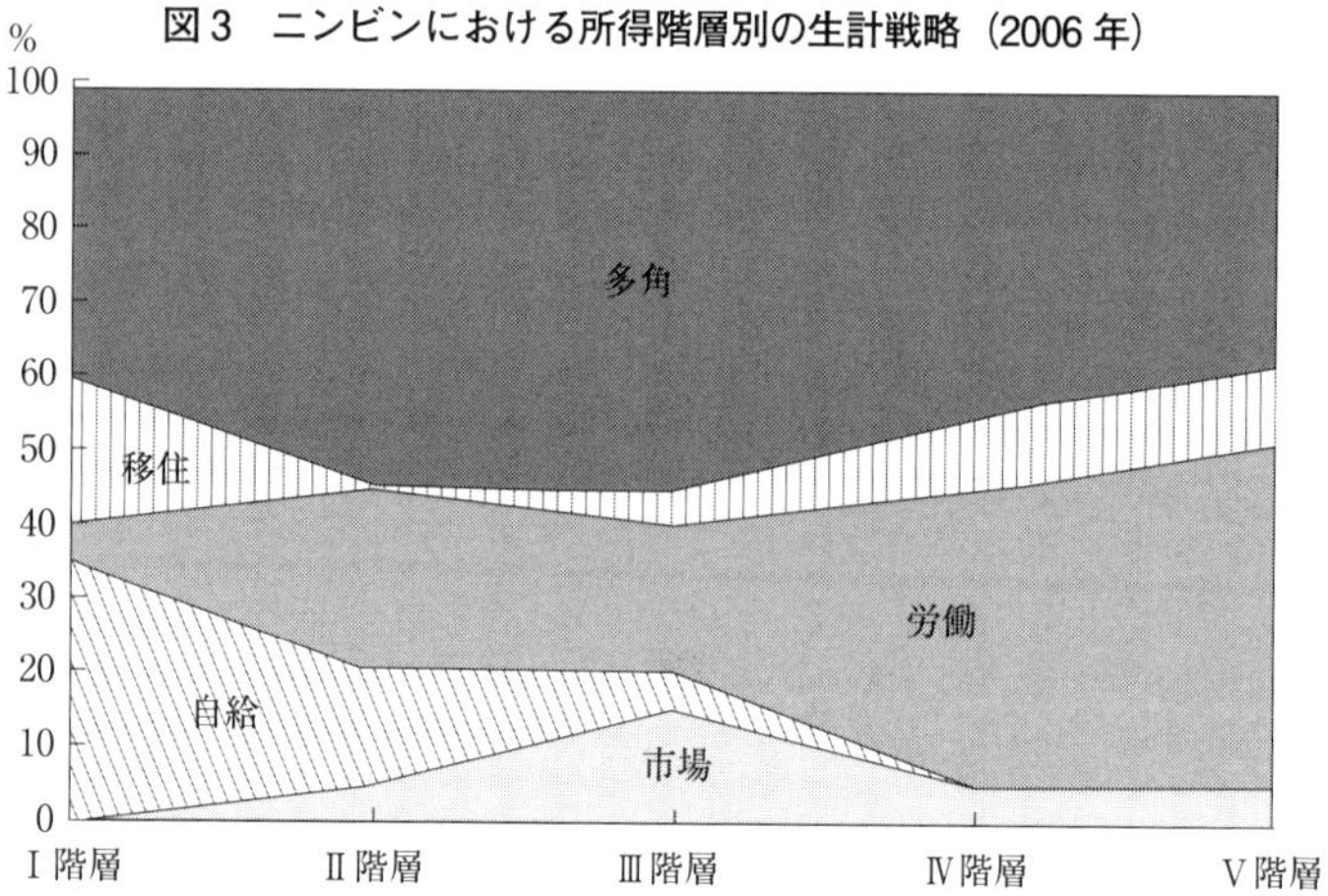

出典：［後藤・泉田 2009：25］より.

農家は、労働投入の集約化によって対応している。ここでも、農家の兼業化は進んでいるが、この論文は、農家をその生計戦略別に、①農業志向型（総所得に占める農業所得の割合が七五％より多い）、②労働志向型（賃金労働あるいは非農業の自営業からの所得が総所得の七五％より多い）、③移住志向型（総所得に占める送金や社会保障などの非労働所得の割合が七五％より多い）という三つの類型に区分し、さらに①の農業志向型を、①―1市場志向型（農業生産物の市場出荷率が五〇％以上）、①―2自給志向型（農業生産物の市場出荷率が五〇％より低い）という範疇を設けて分析をしているが、ニンビンの調査地での農家の所得階層別（階層は右にいくほど高くなる）の生計戦略の分布は図3のようになっている。

この状況を、論文の筆者は、「明らかに所得上位層となるほど労働志向型農家の割合が高くなっている。これは所得下位層（Ⅰ階層）で自給志向型農家が支配的であるのとは対照的である。すなわち、縮小化する農地規模へ対処するため耕作所得から畜産、農村工業、非農外所得へと所得源泉を多様化させ総所得増大を図る世帯と、自給自足的農業を行いながら低所得水準を甘受する世帯とが併存しているといえよう」と評価している（後藤・泉田 2009:25）。

この「食べるための経済」にとどまらざるを得ない零細農家を追い詰めているのが、ニンビンでもこの間の耕地面積減少の一つの理由に上がっていた、工業団地建設やインフラ整備のために行われている土地収用である。稲の栽培面積は、ベトナム全国では二〇〇〇年の七六六万六三〇〇ヘクタールから、〇七年には七二〇万一〇〇〇ヘクタールへ、四六万五三〇〇ヘクタール、約六・一％減少しているが、紅河デルタでも同じ時期に、一二一万二六〇〇ヘクタールから一一一万一六〇〇ヘクタールへ、一〇万一〇〇〇ヘクタール、八・四％減少している（Nguyễn Tấn Phát, 2009:33）。二〇〇〇年代半ばの数値で、農地の収用によって仕事を失ってしまった人は、全国で人口の〇・三二％に達するといわれている。またハイズオン省の場合は、五％の農家が農地を完全に失い、人口比で〇・七％の人びとの仕事がなくなってしまったという（Vũ Hào Quang, 2008:36, 41）。また、ベトナム社会科学院の心理学研究所がハイズオン、ハタイ、フンイエン三省で行った農地収用の調査では、土地収用の対象となった農家のうち二四・五％がすべての農地を、四三・一％が大半の農地を、一三・五％が半分の農地を、一八・八％の農家が一部の農地を失ったとしており、土地収用が離農を余儀なくさせるケースがかなりあることを示している。調査では、仕事を変えざるをえなかった人が四九・五％にのぼっており、新しい仕事としては、一位が一時的な雇用で三一・一％、二位が従来とは異なる作物栽培で一九・八％、三位が商売や小経営で一八・一％で、工業団地の建設のために土地を手放したケースが多いにもかかわらず、工場労働者への就業は四・五％で六位を占めているにすぎない。農地を手放した人が安定した仕事を見つけるには容易でない（Lưu Song Hà, 2009:37, 96）。これは、紅河デルタ地帯の農村にも、土地なし貧困層を生み出すことになっており、土地収用に際しての汚職の蔓延とあわせて、ベトナムの新しい社会問題となっている（Nguyễn Tấn Phát, 2008:64-68）。

むすびにかえて

一九九七年に紅河デルタのタイビン省で大規模な農民の騒擾事件が発生した。これは、地方政権が公共事業のために住民に過度の貢献を求め、さらに住民が提供した資金が不正に流用され、汚職幹部が私腹をこやしていることが人びとの不満を買い、大きな事件になったもので、共産党に強い衝撃を与えた。この事件を受けて開催された共産党の第八期第三回中央委員会総会では、共産党一党支配の枠組みの中ではあるが、国家権力機関の活動のあり方、特にタイビン事件の引き金になった村レベルの基層政権の活動のあり方を、より民意を反映した民主的なものとすることが強調された。同総会の決議は、「まず基層レベルにおいて、直接的な民主制度を一歩一歩実現すべく研究する」として、次のような方針を提起している。

「多くの人民に直接関係する基層レベルの重要な決定*については、複数の方策を提示した上で、人民の討議と表決によって適切な形態を採択することにする。人民議会と人民委員会（行政委員会—古田）は、この表決結果を執行することとする」。

＊ インフラや福祉施設の建設への民力の動員などを指す。

これをふまえ一九九八年からは、「基層レベルにおける民主制度規定」をつくるキャンペーンが開始された。この試みは、参加型共同体開発という近年の国際的な社会開発論も取り入れつつ、基層レベルの住民自治、自主管理を拡大することで、開発のスムーズな進展をはかるものと言えるだろう（この試みに関して詳しくは［Hoàng Chí Bảo, 2007］を参照）。

こうした流れの中で、農村の住民自治の単位となっている部落（ソム）で、公共事業への住民監査と並んで、二〇〇〇年代に入ってからの住民集会の大きな課題になったのが、農地使用権分配の調整だった。コクタイン合作社での〇三〜〇四年の動きについては桜井の、ハティン省のある村での〇二〜〇三年の動きについては加藤敦典の現場での観察が報告されている。両者とも、ソムの土地調整委員会（加藤は農地再分配委員会）が原案作成で大きな役割を果たしていること、ただしその提案が問題なく受け止められたのではなく、提案に対する住民の話し合いは白熱したこと、そこでは平等と公平への強いこだわりが表明されたことを紹介している（桜井 2006:534-35; 加藤 2008:113-34）。そして加藤は、住民が「人民の中に深く入り、人民に寄り添う」といった、かつての集団農業時代に党員のあるべき姿として使われていたスローガンによって、現在の党のあり方（具体的には農地再分配委員会）を批判していることに注目して、次のような指摘を行っている。

「本論で注目するのは、現代のベトナム村落における民主主義をめぐる討議が、社会主義的な制度や理念の断片が飛び交う「跡地」での実践であるということである。戦時動員体制の「あと」をめぐるベトナム国外の研究者による従来の議論では、社会主義の理念や総動員体制のもとで闘うベトナム民衆像の崩壊が指摘され、それにかわるものとして、社会的混乱をしたたかに生きた民衆の脱イデオロギー的な生存戦略が注目されてきた。しかし、私の調査地の事例が示すように、実際には戦時動員体制というユートピアが脱神話化された「あと」においても、人びとはあいかわらず理想の統治のモラルを語っている。そのなかでも目につくのは、失われたユートピアへの言及である。事例で示していくように、現代のベトナム村落では、失われた理想の統治として、共産党の指導性や、総動員体制のもとの犠牲の精神などが、「新しい」統治の理念としての自主管理の課題に結びつけて議論されることが多い。現在のベトナムの村落社会では、あるべき「民主」的村落統治のモラルが、失われたユートピアに言及しながら語られているといえる」（加藤 2008:117–18）。

現在の農地使用権に根拠を与えた土地法が施行されたのは、一九九三年一〇月である。この土地法にもとづいて設定された農地使用権は、多くの場合二〇年という期限を設けているので、二〇一三年一〇月には期限切れを迎える。この期限を前にして、ベトナムでは、この際、農民の土地所有権を認めるべきだという意見をはじめとして、活発な議論が行われているが、政策担当者や自由主義的な社会科学者からは、相変わらず、北部・中部における農地の細分化、経営面積の零細性は、発展の障害とみなされている。さらに、農地均分を支えている村や合作社などの行政的権力が農地を「割り振る」というあり方そのものが、個人に認められている土地使用権を侵害するものであり、合理性をもった土地集積を妨げている、またこの背景には、「国家は農業、林業、水産養殖業、塩業の直接生産者が生産用の土地を持つ条件を整える政策をもたなければならない」（二〇〇三年土地法第一〇条）といった、私権確立という方向とは矛盾する現行土地法の規定もあるなどの議論もある（Bùi Quang Dũng, Đặng Thị Việt Phương, 2011:9）。

共同体の伝統だけに帰するべきものではなく、二〇世紀の六〇年から八〇年代半ばまで存在した集団農業の経験によっても強化されているのではないか、というのが、この小論における筆者の主張である。*

＊　本稿の脱稿後に、現在のベトナムで、「伝統的」な共同性を復活させたものとみなされている和解組という村落調停制度が、実は、合作社時代に形成された集団主義的な共同体精神に、直接的な淵源を求めるべきものであるという、本稿ときわめて近い主張をしている加藤敦典のすぐれた論考に接した。加藤は、合作社体験を「社会主義的近代」とし、その「近代の語り」が、伝統を装って復興している」としている。さらに加藤は、和解組の活動の土台になっているのが、革命以前の行政村落＝ランではなく、合作社時代の「集団」生活の場であった生産隊＝ソムであるという、重要な指摘をしている。このランとソムの区別、後者の「社会主義性」に着目するという視点は、本稿の議論の展開にも有用かと思われるが、本稿ではこの論点を発展させることはできなかった（［加藤 2011］を参照）。

参考文献・引用文献一覧

※本文中では、原則として、当該箇所に［著者・執筆者名　著書・論文の発行年：参照頁数］の形式で掲出。

①邦文文献

石川滋・原洋之介編 1999：『ヴィェトナムの市場経済化』東洋経済新報社。

石田暁恵・五島文雄編 2004：『国際経済参入期のベトナム』アジア経済研究所。

岩井美佐紀 1996：「ドイモイ後の北部ベトナム農村社会の変容――チャンリエット村合作社の事例を中心に」、『東南アジア　歴史と文化』第二五号、八三～一一四頁。

岩井（重久）美佐紀 2001：『ドイモイ前後におけるベトナム紅河デルタ村落の変容――バックニン省チャンリエット村における農業生産合作社を中心に』一橋大学博士論文。

岩井美佐紀編 2007：『ベトナムにおける南北デルタ農村の人口移動に関する社会学的考察』科学研究費補助金研究成果報告書。

出井富美・竹内郁雄編 1999：『ベトナムの農業・農村の改革と変容』アジア経済研究所。

出井富美 2004：「ベトナム農業の国際的な発展戦略と土地政策」、石田暁恵・五島文雄編『国際経済参入期のベトナム』アジア経済研究所、一二一～一六六頁。

伊藤正子 2003：『エスニシティ〈創生〉と国民国家ベトナム――中越国境地帯タイー族・ヌン族の近代』三元社。

岡江恭史 2007：「WTO加入へと至るベトナム農政の展開と農林水産業の概況」、『FTA・WTO体制下のアジアの農業、食品産業と貿易』農林水産政策研究所、一四三～一八五頁。

加藤敦典 2008：「動員と連帯の跡地にて――自主管理時代のベトナム村落における統治のモラルの語りかた」、石塚道子・田沼幸子・冨山一郎編『ポスト・ユートピアの人類学』人文書院、一一三～一三四頁。

加藤敦典 2011：「近代のプロジェクトとしての村落調停」、小長谷有紀・後藤正憲編『社会主義的近代化の経験――幸せの実現と疎外』明石書店、四六～六九頁。

後藤潤・泉田洋一 2009：「ベトナムにおける農地保有規模の効率性と家計所得への影響――紅河デルタとメコンデルタにける実態調査をもとに」、『農業経営研究』第四七巻第二号、一八～二九頁。
桜井由躬雄 2006：『歴史地域学の試み　バッコック』東京大学大学院人文社会系研究科南・東南アジア歴史社会専門分野研究室。
栗原浩英 2010：「ベトナムの社会主義」、メトロポリタン史学会編『いま社会主義を考える』桜井書店、二〇三～二三七頁。
小長谷有紀・後藤正憲編 2011：『社会主義的近代化の経験――幸せの実現と疎外』明石書店。
坂田正三編 2009：『変容するベトナムの経済主体』アジア経済研究所。
坂田正三 2012：「ベトナムの農業・農村開発政策――二〇〇八年の政策転換と第11回党大会で示された方向性」、寺本実編『転換期のベトナム　第11回党大会、工業化への新たな選択』アジア経済研究所、一一一～一三四頁。
竹内郁雄 2003：「ベトナムにおける経済面のドイモイに関する一評価――北部農村の耕地配分のあり方＝〝均等主義〟との関連で」、石田暁恵編『地域経済統合とベトナム――発展の現段階』アジア経済研究所、一一九～一五六頁。
竹内郁雄 2004：「ベトナムにおける市場経済化を伴う経済開発の考察――北部のムラ・村にみられる〝均等主義〟の検討・評価を通じて」、石田暁恵・五島文雄編『国際経済参入期のベトナム』アジア経済研究所。
竹内郁雄 2006a：「経済開発論的にみたベトナムにおける〝国家〟と〝社会〟との関係試論――古田元夫の描写から出発して」、寺本実編『ドイモイ下ベトナムの「国家と社会」をめぐって』アジア経済研究所、一二一～一六一頁。
竹内郁雄 2006b：「ドイモイ下のベトナムにおける農村から都市への人口移動と『共同体』の役割試論」、寺本実編『ドイモイ下ベトナムの「国家と社会」をめぐって』アジア経済研究所、一六三～一九九頁。
長　憲次 2005：『市場経済下ベトナムの農業と農村』筑波書房。

寺本　実 2003：「「基礎における民主規則指示」発動の契機――公刊資料による一九九七年タイビン省農民抗議行動理解の試み」、石田暁恵編『地域経済統合とベトナム――発展の現段階』アジア経済研究所、七七～九八頁。
寺本実編 2006：『ドイモイ下ベトナムの「国家と社会」をめぐって』アジア経済研究所。
寺本実・岩井美佐紀・竹内郁雄・中野亜里 2011：『現代ベトナムの国家と社会』明石書店。
中野亜里 2009：『ベトナムの人権――多元的民主化の可能性』福村出版。
藤田麻衣編 2006：『移行期ベトナムの産業変容――地場企業主導による発展の諸相』アジア経済研究所。
古田元夫 1996：「ヴェトナム戦争」、歴史学研究会編『講座世界史10　第三世界の挑戦』東京大学出版会、一一三～四四頁。
古田元夫 2000：「行政改革」、白石昌也編『ベトナムの国家機構』明石書店、一七九～一九七頁。
古田元夫 2002：「ベトナム――普遍的社会主義と民族的社会主義」、東アジア地域研究会編『講座東アジア近現代史5　東アジア政治のダイナミズム』青木書店、四五～六五頁。
古田元夫 2009：『ドイモイの誕生――ベトナムにおける改革路線の形成過程』青木書店。
古田元夫 2011：「ドイモイ路線の起源と展開」、『岩波講座東アジア近現代通史』第9巻、岩波書店、二七三～二九二頁。
宮沢千尋 1999：『ベトナム北部村落構造の歴史的変化　1907–1997』東京大学博士論文。
宮沢千尋 2000：「農村行政組織と農業合作社」、白石昌也編『ベトナムの国家機構』明石書店、二六九～二九三頁。
宮沢千尋 2005：「ベトナム北部・紅河デルタ村落における文化と経済発展の関係」、同編『アジア市場の文化と社会』風響社、一九一～二一七頁。
宮沢千尋 2008：「バクニン省ヴィエムサー村に見る富の再配分機構としてのむら――農業生産合作社を中心に」、板垣明美編『ヴィエトナム　変化する医療と儀礼』春風社、三一～六〇頁。

吉沢　南 1987：『個《わたし》と共同性《わたしたち》——アジアの社会主義』東京大学出版会。
吉田　恒 2008：『農民の価値規範と土地所有——ドイモイ後の北部ベトナム農村における土地使用権集積の事例』東京大学新領域創成科学研究科修士論文。

②ベトナム語文献、欧文文献

Bùi Quang Dũng, Đặng Thị Việt Phương, 2011: "Một số vấn đề ruộng đất qua cuộc điều tra nông dân 2009–2010" (Hội thảo Một Số Vấn Đề về Xây Đựng Nông Thôn Mới ở Việt Nam Hiện Nay).
Bùi Tất Thắng, 2011: "Vấn đề chuyển dịch cơ cấu kinh tế trong xây dựng nông thôn mới" (Hội thảo Một Số Vấn Đề về Xây Đựng Nông Thôn Mới ở Việt Nam Hiện Nay).
Bùi Xuân Đính, 1985: *Lệ Làng Phép Nước*, Nhà xuất bản Pháp lý.
Chaliand, Gerard, 1970: *The Peasants of North Vietnam*, Penguin Books, Middlesex.
Chu Văn Lâm, Nguyễn Thái Nguyên, Phùng Hữu Phú, Trần Quốc Toản, Đặng Thọ Xương, 1992: *Hợp Tác Hóa Nông Nghiệp Việt Nam-Lịch Sử-Vấn Đề-Triển Vọng*, Nhà xuết bản Sự thật.
Diệp Đình Hoa, 1994: *Làng Nguyễn*, Nhà xuất bàn Khoa học xã hội.
Đào Thế Tuấn, 1997: "Ảnh hưởng của các thế chế cũ đến sự phát triển của nông nghiệp," *Xưa và Nay*, số 35, pp.21–22.
Đặng Phong, 2008: *Tư Duy Kinh Tế Việt Nam*, Nhà xuất bản Trí thức.
Đặng Phong, 2009: *"Phá Rào" trong Kinh Tế vào Đêm Trước Đổi Mới*, Nhà xuất bản Trí thức.
Đỗ Hoài Nam, Đặng Phong, 2009: *Những Mũi Đột Phá trong Kinh Tế Thời Trước Đổi Mới*, Nhà xuất bản Khoa học xã hội.
Hoàng Bá Thịnh, Vũ Minh Lý, 2011: "Biến đổi cơ cấu việc làm và thu nhập của người dân nông thôn trong quá trình đô thị hoá, công nghiệp hoá" (Hội thảo Một Số Vấn Đề về Xây Đựng Nông Thôn Mới ở Việt Nam Hiện Nay).
Hoàng Chí Bảo, 2007: *Dân Chủ và Dân Chủ ở Cơ Sở Nông Thôn trong Tiến Trình Đổi Mới*, Nhà xuất bản Chính trị Quốc gia.

Hoàng Văn Chúc, 2004 : *Di Dân Tự Do đến Hà Nội-Thực Trạng và Giải Pháp Quản Lý*, Nhà xuất bản Chính trị Quốc gia.

Hy V.Luong, 2008: *Tradition, Revolution, and Market Economy in a North Vietnamese Village, 1925–2006*, University of Hawaii Press, Honolulu.

Kerkvliet, Benedict J.Tria, 2005: *The Power of Everyday Politics: How Vietnamese Peasants Transformed National Policy*, Institute of Southeast Asian Studies, Singapore.

Lê Du Phong, 2007: "Vấn đề đất đai ở nông thôn Việt Nam," *Nghiên Cứu Kinh Tế*, số 355, pp.34–47.

Lê Hữu Tầng, Lưu Hàm Nhạc chủ biên, 2002: *Nghiên Cứu So Sánh Đổi Mới Kinh Tế ở Việt Nam và Cải Cách Kinh Tế ở Trung Quốc*, Nhà xuất bản Chính trị Quốc gia.

Lưu Song Hà chủ biên, 2009: *Điều Tra Điểm Tâm Lý Nông Dân Bị Thu Hồi Đất Làm Khu Công Nghiệp*, Nhà xuất bản Từ điểm Bách khoa.

Nguyễn Văn Khánh, 2001: *Biến Đổi Cơ Cấu Ruộng Đất và Kinh Tế Nông Nghiệp ở Châu Thổ Sông Hồng trong Thời Kỳ Đổi Mới*, Nhà xuất bản Chính trị Quốc gia.

Niimi Tatsuya, 2010: "Biến đổi cơ cấu nguồn nhân lực và khu công nghiệp," Iwai Misaki và Bùi Thế Cường chủ biên, *Kỷ Yếu Tọa Đàm Di Dân ở Việt Nam trong Thời Kỳ Hiện Đại Hoá, Công Nghiệp Hoá*, Nhà xuất bản Khoa học xã hội, pp.161–175.

Nguyễn Tấn Phát, 2008: "Những bất cập hiện nay của chính sách đất đai và thách thức đối với phát triển tam nông ở Việt Nam," *Nghiên Cứu Kinh Tế*, số 366, pp.55–70.

Nguyễn Tấn Phát,2009: "Giải pháp hoàn thiện quan hệ tổ chức quản lý đất đai trong nông nghiệp và phát triển nông thôn thời kỳ chuyển đổi kinh tế ở Việt Nam," *Nghiên Cứu Kinh Tế*, số 376, pp.24–37.

Phạm Hồng Tùng, 2009: "Cuộc kháng chiến chống Mỹ cứu nước và việc xây dựng chủ nghĩa xã hội ở miền Bắc Việt Nam"（ベトナム国家大学ハノイ校からの東京大学学生へのEレクチャー）.

Thái Duy, 2008: "Từ khoán đến hộ nông dên tự chủ," Đào Xuân Sêm, Vũ Quốc Tuấn chủ biên, *Đổi Mới ở Việt Nam Nhớ Lại và Suy Ngẫm*, Nhà xuất bản Trí Thức, pp.291–346.

Tổng cục Thống kế, 2011（ベトナム統計総局ホームページ）http://www.gso.gov.vn/default.aspx?tabid=387&idmid=3&ItemID=9864.

Vũ Hào Quang, 2008: “Tác động của đô thị hoá đến biến đổi nghề nghiệp và hoạt động sản xuất của người nông dân Hải Dương,” *Xã Hội Học*, số 102, pp.33–42.

著者紹介

南塚信吾（みなみづか　しんご）
1942 年生まれ、NPO-IF 世界史研究所長
主要著書：『静かな革命——ハンガリーの農民と人民主義』（東京大学出版会、1987 年）、『ハンガリーに蹄鉄よ響け——英雄となった馬泥棒』（平凡社、1992 年）、『ブダペシュト史——都市の夢』（現代思想新社、2007 年）

古田元夫（ふるた　もとお）
1949 年生まれ、東京大学大学院総合文化研究科教授
主要著書：『歴史としてのベトナム戦争』（大月書店、1991 年）、『ベトナムの世界史——中華世界から東南アジア世界へ』（東京大学出版会、1995 年）『ドイモイの誕生——ベトナムにおける改革路線の形成過程』（青木書店、2009 年）

加納　格（かのう　ただし）
1948 年生まれ、法政大学文学部教授
主要著書：『ニコライ二世とその治世——戦争・革命・破局』（東洋書店、2009 年）、『ロシア帝国の民主化と国家統合—— 20 世紀初頭の改革と革命』（御茶の水書房、2001 年）

奥村　哲（おくむら　さとし）
1949 年生まれ、首都大学東京 人文科学研究科教授
主要著書：『中国の現代史——戦争と社会主義』（青木書店、1999 年）、『中国の資本主義と社会主義——近現代史像の再構成』（桜井書店、2004 年）、『銃後の中国社会——日中戦争下の総動員と農村』（共著、岩波書店、2007 年）

研究会「戦後派第一世代の歴史研究者は21世紀に何をなすべきか」編集
シリーズ「21世紀歴史学の創造」第5巻

人びとの社会主義

2013年6月10日　第1刷発行

著　者　南塚信吾
　　　　古田元夫
　　　　加納　格
　　　　奥村　哲
発行者　永滝　稔
発行所　有限会社　有　志　舎
　　　　〒101-0051　東京都千代田区神田神保町3-10
　　　　　　　　　　宝栄ビル403
　　　　電話　03(3511)6085　FAX　03(3511)8484
　　　　http://www.18.ocn.ne.jp/~yushisha/

企画編集　一路舎（代表：渡邉　勲）
DTP　言海書房
装　幀　古川文夫
印　刷　株式会社シナノ
製　本　株式会社シナノ

ISBN978-4-903426-69-3

シリーズ「21 世紀歴史学の創造」全 9 巻

研究会「戦後派第一世代の歴史研究者は 21 世紀に何をなすべきか」編集

*第 1 巻　国民国家と市民社会　伊藤定良・伊集院立 著
*第 2 巻　国民国家と天皇制　宮地正人 著
*第 3 巻　土地と人間――現代土地問題への歴史的接近
小谷汪之・山本真鳥・藤田進 著
*第 4 巻　帝国と帝国主義　木畑洋一・南塚信吾・加納格 著
*第 5 巻　人びとの社会主義　南塚信吾・古田元夫・加納格・奥村哲 著
*第 6 巻　オルタナティヴの歴史学
増谷英樹・富永智津子・清水透 著
第 7 巻　21 世紀の課題――グローバリゼーションと周辺化
油井大三郎・藤田進 著
*別巻 I　われわれの歴史と歴史学
研究会「戦後派第一世代の歴史研究者は 21 世紀に何をなすべきか」編
別巻 II　「3・11」と歴史学
研究会「戦後派第一世代の歴史研究者は 21 世紀に何をなすべきか」編

※既刊書は＊印を付しています。